中国民办教育研究丛书

主编 / 杨 钋 郭建如

RESEARCH ON TEACHER TURNOVER INTENTIONS
OF CHINA PRIVATE SCHOOLS
FROM THE PERSPECTIVE OF
ORGANIZATIONAL MICRO-POLITICS

微观政治学视角下民办学校教师流动研究

刘舒婧 著

社会科学文献出版社
SOCIAL SCIENCES ACADEMIC PRESS (CHINA)

教育发展需要民间力量

> 天将降大任于斯人也，必先苦其心志，劳其筋骨，饿其体肤，空乏其身，行拂乱其所为，所以动心忍性，曾益其所不能。
>
> 《孟子·告子下》

教育是强国建设、民族复兴之基。党的二十大报告明确提出到2035 年建成教育强国。习近平总书记指出，"建设教育强国是一项复杂的系统工程"，教育的政治属性、人民属性、战略属性贯穿教育强国建设的各方面和全过程。

教育强国建设需要民间力量，民办教育发展支持和强化了教育的三大属性。首先，着眼政治属性，必须回答好"为谁培养人、培养什么人、怎样培养人"的根本问题。民办教育发展始终关注人的发展，以人的发展为核心，坚持立德树人，坚持以教育家精神办学，坚持为社会主义培育人才。在中国近现代民办教育发展历史中，教育家和教育家精神激励了一代又一代人。陈嘉庚被誉为"华侨旗帜，民族光辉"，陶行知被誉为"伟大的人民教育家"，民办教育先驱为国家和民族发展做出了突出贡献。

其次，着眼人民属性，必须回答好教育的基本立场和价值追求问题。教育的人民属性要求坚持以人民为中心，不断提升教育公共服务的普惠性、可及性、便捷性，让教育改革发展成果更多更公平惠及全体人民。新中国成立以来，民办教育已经成为社会主义教育事业的重要组成部分。20 世纪 80 年代，在我国人口众多、经济不发达的时期办教育，需要依靠"两条腿走路"，人民教育人民办，政府积极推动社会力量办学。1984年，在时任民进中央副主席雷洁琼先生的关心支持下，浙江湖州创办了新中国第一所私立高中，成为我国民办教育史上具有里程碑意义的重要事件。此后，社会力量办学涵盖了从幼儿教育到高等教育的各阶段，形成了学历教育与非学历教育并举、普通教育与职业教育并重的民办教育发展格局，大大加速了基础教育和高等教育的普及化进程。民办学校的兴起扩大了教育供给，丰富了教育样态，满足了多元需求，促进了教育消费，惠及了更多家庭。

最后，着眼战略属性，必须回答好教育服务高质量发展的重大问题，发挥教育强国建设支撑引领中国式现代化的重要功能。当前我国教育强国建设面对的主要挑战是实现实质性的教育公平。教育公平的本质是让每个学生的受教育权利都能受到无歧视的对待和充分的保障，但公共教育资源配置存在城乡差距、区域差距和校际差距。这使得教育公平的推进和改善，不但需要政府的力量，也需要民间力量。民办教育善于通过市场机制促进教育公平，这成为民办教育存在正当性的重要体现。

由此可见，教育发展需要民间的力量。过去40余年的民办教育实践，为以市场机制满足国家、社会和人民的教育需求，创新教育模式，优化教育资源配置，提升教育质量，扩大优质教育供给积累了丰富的经验。中国民办教育的发展经验是否具有独特性？如何分析中国民办教育的功能和定位？如何理解中国民办教育办学者的教育思想和理念？如何评价中国民办教育发展的现状和问题？如何分析中国民办教育与基础教育优质均衡的关系？如何界定民办教育发展中利益与治理的关系？

"中国民办教育研究丛书"尝试汇聚国内研究者的智慧来回应上述问题。21世纪以来，北京大学教育学院学者对中国民办教育问题进行了长期持续的研究，与国内民办教育机构和研究者、国际组织和国际研究机构保持着密切的交流与合作，积极推动民办教育组织管理、学生发展和教育政策研究。本丛书依托北京大学教育学院和国内研究机构的力量，旨在构建一个中国民办教育研究分享平台，以高水平的学术成果总结中国各级各类民办教育的发展经验，探索未来一个时期民办教育的发展定位，支持政府教育政策的完善和优化。

本丛书有三个特点。一是问题导向，结合民办教育和教育强国建设的重点和难点问题遴选成果，汇聚具有重大理论和实践意义的著作，形成集合影响力。二是学科融合，优先考虑采用经济学、社会学、管理学、心理学、教育学等领域理论和方法的研究成果，倡导以多学科视角研究民办教育问题。三是关注实践，将民办教育研究视为理论与实践对话的领域，广泛征集民办教育办学者和管理者、教育政策制定者和实施者的学术成果，促进学术向教育实践的转化。

本丛书的付梓面世凝聚了各方面的心血。北京大学教育学院领导积极倡导和支持丛书的创建；中国民办教育协会多方汇聚资源，支持民办教育研究工作，全程给予推动和指导；中国教育发展战略学会民办教育专委会帮助推荐优秀学术成果，鼓励中青年学者参与丛书建设；社会科学文献出版社在选题策划、编辑出版等方面提供了高水平的专业支持，在此一并致谢！

期待丛书以民办教育为本，向世界展示中国民办教育的建设成就、发展经验、挑战及其应对，推出一批高水平的学术作品，培养兼具国际视野和本土关怀的民办教育学者，为全球民办教育事业发展做出贡献。

丛书编委会

2024 年 10 月

摘　要

20 世纪 80 年代以来，我国民办教育从兴起到壮大，逐步发展成为我国基础教育的重要组成部分，为社会提供了多层次、多类型和多元化的教育机会。基础教育阶段民办学校发展的关键在于建设一支稳定的高水平教师队伍，但现实情况不容乐观。相比公办学校，民办学校教师的流动性更高、稳定性更差。国内学者从不同视角讨论了民办学校教师流动现状，但学术界尚未对教师离职原因及个人离职意愿是否受到宏观政策变动的影响等问题达成共识。本书从微观政治学视角出发，力图探讨动态组织环境中民办中小学校教师离职意愿的形成过程。

本书采用基于解释性时序设计的混合研究方法。在预调查基础上，本书基于全国 7 省 11 所学校的 1938 份教师调查和 11 份校长调查数据，综合采用描述性统计、探索性和验证性因子分析、相关分析、多元线性回归以及结构方程模型和中介效应检验等方法进行研究，主要发现如下问题。

首先，民办学校内部存在微观政治环境，且受到学校治理策略的影响。质性分析表明，在微观政治环境中，当以举办者变更、经营战略调整以及课程和教学变化来衡量学校治理策略的变化时，学校治理策略变化会通过调整教师的核心利益进而影响教师的组织政治感知。量化分析显示，民办学校治理策略对教师的组织政治感知和离职意愿均具有显著的正向影响，同时也显著负向影响教师的工作条件因素、组织承诺和工作满意度。

其次，民办学校教师的组织政治感知通过工作条件因素来影响组织承诺。相比于传统的一般员工离职模型，本书增加了组织政治感知这一维度。中介效应模型表明，组织政治感知对工作条件因素和组织承诺均有显著的负向影响，且工作条件因素对组织承诺有显著正向影响。因此，工作条件因素在教师的组织政治感知与组织承诺之间发挥了中介作用。

最后，民办学校教师的组织政治感知通过多重中介因素影响教师的离职意愿。本书提出，组织政治感知模型可以很好地嵌入传统的一般员工离职模型，即教师组织政治感知可以通过塑造个体对工作条件的感受、组织承诺和工作满意度进而对教师离职意愿产生影响。结构方程模型和中介效应检验表明，民办学校教师的组织承诺对工作满意度具有显著正向影响；组织承诺对离职意愿具有显著负向影响；工作满意度对离职意愿具有显著负向影响。因此，组织政治感知—工作条件因素—组织承诺—工作满意度—离职意愿之间存在链式中介效应。

在理论层面，本书将组织微观政治引入对民办学校教师离职意愿的研究，呈现出中观层面的学校治理策略变化如何通过影响学校内部的微观政策环境进而引发教师的离职意愿，拓展了传统教师离职研究的理论视野。在实践层面，本书发现民办学校教师离职是一个环环相扣的过程，传统的一般员工离职模型忽视的组织政治感知是其中关键一环。认识到微观政治环境中教师离职意愿的形成过程为解决民办学校教师流动问题指明了方向，凸显出民办学校组织建设对稳定教师队伍的重要性。

本书提出，在现阶段我国民办教育政策环境持续调整的背景下，民办学校的治理策略调整可能会进一步加大教师的流动性，需要采取有针对性的措施来稳定教师队伍。民办学校需要以稳定教师队伍为前提调整治理策略，以实现民办学校的高质量可持续发展。

目　录

绪　论

第一节　选题背景

一　民办基础教育的发展脉络

习近平总书记指出，教育兴则国家兴，教育强则国家强。第十三届中国民办教育发展大会强调，"民办教育是我国教育的重要组成部分，为中国的经济社会和教育事业的发展作出了重要贡献"。新中国民办教育的发展最早可追溯到 20 世纪 80 年代（郭建如，2003）。当时，为了响应全球经济的大潮，通过培养高素质人才以加速经济建设，我国在大力改革公办学校体制僵化问题的同时，开始推动民办学校的发展（胡卫，1999）。我国民办教育 40 余年的发展速度和发展规模超过了很多发达国家。这种高速发展在一定程度上源于地方基础教育供给与需求的矛盾积累到一定程度时，社会群体中出现了很强的超额需求和差异化需求，同时部分家庭具备了相应的支付能力（郭建如，2003）。截至 2022 年底，全国共有各级各类民办学校 17.83 万所，在校生总数达到 5282.72 万人，分别占全国学校数及在校生总数的 34.37% 和 18.05%。民办教育是我国教育事业的重要组成部分，是新时代改革开放的一项标志性成果。

民办基础教育已经发展成为我国基础教育体系的重要组成部分

（智耀徵，2019）。民办基础教育在解决教育资源紧缺及满足个性化教育需求方面发挥了重大作用，是我国教育整体布局的有机组成部分。20世纪80年代至2000年是民办教育的高速发展期，顺应市场化改革的教育模式本身成为一场试验与改革，涌现出大量市场自发参与者。1985年《中共中央关于教育体制改革的决定》提出地方要支持和鼓励民营企业、社会团体以及个人办学，民办学校开始迅猛发展。以陕西为例，1997～2000年共建立了70多所民办学校（邬大光，2001a）。这种市场化试验也具有教育质量下降与盲目追求经济效益的危险（邬大光，2001b）。得益于2003年《中华人民共和国民办教育促进法》的实施，民办教育出现了"黄金十年"的盛况（罗燕，2020）。据统计，2003～2018年，我国民办小学增长8.9%，民办初中增长49.6%。为了规范我国民办教育的发展，进入21世纪以来，《中华人民共和国民办教育促进法》、《中华人民共和国民办教育促进法实施条例》、《国家中长期教育改革和发展规划纲要（2010-2020年）》、《国务院关于鼓励社会力量兴办教育促进民办教育健康发展的若干意见》、2016年修正的《中华人民共和国民办教育促进法》等政策规章和法律，进一步细化了民办教育的分类管理体制，首次明确承认了营利性民办学校的合法地位（齐英程，2019）。2018年之后，民办教育进入了新的拐点时期，整体数量下降（罗燕，2020）。2018年以来民办教育领域的一系列政策调整影响了其发展预期，尤其是学前教育和义务教育阶段的民办学校前景不明朗，一些民办学校举办者选择退出，悲观情绪蔓延（罗燕，2020）。《2020年中国民办教育蓝皮书》预测"十四五"期间中国民办教育的走向：增量降减（规模降减）、结构巨变、转型加快、光明在前；2021年10月，中国民办教育论坛继续强调民办教育正在经历较大的调整；2021年12月，中国民办教育协会会长刘林在报告《2021在转型中大步走向未来》中重申2021年作为民办教育的一个"拐点"之年，在民办教育发展进程中具有特殊意义，包括民办教育经历了十多年的快速增长之后，民办教育整体规模、发展速度进入降减时期。随着《中华人民共和国民办教育促进法实施条例》的颁布实施和"双减"政策的出台，民办学校发展模式、结构布局正在发生历史性的变革。

二　政策驱动下的行业转型

强国必先强教，强教必先强师。教师是立教之本、兴教之源（刘林，2023）。学校是不以营利为目的的教育性组织，民办学校也要坚持教育公益属性的前提。学校拥有大量的利益相关群体，包括校长、教师、学生以及家长等。学校这类组织机构的日常活动离不开这些利益相关者的合作与分工。虽然学校采用了与企业完全不同的运营模式，但是学者们始终认为学校治理的核心关键同企业一样，等级和控制是管理好学校的秘诀。虽然校长和管理者并不一定参与到日常教学工作中，但其发挥的管理性作用是维持学校日常运营的关键，而非通过教师群体具体落实"教育"这一学校组织的标志性行为。在此理念下，教师的主动性在学校日常管理中未能得到重视，导致的后果是教师的频繁流动。这对于学校而言是一个严重的问题，因为过高的离职率会破坏学校的稳定，从而影响学生的学习进度（Goldring et al.，2014）。同时，教师离职还可能造成其他损失，例如学校需要为新招聘的教师提供一定时间的相关培训，这会增加学校的时间成本和金钱成本（Levy et al.，2012）。新教师对相关业务的不熟悉也可能会导致学生学习效率降低（Vagi et al.，2016）。此外，教师离职对剩余员工的信念会产生很大的影响（Mowday，1981；Steers et al.，1981），进一步降低学校运营效率。这些问题使得教师离职成为一个涉及多个利益相关者的政策问题（Vagi et al.，2016）。

除学校内部因素对教师离职的影响外，宏观层面的政策调整也会对教师离职意愿产生影响，如全国性甚至区域性政策会对教师离职率造成显著影响（Nguyen et al.，2021）。同时，教师离职行为也会受制于学校组织内部消极因素，如缺乏行政支持或较差的教学条件与奖励机制（Elfers et al.，2006；Feng，2009；Palma-Vasquez et al.，2022）。总之，为更全面地分析教师离职问题，研究者应该同时从内部与外部寻找原因。

20 世纪 80 年代以来，我国民办教育经历了从兴起到壮大的过程，发展成为我国基础教育的重要组成部分，为社会提供了多层次、多类型和多元化的教育机会。

近年来，随着加强民办教育发展规范和管理的政策陆续落地，民办学校的体量、结构和发展模式都发生了巨大变化。民办教育规模出现了明显下降，民办学校的数量从 2019 年的 19.15 万所降至 2020 年的 18.67 万所，下降约 2.5%。这是近 30 年来，民办学校数量首次出现大规模下降，其中大中小幼的学校数量降幅高达 3%。民办学校的在校生总规模于 2020 年也出现了下降，降至 5564 万人，下降了约 2.47%，基本和学校的数量下降同步。2022 年，全国各级各类民办学校共有 17.83 万所，占全国学校总数的 34.37%；在校生 5282.72 万人，占全国在校生总数的 18.05%；民办教师数量为约 105 万人。其中，民办幼儿园 16.05 万所；民办义务教育阶段学校 1.05 万所[①]；民办普通高中 4300 所；民办中等职业学校 2073 所（不含技工学校数据）；民办高校 764 所。2020 年我国民办义务教育阶段学校数量超过15000 所，相应的民办教师数量超过 180 万人（教育部，2021）。

《中华人民共和国民办教育促进法实施条例》和中央"双减"政策等一系列民办教育新法新政的出台，促使整个民办教育在发展方向上出现了拐点，进而对民办教育数量产生直接影响。例如，2019 年

---

① 《2022 年教育事业统计公报》。

《教育部办公厅关于做好 2019 年普通中小学招生入学工作的通知》指出："各地要规范民办义务教育学生招生管理，将民办义务教育学校招生纳入审批地统一管理，与公办学校同步招生，不得以任何形式提前选择生源，坚决防止对生源地招生秩序造成冲击。对报名人数超过招生计划的民办学校，引导学校采取电脑随机排位方式招生……，所有学校（含民办高中）要严格按照规定招生范围、招生计划、招生时间、招生方式统一进行招生。"同年 6 月，《中共中央、国务院关于深化教育教学改革全面提高义务教育质量的意见》要求将民办义务教育学校招生纳入审批地统一管理。至此，民办教育的政策管理方针和发展环境发生了急剧变化。2021 年 2 月，教育部提出要推进民办教育规范发展，理顺民办中小学党建工作管理体制机制。这标志着民办基础教育从作为不同区域、城乡间公办教育资源不平衡的补充，转变为国家教育体系的重要组成部分。2021 年 4 月，全国人大修订后的《中华人民共和国民办教育促进法实施条例》正式落地，政府对民办教育事业的管理更为规范、管理范围更加明确。随后，各地的实施条例陆续出台，对民办学校在招生、教师管理、商业化发展、土地性质、课程教材等方面都提出了明确要求。

　　政策是一种涉及统计学、哲学、经济学、政治学、社会学、人类学、心理学、历史学等学科的综合研究（范国睿等，2021）。政策的变革影响方方面面，而教育政策的变革对于学校、教师、家长、学生以及社会各个方面都有着巨大影响。在新的政策背景下，民办学校的发展面临挑战。由于民办学校具有高度市场化的特征，它们具有独特的组织结构及运行特点。促进基础教育优质均衡发展不仅应着眼于区域均衡发展，也应关注不同类型学校的发展困境（张墨涵等，2022）。民办学校与公办学校的办学经费来源不同，民办学校办学经费主要来源于投资者、银行贷款，以及学生学费（邬大光，2001b）。在日常运营方面，与公办学校相比，民办学校具有决策快、程序少、效率高的特点。同时，民办学校教师及一般管理者的参与权受到很大限制，而举办者较少受到外界的机制约束，容易形成个人对管理权的垄断。一般情况下，民办学校举办者会聘请校长管理学校，但也有一些学校由举办者自己担任校长或理事长直接对学校进行管理（郭建如，2003）。政府对民办教育规范发展的要求将在一定程度上影响民办学校的经费筹措和运营管理。此外，民办教育的急速发展本身也带来了不少问题，比如法人类属问题、产权归属问题、合理回报问题、政策适用问题、教师身份问题、退出和财务问题、内部治理问题等。其中，最为突出的问题就是民办学校教师较高的流动性。

民办基础教育阶段学校发展的关键在于建设一支稳定的高水平教师队伍，但现实情况不容乐观。相比于公办学校，民办学校教师流动性更高。民办学校存在高层次人才引不进，高水平师资留不住，师资队伍的稳定性弱、流动性高，教师的归属感和忠诚度弱等问题。民办教育发展过程中，教师离职一直是尤为严重的问题。民办教师群体因为其身处体制外部的特殊属性，往往具有强烈的从民办学校进入公办学校以获得"身份"的意向（顾秀林等，2021）。上述问题结合民办学校通过提供较高的福利待遇对教师进行吸引的策略（范国锋等，2015），往往造成民办学校内部教师流动频繁的现象，进而对日常教学工作产生一定影响。实证研究证实了民办学校教师的高离职率问题。李虔和郑磊（2021）对我国民办学校教师和公办学校教师进行了抽样调查，其通过对1275份样本数据的分析发现，相比于公办学校教师（56.9%），民办学校教师具有更高的流动率（73.7%）。

我国学者一直对民办教师离职问题具有较高的关注度（陈添，2021），大量国内学者从不同角度对我国民办教师现状及问题进行了讨论。例如，陈国庆早在 2003 年就从民办学校内部角度讨论了影响民办教师队伍建设的因素，强调民办学校不合理的社会保障制度和过少的职业培训与发展规划对教师流动的影响。此外，影响民办教师流动的外部因素也是分析的重点。朱雨（2022）认为，教师流失的主要原因集中在薪酬福利、教师激励、学院文化、教师发展等方面。韩丹（2020）认为，民办学校教师流失的原因包括教师社会地位低、缺乏社会认同感、职业不稳定、缺乏荣誉感和归属感等。尚果（2022）认为个体和雇主对彼此责任和义务的感知和期望是双方持续契约关系的内隐条款。贺心悦和谢延龙（2016）强调了社会观念与价值取向对民办教师流动的导向，认为城市吸引极大地影响了教师的职业选择。也有学者试图全面总结影响我国民办教师离职的因素。陈萌（2021）通过生活体验与访谈的方式将影响民办教师流动的因素总结为精神、物质、生活与职业规划四个大类。与之类似的，曾微微（2021）也通过调查问卷的方式总结了影响民办教师离职的因素，认为学校体系建设与教师职业发展是影响民办教师流动的最主要因素。

第二节　研究问题及研究意义

一　核心研究问题

民办教师离职是一个热门话题，学者对我国民办学校教师的离职问题进行了不同角度与不同方法的分析，但对我国民办教师离职行为的研究缺乏一个完整的理论框架。部分学者试图引入某些理论视角，但是这些理论往往过于宽泛（如马斯洛需求理论）或并不全面（如工作满意度分析），不能达到深化研究的目的。此外，现有研究大多聚焦教师个体因素对其离职意愿的影响，鲜有将组织环境纳入影响因素的研究。

正如前文所述，目前我国学者主要从民办学校教师的社会保障与培训、社会观念与价值取向、学校体系与职业发展以及教师的生活因素等方面来研究教师的离职因素（陈萌，2021；曾微微，2021）。考虑到近3年来民办教育系列政策对学校的重要影响，随着外部的政策及经营环境的变化，民办学校的运营模式、管理及归属等问题发生了重大变化，这些中观层面因素也应该被看作民办学校教师离职的影响因素。因此，本书以民办学校组织微观政治环境的变化为背景，以教师的组织政治感知为研究自变量，分析学校组织政治环境变化对教师离职意愿的影响。

考虑到民办教育的特殊性，传统的教师离职模型难以直接用来分析民办学校教师的离职行为，更难以深入民办学校环境内部分析微观政治环境对教师离职的影响。基于文献综述，本书尝试将分析学校管理事务的微观政治理论与一般员工离职模型结合，衔接个体和组织两个层面，构建出一个较为综合的民办学校教师离职影响因素模型。本书考察教师的组织政治感知对工作条件因素及组织承诺的影响，以及通过二者对教师工作满意度和教师离职意愿产生的影响。有鉴于此，本书回答以下三个研究问题：

问题一：民办中小学治理策略变化是否影响教师对学校的组织政治感知？

问题二：民办学校教师的组织政治感知如何影响其对工作条件因素的评价及组织承诺？

问题三：民办学校教师的组织政治感知如何通过多重中介因素影响教师的离职意愿？

二　理论意义

在理论方面，本书将微观政治理论引入对民办学校教师离职意愿的研究。本书的分析模型提出，中观层面学校治理策略的变化会影响学校内部的微观政治环境，后者通过教师的组织政治感知来测量。组织政治感知可以影响教师的组织承诺和工作满意度，进而引发教师离职意愿。这一分析模型拓宽了传统教师离职研究的理论视野。

现有的教师离职研究往往未充分考虑民办学校教师的特殊性以及民办学校不同于一般组织环境的目标与组织结构，大多将一般员工离职模型生硬地嵌套在教师离职问题之上。一些传统员工离职模型中的影响因素在教师离职模型中可能会变得不再相关或者不再显著；而另一些影响因素（例如学校规模或者生源水平）在教师离职分析中起到较为明显的作用，但是未被纳入传统员工离职模型。现有的教师离职模型可以在一定程度上回答教师离职问题，但是难以解释宏观环境变化引起的学校组织内部环境变化，以及为什么这些因素又会导致工作满意度等中介变量的变化，进而导致员工离职。微观政治理论视角是组织政治学在学校场景中的具体应用，微观政治承载着宏观政治（政策）的变化对微观政治的发生环境产生的巨大影响（Gunter，2022），是学校组织面临宏观外部压力和内部员工为了应对这种压力所做出的调整、妥协或是对抗。本书针对教师离职问题，引入微观政治视角，在影响离职的工作条件因素、教师工作满意度和教师离职意愿三个研究重点间建立衔接关系，试图解答这些关键影响因素背后的驱动力。

综上所述，本书在一般员工离职模型的基础上，运用微观政治理论，对现有的离职动机理论进行补充，深入讨论了教师的组织政治感知如何通过工作条件因素和组织承诺影响教师工作满意度，进而影响离职意愿。

三　实践意义

民办学校一直以其灵活的招聘形式和高于公办学校的薪资待遇吸

引着很多优秀的高校毕业生和公办学校优秀教师（范国锋等，2015）。一般来说，教师从公办学校跳槽到民办学校大多是出于薪资、工作压力，以及职位升迁等原因（李虔等，2021）。但是，民办学校面临的特殊挑战是稳定教师队伍。教师是民办学校赖以发展的基石，教师流动将会给民办学校带来毁灭性伤害，过高的离职率会破坏学校的稳定。教师离职是一个涉及多个利益相关者的问题。彭娟（2022）对县域民办中学的研究发现，民办学校教师平均留职时长往往低于 3 年。

根据微观政治的观点，员工离职决策理论模型之中应该存在与员工微观政治行为挂钩的其他变量，这个变量既受组织治理策略影响，又向下影响工作满意度以及员工的离职行为。本书指出，教师的组织政治感知就是这一承前启后的关键变量。如果民办学校的领导者能够合理地管理好组织内部的微观政治行为，那么就可以有效地降低教师的离职率。在实践层面，本书凸显了教师组织政治感知通过影响教师的工作条件因素、组织承诺、工作满意度进而影响离职意愿的重要性，强调了组织文化建设对稳定民办学校教师队伍的重要性，这为解决民办学校高教师离职问题指明了方向。

第三节　研究设计

本节介绍本书的概念框架、研究方法和量表的信效度检验。首先，阐述核心概念和分析框架，并提出了研究假设。现有的一般员工离职模型主要围绕外部机会和员工的工作满意度对离职的影响进行讨论，但缺乏对组织内部动态行为与关系的考虑，且无法解释员工产生工作不满的原因。本书基于一般员工离职模型、微观政治理论和心理契约理论，对现有模型进行修正和扩展，深入探讨了在微观政治影响下，我国民办中小学教师的组织政治感知、组织承诺和工作满意度如何影响其离职意愿。其次，基于分析模型，讨论研究方法。最后，通过探索性因子分析、验证性因子分析、相关性分析、信度分析等，进行工具的信效度检验。

一　概念框架

民办教育是我国基础教育体系的重要组成部分。当前，影响民办学校发展的重要因素之一是民办学校的教师流动性。民办学校兼具社会属性和营利属性的特殊性，传统员工离职模型难以直接用来分析民办学校的教师流动意图及行为。此外，民办学校内部具有更复杂的组织环境，因此对民办学校教师的离职研究需要一个能准确刻画个体与组织政治环境互动的理论框架。

有鉴于此，本书以适用于分析学校组织管理的微观政治理论为基础，探讨在变动的微观政治环境中员工离职背后的动机。为构建这一分析框架，本书使用更具测量性的组织政治感知模型和心理契约理论，并与一般员工离职模型结合，尝试分析民办学校教师对学校的组织政治感知如何影响个体离职意愿，以及工作条件因素、组织承诺及工作满意度在其中发挥的中介作用。同时，本书还引入学校治理策略，分析外部政策改变后学校治理策略发生的变化是否影响教师的组织政治感知。本书所涉及的核心概念、分析框架和研究假设以及技术路径如下。

（一）核心概念

1. 组织政治感知

组织政治感知可被理解为组织成员对组织政治行为的主观认知和评估。Kacmar 和 Ferris（1991）认为，组织政治感知是组织中员工对组织内其他成员为了谋利、自利、利己而采取的政治行为的主观评价和感觉。Hochwarter 等认为，组织政治感知是组织中成员对组织内其他个体或群体追求自我利益最大化时的认知评价与主观经验。孙汉银

（2003）认为，组织政治感知应该被理解为组织成员对其他成员或团体直接或间接地运用其本身所拥有的权力或资源而展开的各种自利行为的主观感知。刘明洁（2020）认为，组织政治感知是员工根据自己的价值观对组织中其他成员为了自我或所在团体利益最大化而采取的不被组织许可的行为的一种主观感知及归因。

结合文献综述，本书认为在学校情境下，组织政治感知是教师对学校中其他成员或学校本身为实现自身利益最大化而采取的政治行为的主观感知。

2. 工作条件因素

Price 和 Mueller 的一般员工离职模型被认为是最有影响力的员工离职模型之一（Hom et al.，1995）。该离职模型中最重要的结构化因素是员工期望的工作条件，即工作场所中工作环境的特征和社会交往模式，它被认为是工作满意感和组织承诺的决定性因素，并通过这两个中介变量间接影响个体的离职意愿。根据文献综述，本书提出，影响离职的工作条件因素包括工作自主权、分配公平性、资源匮乏度、角色模糊、角色冲突、工作压力、薪资、职业成长、晋升机会、工作单调性、上司支持度和同事支持度。

3. 组织承诺

Katz 和 Kahn 认为组织承诺是合作和共识的核心元素，组织承诺帮助员工认识组织规则、奖赏和价值。Meyer 和 Allen（1991）认为组织承诺一般被看作对所服务组织的态度。作为组织行为学的一个概念，组织承诺是指组织成员对于所在组织表现出的态度和行为的总称（刘杰，2021）。本书遵循 Meyer 和 Allen 提出的三元素组织承诺模型，提出组织承诺包括情感承诺、持续承诺和规范承诺三个维度。

4. 工作满意度

由于研究角度、目的等不同，学者对工作满意度下了不同的定义，大致分为几个代表性观点。Locke 认为员工满意度是评价个人的工作目标实现或帮助实现了工作价值所带来的愉快的情绪状态；Vroom 提出员工工作中的实际期望值大于预期期望值时会产生工作满意感；张凡迪和刘东莉（2003）把工作满意度定义为个人根据其参考框架对工作特征加以解释后所得到的结果；等等。本书的工作满意度是指个人的工作目标实现或帮助实现了工作价值所带来的愉快的情绪状态。

5. 离职意愿

离职意愿是指个体在一定时期内变换其工作的可能性，是指员工在特定组织工作一段时间，经过思考，打算离开该组织的意图，是一种潜在的离开组织的愿望。结合 Mitchel（2001）等学者的研究，本书将教师离职意愿定义为在自身和环境的多重影响下教师主动试图离开民办学校的愿望。

6. 学校治理策略

治理是使相互冲突的或不同的利益得以调和并且采取联合行动的持续的过程。它既包括有权迫使人们服从的正式制度和规则，也包括各种人们同意或认为符合其利益的非正式的制度安排（俞可平，2001）。学校治理是指学校对本校的教育、教学、科研、后勤、教职员工和学生等各项工作进行计划、组织、协调和控制的活动（郭江滨等，2019）。本书所指的学校治理策略是学校为应对宏观环境或者政策与制度的变化，所采取的针对学校结构、管理、课程等诸多方面的行为及活动。本书学校治理策略包括学校举办者、经营战略及课程和教学三个维度。

（二）分析框架和研究假设

本书以我国民办中小学教师高流动性现象为起点，分析以学校治理策略变化刻画的学校微观政治环境变化对教师组织政治感知的影响，并进一步探讨教师的组织政治感知如何通过影响工作条件因素、组织承诺和工作满意度而最终影响教师的离职意愿。本书基于微观政治理论、心理契约理论，结合一般员工离职模型，建立了如图 0-1 所示的民办学校教师离职意愿分析框架。

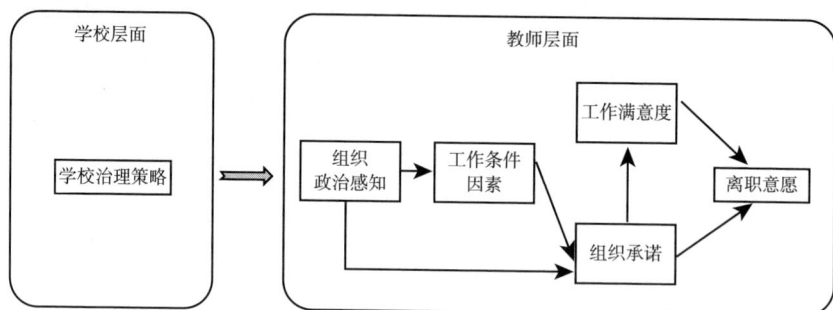

图 0-1　民办学校教师离职意愿分析框架

首先，民办学校的治理策略影响学校的微观政治环境和教师的组织政治感知。当学校内部微观政治环境发生变化时，教师的组织政治感知也相应发生改变。外部规制环境的变化会显著影响民办学校的治理策略，包括学校举办者的变更、学校经营战略的调整，以及学校的课程和教学的变化。教师作为学校内部最重要的利益群体之一，面对学校举办者、经营战略以及课程和教学的变化，会对举办者和管理层的行为产生主观感知，这些感知反映了组织内部微观政治环境的变化。因此，本书基于微观政治理论考察学校治理策略变化对教师组织政治感知的影响。

根据政策微观政治的观点（Colman，2020；Ball 等，1991），外部的宏观政策会影响组织的内部政治行为。不同于一般的组织，学校往往会极大地受到宏观政策的影响（Ball，1987；Blasé，1991），而组织内部的行为规范甚至诉求可能发生巨大改变（Colman，2020）。外部政策变化对学校的治理方式会产生影响，包括学校对本校的教育、教学、科研、后勤、教职员工和学生等方面的管理和协调（郭江滨等，2019）。郭建如（2003）认为，民办学校的管理决策与公办学校存在差异，民办学校在产权问题、教师身份、内部治理等方面均有独特性。随着外部政策环境的显著变化，民办学校在举办者、经营战略以及课程和教学方面也会发生变化。学校治理策略的这些变化可能会对举办者和管理层的行为产生影响，教师有可能对这些重要利益群体的政治行为有所感知。由此，本书提出：

假设 1：民办中小学治理策略的变化显著影响教师的组织政治感知。

其次，民办学校教师的组织政治感知会影响教师对工作条件因素的认识与组织承诺。Ferris 等（1989）提出了最早的组织政治感知模型，他认为组织政治感知会影响员工的工作满意度、工作投入、工作焦虑，进而可能使员工产生离职或其他退缩表现。本书将利用组织政治感知模型来分析组织政治感知对教师的组织承诺、工作满意度和离职意愿的影响。

根据管理微观政治的观点，学校内部群体会在学校管理的既定背景下，追求自身群体利益的最大化（Bacharach et al.，1993）。因为学校内的主要日常行为互动群体为学校管理者和教师，二者的利益互动会影响学校的工作环境和教师与管理者的行为。由于员工组织政治行为受其感受到的组织政治的制约，组织政治感知进而会影响员工离职的各个决定性要素，尤其是工作条件因素（Ferris et al.，1989）。在心理契约模型中，组织承诺是衡量心理契约违背的重要变量。教师与学校心理契约的破坏会影响学校的组织稳定及教师的职业发展（朱学红等，2011）。以组织承诺衡量的心理契约受到社会组织外部因素与个人内部因素的共同作用（Rousseau，1995），组织政治感知由此可能影响教师的工作条件因素和组织承诺。因此，本书提出：

假设 2：民办中小学教师的组织政治感知显著影响工作条件因素。

假设 3：民办中小学教师的组织政治感知显著影响组织承诺。

再次，工作条件因素在教师的组织政治感知和组织承诺之间发挥中介效应。根据组织政治感知理论，以工作场所中工作环境的特征和社会交往模式来衡量的工作条件因素，会受到教师组织政治感知的影响。同时，Price-Mueller 模型提出，工作条件因素是工作满意度和组织承诺的决定性因素，并通过这两个中介变量间接影响个体的离职意愿。因此，本书将基于一般员工离职模型分析在民办学校中工作条件因素如何受到教师组织政治感知的影响，进而影响教师的组织承诺、工作满意度和离职意愿。

教师对学校的组织承诺是否会随着学校内部环境的变化发生改变？员工对组织的期望既包含了明确的有关经济利益的期望，也包含了隐晦模糊的期望（Levinson et al.，1962），这种期望虽然是非正式的，但是具有义务的特性（李原等，2006）。一旦有一方未达成对方的期望，二者间的心理契约可能会发生变化，而这种变化可能会导致员工对组织的信任降低、不满意加剧以及出现离职行为（Schein，1965；Kotter，1973）。因而，当学校内部的工作环境和社会交往因外部环境或内部利益冲突而发生改变时，教师与学校管理者之间的心理契约可能受到影响，从而改变教师的组织承诺。因此，本书提出：

假设 4：民办中小学教师的工作条件因素显著影响组织承诺。

最后，组织承诺直接影响离职意愿，也可以通过工作满意度间接影响离职意愿。在心理契约模型中，组织承诺是衡量心理契约违背的重要变量。组织心理契约的违背会对员工的工作态度及行为产生重大的负面影响，降低员工对组织的信任、工作满意度（Tumley et al.，2000）和留职意愿（Tumley et al.，1999）。因此，本书尝试以心理契约理论为基础，分析组织承诺对员工工作满意度和离职意愿的影响。

当学校环境与教师原先的心理期望不符的时候，教师是否会表现出离职意愿？根据心理契约模型，组织承诺可以直接影响工作满意度和离职意愿。此外，个人情感与工作满意度在心理契约违背与员工离职行为之间发挥中介效应（Zhao et al.，2007）。考虑到员工的离职行为受到推力因素、保留因素和拉力因素的影响，教师对工作的满意度可能在个体组织承诺和离职意愿之间发挥中介作用。因此，本书提出：

假设 5：民办中小学教师的组织承诺显著影响工作满意度。

假设 6：民办中小学教师的组织承诺显著影响离职意愿。

假设 7：民办中小学教师的工作满意度显著影响离职意愿。

教师的组织政治感知如何通过工作条件因素、组织承诺和工作满意度影响教师离职意愿？组织政治感知模型表明，教师的组织政治感知可以影响工作条件因素和组织承诺。根据 Price 和 Mueller 的一般员工离职模型，工作条件因素是工作满意度和组织承诺的决定性因素，并通过这两个中介变量间接影响个体的离职意愿。此外，心理契约模型表明，组织承诺会影响工作满意度和离职意愿。综上所述，本书结合三个理论模型提出：

假设 8：工作条件因素、组织承诺、工作满意度在组织政治感知和离职意愿之间发挥中介作用。

（三）技术路径

本书源于笔者对职业实践中遇到的困惑以及对现实情况的观察，在完成深入的文献综述之后，笔者结合现有的理论基础，构建了一个理论框架。本书尝试回答三个研究问题：第一，教师的组织政治感知是否受学校治理策略变化的影响？第二，教师对学校的组织政治感知如何影响其对工作条件因素的评价以及组织承诺。第三，教师的组织政治感知如何通过工作条件因素、组织承诺和工作满意度等中介变量影响离职意愿。本书的研究技术路径如图 0-2 所示。

对于第一个研究问题，本书采用解释性时序设计的混合研究法进行分析。首先，选取不同类型学校，通过教师和校长问卷收集数据，并通过多元线性回归来分析学校治理策略变化对教师组织政治感知的

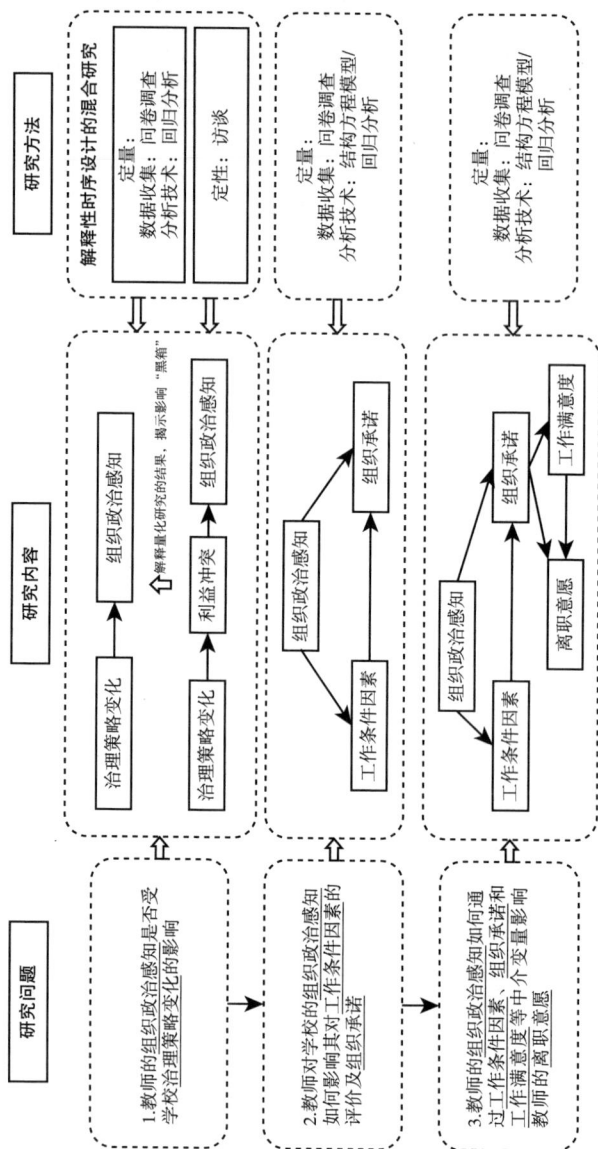

图 0-2 本书的研究技术路径

影响。其次，对部分教师和管理者进行半结构化访谈，深入分析学校治理策略变化如何影响教师对微观政治环境的感知。具体内容参见第二章。对于第二个和第三个研究问题，本书运用结构方程模型和多元线性回归分析上述问卷采集的数据。第三章探讨组织政治感知对工作条件因素和组织承诺的影响；第四章分析教师的组织政治感知如何通过工作条件因素、组织承诺及工作满意度的中介变量对离职意愿产生影响。

二 研究方法

对本书的第一个研究问题，即学校治理策略变化是否影响教师的组织政治感知，笔者采用了解释性时序设计的混合研究法进行分析。该策略先通过定量方法收集和分析数据，随后再进行定性数据的收集和分析，目的是用定性的结论来对定量研究的初步结果进行辅助性解释和说明。具体而言，通过"我国民办学校教师工作环境调查问卷——教师问卷"和"我国民办学校教师工作环境调查问卷——校长问卷"获得数据，并使用 SPSS. 27 软件进行多元线性回归分析，探讨学校治理策略对教师组织政治感知的影响。随后，通过半结构化访谈阐释学校治理策略变化如何影响教师的组织政治感知，揭示量化研究结果背后的解释因素（见附录一）。

本书采用了定量研究方法来分析第二个和第三个研究问题。数据同样源于"我国民办学校教师工作环境调查问卷——教师问卷"，分析软件则为 AMOS 21.0，用于建构结构方程模型[①]，探索各变量之间

---

① 结构方程建模（Structural Equation Modeling，SEM）也称结构方程分析，是基于变量的协方差矩阵来分析变量之间关系的一种统计方法，所以也称协方差结构分析。SEM 是一种将多元回归和因素分析方法有机地结合在一起，以自动评估一系列相互关联的因果关系的多元统计分析技术。结构方程建模与多元回归有相似的用途，但具有更加强大的功能，适用于隐变量、自变量相关、存在变量误差、多个因变量等复杂条件下的建模。结构方程是基于样本数据来评估研究者提出的理论模型是否可以接受的一种统计分析工具。

的路径关系。此外，还使用SPSS. 27进行各变量间的多元线性回归分析，探讨组织政治感知对工作条件因素及组织承诺的影响机制，分析组织承诺及工作满意度对离职意愿的影响，阐述组织政治感知通过工作条件因素、组织承诺和工作满意度影响教师的离职意愿。

（一）量化研究设计

本书采用调查问卷收集数据。笔者借鉴已有的成熟量表，先通过预研究修订测量工具，之后形成正式问卷。其后，进行抽样并发放问卷，而后收集数据并进行分析，最后对理论模型进行修正。本书采用SPSS. 27进行描述性统计分析、均值分析、正态分布检验、信度分析、探索性因子分析（Exploratory Factor Analysis，EFA）、收敛效度和区分效度检验、相关性分析、T检验分析、单因素方差分析、多元线性回归分析等。并采用AMOS 21.0进行验证性因子分析（Confirmatory Factor Analysis，CFA）和建构结构方程模型、进行中介效应检验等。

1. 量表的选择与修订

（1）组织政治感知量表

Kacmar和Ferris（1991）最初设计的组织政治感知量表为5个题项单维度量表，其内部一致性系数为0.74。随着研究取得进展，Ferris等（1989）在原来测量工具的基础上进行改进，再次开发出一个包括12个题项的三维度的组织政治感知量表。我国学者马超等（2006）在Ferris等（1989）以及Kacmar和Ferris（1991）所设计的量表基础上，结合中国本土文化情景，独立研制开发出了跨文化和本土化的组织政治感知量表。马超等（2006）的量表被我国大部分研究政治感知的学者广泛使用。该量表包括16个题项，分别从自利行为认知维度、薪酬与晋升认知维度和同事关系认知维度对员工的组织政治知觉进行测量。上述各因子的信度系数大都在0.70以上，只有同事关系认知维度的信度系数（0.67）略低于0.70，但也在可接受范围（0.60~0.70）内。这说明该量表具有理想的信度。

在中小学教育领域的研究中，北京师范大学教授孙汉银（2009）根据我国教师特征编写了教师组织政治感知量表，包括 4 个维度共31 个题项，总量表的 Cronbach's α 系数为 0.90，各分量表的 Cronbach's α 系数依次为 0.90、0.87、0.67 和 0.71，其内部一致性总体达到满意水平。本书主体为我国民办中小学校，因此采用孙汉银（2009）发展的教师组织政治感知量表，包括学校行政管理行为、政策与实务差距、上级行为、小团体行为 4 个维度。学校行政管理行为的政治感知是指对于组织成员以自我服务的方式获得有价值的产出的行为的政治感知；政策与实务差距的政治感知是指对于组织在实际运营过程中与政策不一致的行为的政治感知；上级行为的政治感知是指对于领导者运用权力在资源分配过程中利己行为的政治感知；小团体行为的政治感知是指对于同事之间以获得最大自我利益为目的的利益交换行为的政治感知。其中，政策与实务差距需反向计分，上级行为的第 1、3 题需反向计分，小团体行为的最后一题需反向计分。问卷采用 Likert 5 点计分，1 分 = 非常不同意，2 分 = 不同意，3 分 = 不确定，4 分 = 同意，5 分 = 非常同意。

（2）工作条件因素量表

在一般员工离职模型中，员工期望的工作条件被称为结构化变量。我国对于一般员工离职模型研究被深入且广泛引用的是清华大学的张勉教授的研究成果。张勉对该离职量表进行翻译，并开展了本土化的实证研究。结构化变量包括工作自主权、分配公平性、工作压力、薪酬、职业成长、晋升机会、工作单调性以及内部社会支持，其中工作压力和内部社会支持是整体、多维度的概念。工作压力包括资源匮乏度、角色模糊、角色冲突和工作负荷 4 个维度；内部社会支持程度包括上司、同事对工作的支持度 2 个维度。量表基本上由第一人称陈述句组成，均采用 Likert 点计分，1 分 = 非常不同意，2 分 = 不同意，3分＝既不同意也不反对，4分＝同意，5分＝非常同意。张勉（2003）采用探索性因子分析对这些量表的区分效度和会聚效度进行了考察。因子主要采用极大似然率方法抽取，采用斜交旋转。探索性因子分析表明，大多数量表表现出良好的区分效度和会聚效度，而角色模糊、资源匮乏度和同事支持度3个量表测量项目的会聚效度较差。对这3个变量，只采用了从表面上看最能把握概念内容的单个测量项目。张勉进行内部一致性系数（Cronbach's α系数）信度考察，发现大部分项目系数在0.7以上。

本书采用张勉（2003）针对工作条件因素翻译的量表，考虑到信度及单一测量题项，本书将工作条件因素作为一个维度来测量，其第3、4、5、8题需反向计分。同时，为方便统计采用 Likert 5 点计分，1分＝非常不同意，2分＝不同意，3分＝不确定，4分＝同意，5分＝非常同意。

（3）组织承诺量表

关于组织承诺较为知名的研究是 Meyer 和 Allen（1991）设计的组织承诺量表，包括规范承诺、情感承诺、持续承诺3个维度。三个维度组织承诺量表的信度和效度得到过众多研究的检验。我国的大量企业研究及学校教育领域的研究仍然沿用该量表并稍作修改。本书采用华南师范大学奉美凤老师针对我国中小学教师进行修改后的组织承诺量表，共有3个维度共17个题项。该量表因素分析中 KMO 值为0.773；球形检验的卡方值为 458.129（自由度为91）。总表信效度为0.7928。信效度良好。量表题项均采用 Likert 5 点计分，1分＝非常不同意，2分＝不同意，3分＝不确定，4分＝同意，5分＝非常同意。

（4）工作满意度量表

工作满意度研究以 Hoppock 1935 年的工作满意度经典研究的发表为开端。Spector 1985 年编制的"工作满意度调查"的原问卷通过36个题项描述工作的9个方面，包括晋升、管理者、利益、奖励、工作程序、同事、工作本身、人际关系和报酬。冯伯麟 1996 年针对中学教师编制的《教师工作满意度量表》包括自我实现、工作强度、工资收入、领导关系、同事关系 5 个组成因素，共 26 个题项。1998 年陈卫旗聚焦中学教师群体，探索教师工作满意度的结构维度及其与离职倾向、工作积极性之间的关系，设计出包含 10 个因素的 52 个题目。2001 年张忠山和吴志宏针对上海小学教师满意度进行了研究并且聚焦校长的领导行为对教师工作满意度的影响。

本书引用北京师范大学胡咏梅教授 2007 年改进的教师工作满意度量表。她采用访谈方式收集教师对工作满意度评价的结构因素，并参考冯伯麟、陈云英、张忠山等人的研究成果，编制了教师工作满意度量表。量表内容主要涉及教师工作强度、自我实现、领导与管理、人际关系、工资收入、发展环境等方面共 20 个题项。通过探索性因子分析剔除了 3 个在各因子上负荷量均较低的题项，结果保留了 17 个题项。对这 17 个题项再进行因子分析提取了 7 个公因子，其结构效度为 75.741%，属于中等水平。各题项的共同度均在 0.55 以上，说明这些公因子对各题项的描述程度良好。该量表的 Cronbach's α 系数为 0.88，可见该量表的内在一致性信度也较高。7 个公因子分别为领导与管理满意度、发展环境满意度、付出回报合理性满意度、自我实现满意度、同事关系满意度、师生关系满意度和学校声誉满意度。量表题项均采用 Likert 5 点计分，1 分 = 非常不同意，2 分 = 不同意，3 分 = 不确定，4 分 = 同意，5 分 = 非常同意。

（5）离职意愿量表

Mobley（1977）认为，离职倾向是工作不满意、离职念头、寻找其他工作倾向与找到其他工作可能性的总表现。Hom 等（1984）修正的 Mobley 离职倾向量表共 4 个题项，可以计算总分或平均分，其中第 1、2 题需反向计分，采取的也是 Likert 5 点计分，1 分 = 非常不同意，2 分 = 不同意，3 分 = 不确定，4 分 = 同意，5 分 = 非常同意。

该量表在国内被广泛使用，翁清雄和席酉民（2010）、尹奎和刘永仁（2013）均采取双向翻译的形式使用了修正后的 Mobley 离职倾向量表，在国内应用中离职倾向量表的 Cronbach's α 系数均大于 0.70，本书采用此翻译版量表的题项作为离职意愿判断的依据。

2. 问卷编制和预测

本书在文献综述的基础上，结合我国民办中小学的现状和特点，对已有量表进行选取和微调，形成了教师组织政治感知量表、工作条件因素量表、组织承诺量表、工作满意度量表、离职意愿量表的初测版本。

本书首先对笔者所在的小学和初中教师进行了调查，收回 125 份问卷，其中 119 份为有效问卷。针对预测样本，采用独立样本 T 检验对总得分的极端组进行比较和相关性检验两种方法，相关性检验结果均符合判别标准。经过验证性因子分析和探索性因子分析，笔者发现各量表的信效度良好，所有题项均保留，形成正式调研问卷。

3. 变量说明

Hulin 等（1985）指出员工的个人因素可能会对员工的离职选择造成一定影响，工作性质差异也可能导致对工作满意度的预期完全不同。此外，员工在产生离职意向时需要考虑其承担的亲属责任（Boyar et al.，2012），例如子女养育、家庭距离等。Bowman 和 Dowling（2008）的研究表明教师特点、教师资质、学校特点、学校资源和学生特征在教师离职中起到较为明显的作用。

本书根据文献综述提炼出一组控制变量，包括性别、年龄、婚姻状况、子女情况、家庭距离、离职经历、学历、教龄、学校品牌、学生成绩。结合我国特色，将教师职称等级、职前工作等也作为控制变量。

4. 抽样和数据采集

本次调查采用方便性整群抽样方法。笔者从不同区域抽取 7 个省份，包含城市与县城，对选择学校的教师采取整群抽样。在开展调查前，课题组在某民办小学与民办初中进行了预调研，对问卷的信效度进行了初步检验，进而对问卷进行了部分修正。正式调查通过问卷星开展，教师问卷为教师在所选取学校校领导的现场集中指导下填答，以保证问卷的填写质量。校长问卷为所选取的学校时任校长或董事会成员填答。本次调查根据抽样学校情况，共发放 2002 份教师问卷，收回有效问卷 1938 份；共发放 11 份校长问卷，收回有效问卷 11 份。

（二）质性研究设计

1. 质性研究目的和抽样

除定量研究之外，本书还进行了定性研究。本书以定量研究为主、以定性研究为辅。首先，定量分析在理解本书研究问题方面具有局限性。尽管本书收集了大量数据，但定量分析容易诱导对结果的理解简单，教师答题具有主观性。其次，学校微观政治环境是动态的，教师的政治感知也是动态的。本书的主要定量数据均为截面数据，但是学校会不断调整自身微观政治环境，教师对学校组织政治感知也不是一蹴而就的，而这一系列动态变化仅通过截面数据是无法获知的。最后，未来如何调适学校微观政治环境、稳定师资队伍，需要"对症下药"，倾听教师的声音，能够为学校管理提供更多可能性。相较于量化研究，通过质性研究更能充分了解教师的真实想法及学校实际采取的治理策略，从而对研究问题进行更深层次的回应并解决学校管理中的现实困惑。

质性研究是研究者从建构主义的视角或用辩护/参与式视角来构建知识观的研究方法。基于文献阅读与民办中小学的实际情况，本书的质性研究主要通过一对一访谈，采取开放性访谈和半结构化访谈相结合的形式，引导受访者多表达自己的意见，以了解民办中小学校长和教师对于学校微观政治情况的看法和采取的应对策略，以及学校微观政治环境对教师离职意愿的影响。

本书的质性研究关注学校的治理策略变化对微观政治环境的影响，以及微观政治环境的变化对教师组织政治感知的影响。访谈提纲设计参照 Blasé（1996）对"促进性学校领导与教师赋权"的研究设计。本书针对教师的访谈主题围绕"你选择在民办学校工作的原因""学校的环境及其发生的变化""环境变化对组织的影响""环境变化对个人的影响""促使你离职的原因""稳定教师的方法"等问题展开。

在分析访谈数据时，本书采用了系统的定性分析方法。首先，对8位受访者的访谈内容进行逐字逐句的编码，将数据初步分为不同的主题。在此基础上对这些初步编码进行整合，通过不断分析和归纳，识别出主要的类别和模式，最终提炼出民办中小学教师离职的关键因素。

定性研究通常使用"非概率抽样"（按照其他非概率标准进行抽样的方式），其中"目的性抽样"是最常用的一种方法，这种方法按照研究目的，选择能够为研究问题提供最大信息量的对象。"目的性抽样"包括多种策略，本书采取的是强度抽样策略，即抽取较高信息密度和强度的个案进行研究，其目的是寻找那些可以为研究的问题提供非常密集、丰富信息的个案，但这些个案并不一定是非常极端或不同寻常的（陈向明，2000）。

本书在最大限度平衡受访者性别和家庭背景特征的前提下，抽取了8位访谈对象，这些对象具有以下多样性：①来自不同岗位，包括任课教师、班主任、工会主席和教务主任等；②从事不同的工作，如英语、数学、物理科目教学或行政工作；③年龄从33岁到60岁；④教育背景从师专到在读研究生及硕士不等；⑤在抽样学校的在职时间从3年到8年不等，包括2位离职教师和4位在职教师；⑥工作经历涵盖从公办学校转民办学校、从一所民办学校跳槽至另一所民办学校，以及毕业即进入民办学校的教师；⑦包括抽样学校董事长和家长。这样的抽样策略旨在确保能够从具有显著个体差异和丰富经验的教师中收集到深入并具有相关性的见解。

2. 资料收集概况

访谈地点有独立空间，比较安静，不会受其他环境的影响，私密性比较好。时间安排得比较随意，主要安排在受访者的工作间隙进行。避免有第三人在场，均为一对一面对面访谈，试图获得最详尽、真实的信息。访谈氛围比较轻松，告知访谈对象访谈以了解情况、做调研为目的。参照访谈的一些问题及访谈对象对学校的了解进行了沟通。最后，请受访者也提出一些意见和建议，包括最希望学校有哪些转变、对于学校的管理有哪些建议等等。

笔者在访谈过程中收集了大量质性资料，随后撰写分析备忘录。用于深入分析的质性研究资料主要包括 6 位教师、1 位家长和 1 位董事长的访谈材料，共计 8.9 万字。笔者将所有访谈录音转录为文稿，并整理访谈笔记，用于进一步的编码和分析。

三　创新性方法

（一）定量数据分析

定量数据分析主要包括运用 SPSS. 27 对量表和数据进行描述性统计分析、T 检验、探索性因子分析、均值分析、正态分布检验、信度检验、收敛效度和区分效度检验、相关性分析、单因素方差分析、多元回归分析等。此外，笔者还运用 AMOS 21.0 进行验证性因子分析、建构结构方程模型、中介效应检验。

描述性统计：用来概括、表述事物整体状况以及事物间关联和类属关系的统计方法。通过统计处理可以简洁地用几个统计值来表示一组数据的集中性和离散性，以便于描述测量样本的各种特征和其所代表的总体的特征。描述性统计分析的项目很多，常用的有平均数、标准差、频数分布、正态或偏态程度等。

T 检验：选用 T 检验的基本前提假设是，两组样本都服从正态分布，且方差相同。在实际问题中，首先计算出实际样本的 T 值，然后根据 T 值分布查出在原假设下取得该 T 值的 P 值，最后根据适当的显著性水平（如 0.05）来决定是否拒绝原假设，推断两组样本的均值是否有显著差异。T 检验属于参数化检验方法，此类方法对数据分布有一定的假设，必要时首先检验样本分布是否符合假设。

探索性因子分析和信效度检验：针对民办中小学教师离职意向调查表进行信效度检验。因子分析采用的是因素抽取法，默认主成分分析，转轴法采用最大方差法，因素成分看旋转后的成分矩阵。效度是指测量的有效程度或测量的正确性，即一个测验能够测量出所要测量特性的程度。通常调查问卷效度值 KMO 越高（越接近 1.0），表明变量间的共同因子越多，研究数据适用因子分析。通常按以下标准解释该指标值的大小：KMO 值达到 0.9 以上为非常好，0.8~0.9 为好，0.7~0.8 为一般，0.6~0.7 为可接受，0.5~0.6 为很差，低于 0.5，表明样本偏小，需要扩大样本。Bartlett 球体检验的虚无假设为相关矩阵是单位阵，如果不能拒绝该假设，就表明数据不适用因子分析。一般来说，显著水平值越小（$p < 0.05$），原始变量之间越可能存在有意义的关系；显著水平值较大（如 $p > 0.10$），表明数据可能不适用因子分析。信度（Reliability）是指采取测验工具得到的结果的一致性或稳定性，是反映被测特性真实程度的指标。信度检验考察问卷中的一组问题测量的是否为同一个概念，采用 Cronbach's α 系数法对进行检验。问卷的信度值 α 系数达到 0.9 以上为非常好，0.8~0.9 为好，0.7~0.8 为一般，0.6~0.7 为勉强接受，0.5~0.6 为很差。

验证性因子分析和信效度检验：用于验证民办中小学教师离职意

向量表的建构效度。效度系数即标准化回归系数（Standardized Regression Weights）在验证性因子分析中也称因素加权值（Factor Weights）或因素负荷量（Factor Loading），反映了测量变量在各潜在因素中的相对重要性，其值为 0.50~0.95，表示模型的基本适配度良好。指标变量能有效反映其要测得的构念特质，其值越大表示指标变量能被构念解释的变异越大。信度系数即多元相关的平方（Squared Multiple Correlations，R^2），表示测量变量被潜在构念解释的变异比例，其值越大，说明测量误差越小。组合信度（Composite Reliability，CR）或称构念信度，可以作为检验潜在变量的信度指标，也称构建信度（Construct Reliability），为模型内在质量的判别准则之一，CR 值在 0.60 以上表示模型的内在质量理想。平均变异量抽取值（Average Variance Extracted，AVE 值）直接显示被潜在构念所解释的变异量有多少来自测量误差（$1-R^2$），该值越大，表示指标量被潜在变量构念解释的变异百分比越高，相对的测量误差越小，一般判别标准为大于 0.50。

相关性分析：用于检验各变量之间，以及组织承诺、教师满意度之间的关联强度。相关系数表明变量之间的关联强度，0.90 以上表示强烈关联，0.70~0.90 表示高度关联，0.40~0.70 表示中度关联，0.20~0.40 表示低度关联，0.20 以下表示微弱关联。

均值分析：用于检验具有不同个人、家庭和学校特征的教师，对工作条件因素的影响是否存在差异。当变量只有 2 个取值时，可采用独立样本 T 检验，自变量为二分类变量，采用 Levene 检验法来检验两组样本的方差是否相等，然后选取相应的 T 值和 P 值来判断两组样本平均数的差异是否显著。当变量超过 2 个取值时，可采用方差分析，自变量为三分类及以上变量，采用单因素方差分析（One-Way ANOVA），先通过整体检验 F 值是否显著进行初步判断，F 值显著表明至少两组样本的差异达到显著水平，再通过多重比较判别摘要表中详细情况。

中介效应检验：用于分析组织政治感知与离职意愿之间的中介效应，即组织政治感知→工作条件因素→组织承诺→工作满意度→离职意愿、组织政治感知→工作条件因素→组织承诺→工作满意度→离职意愿的中介效应。所谓中介变量指当自变量 X 影响因变量 Y 时，如果变量 X 通过影响变量 M 而对变量 Y 产生作用，则称变量 M 为中介变量。对中介效应的检验通常采用 Barron 和 Kenny（1986）以及 Sobel Test（1982）的方法。但传统检验中介效应的方法也存在一定问题，如仅是简单的 Z 检定，中介效应通常不符合常态分布，±1.96 在实务上并不代表一定显著；且对于涉及较多变量的、复杂的特定间接效果，如远程中介效应等无法被估计。较好的解决方案是利用 bootstrap 的技术重新估计间接效果的标准误及信赖区间；或利用 bootstrap 的技术估计间接效果的标准误及非标准化系数，再计算间接效果的显著性水平（Z 值），如果置信区间不包含 0，则间接效果显著。

多元回归分析：其目的是找出自变量与因变量的关系，并说明自变量间的线性组合与因变量间的关系强度有多大，整体解释变异量是否达到统计上的显著水平，在回归模型中哪些自变量对因变量的预测力较大。为了从多个自变量中找出对因变量最具预测力的自变量，以建构最佳回归分析模型，通常采用逐步多元回归分析，即预测力显著的自变量（$p<0.05$）才会进入模型。多元回归分析用于检验教师离职的影响因素。

结构方程模型：作为当代行为和社会科学领域量化研究的重要统计方法，融合了多元线性回归、路径分析、因子分析、协方差分析等统计技术，清晰分析单项指标对总体的作用和单项指标间的相互关系，模型中既包含可观测的显在变量，也可能包含无法直接观测的潜在变量。与其他分析方法一样，结构方程模型也有一定的应用条件，主要是有一个合理的样本规模，且变量是连续变量并服从正态分布。此外，还要求观测数据是完整无缺失的。

结构方程模型建构和适配度检验：因为卡方值的大小易随样本数多寡而波动，因而在 SEM 假设模型的适配度评估中，分析的样本数如果较多，整体模型适配度应参考 Amos 提供的各类模型适配度指标进行综合判断，而不应只以 CMIN 值为唯一的判断依据。模型适配度指标和标准为：卡方（chi-square test，即 χ^2）和自由度（df）要求 χ^2 不显著（对应 $p>0.05$），若 $\chi^2/df<3$，则对 χ^2 不显著的要求可忽略；估计误差均方根（Root Mean Square Error of Approximation，RMSEA）<0.05（模型高度拟合）、$0.05 \leqslant RMSEA<0.08$（模型拟合较好）、$0.08 \leqslant RMSEA<0.1$（可接受）；比较拟合指数（Comparative-fit Index，CFI）>0.90；拟合优度指数（Goodnessof-fit Index，GFI）>0.90（良好）、GFI >0.80（可接受）；标准拟合指数（Normed Fit Index，NFI）>0.90；非标准拟合指数（Non-normed Fit Index，NNFI）>0.85 或 Tucker-Lewis 指数 TLI >0.90；标准化误差均方根（Standardized RMR，SRMR）<0.08；AGFI >0.90（良好）、AGFI >0.80（可接受）；IFI >0.90；CN >200 等。对模型的选择与评价需要多方面综合考虑，即使是呈现较好的拟合指标，也不一定意味着该模型是正确的或最好的。

（二）访谈材料分析

质性分析是一种审查资料和解释资料的过程，目的是从中发现意义获得以及发展先验知识（陈向明，2000）。具体的分析过程为，笔者首先对访谈文字记录进行有目的性的分类，有针对性地选取文字记录中与本书研究问题相关度高的访谈片段。然后，采用三级编码形式，整理各个访谈所呈现的信息。一级编码展示各个访谈片段中提供的重要信息；二级编码在一级编码的基础上进行分类概括和维度划分；三级编码揭示了各编码之间的相互关系，形成一定的关系网络，寻找其相对应的结构框架。在编码的过程中形成数据分析笔记，帮助形成最后的研究发现和结论。

编码时遵循陈向明《质的研究方法与社会科学研究》一书中关于编码的阐述，具体包括：一级编码，开放式登录；二级编码，关联式登录；三级编码，核心式登录。具体来说，一级编码主要是为了从资料中发现概念类属，对类属加以命名，确定类属的属性和维度，这一步骤需要研究者非常细致，不能遗漏信息，注意寻找原始词汇，迅速找出描述词汇的维度，这些维度可以唤起比较的案例，直至信息达到饱和；二级编码的主要任务是发现和建立概念类属之间的各种联系，如因果关系、先后关系、相似关系等，一般二级编码将通过范式模型 A 因果条件—B 现象—C 情境或脉络—D 中介条件—E 行动策略—F 结果，将类属和此类属进行组合；三级编码在所有的类属中选择一个核心类属，并且通过核心类属将其他类属整体联系起来。在本书中，质性材料属于从属材料，并不期望按照扎根理论继续深入"扎"出一个理论，而是停留在类属分析和分析性叙述的层面，希望能够通过梳理和归纳被访谈者的文本还原、勾勒出教学与科研关系的样貌，明晰他们的行动逻辑。

第一章　从传统离职模型到微观政治理论

第一节　理论基础

一　员工离职相关理论

（一）一般的员工离职理论

员工离职主要包括主动行为（如辞职）和被动结果（如裁员）。现有文献大多围绕前者进行探讨与研究（Mitchell et al.，2001），均试图解答一个核心问题，即为什么员工决定离开公司（Lee et al.，1994）。这是因为相比于企业行为导致的员工被动离职，员工的主动离职行为对企业的日常运营与发展往往会造成更大的伤害，并且可能会导致企业运营成本提高（Shaw et al.，2005）。

经过学者不断检验与发展，职业变动的容易程度以及职业变动的渴望程度这两个维度成为大多数员工离职文献的主要基础概念（Hulin et al.，1985），并被形象地描述为"拉力因素"（Pull-to-leave）和"推力因素"（Push-to-leave）（Tse et al.，2013）。前者基本等同于员工可以找到的工作机会（Lee et al.，1994），后者基本等同于工作满意度（Jackofsky et al.，1983）。学者在不断进行实证定量检验的同时，也在理论层面不断完善员工离职模型。Mobley（1977）对工作满意度和员工离职率的研究在 20 世纪最后的 20 年中一直都是该领域内的核心文献，被大量学者引用。具体来说，Mobley（1977）

认为员工离职的核心驱动力来源于对其目前工作的不满意，即推力因素这一维度（见图1-1）。不满意产生之后，员工会对自身目前状况进行简单评估，以确定自身是否具有离职的可能性。在上述评估后，员工才可能产生离职意愿。按照正常的逻辑，产生工作不满并非与员工离职直接相关，也就是说员工不会在产生不满意后立刻离职。相反，在这个阶段，员工考虑退出或者表达离开的意愿才是更加符合逻辑与情理的选择（Porter et al.，1973）。

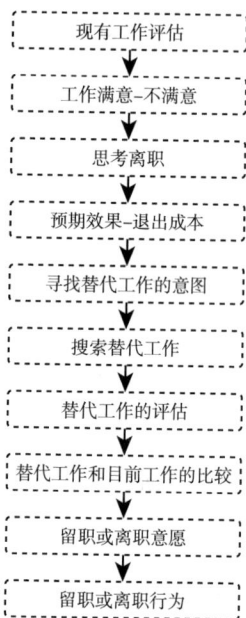

```
┌─────────────────┐
│   现有工作评估    │
└─────────────────┘
        ↓
┌─────────────────┐
│ 工作满意-不满意   │
└─────────────────┘
        ↓
┌─────────────────┐
│    思考离职      │
└─────────────────┘
        ↓
┌─────────────────┐
│ 预期效果-退出成本 │
└─────────────────┘
        ↓
┌─────────────────┐
│ 寻找替代工作的意图 │
└─────────────────┘
        ↓
┌─────────────────┐
│   搜索替代工作    │
└─────────────────┘
        ↓
┌─────────────────┐
│   替代工作的评估  │
└─────────────────┘
        ↓
┌───────────────────┐
│ 替代工作和目前工作的比较 │
└───────────────────┘
        ↓
┌─────────────────┐
│  留职或离职意愿   │
└─────────────────┘
        ↓
┌─────────────────┐
│  留职或离职行为   │
└─────────────────┘
```

图1-1　Mobley 的员工离职模型

资料来源：Mobley，W. H. (1977). Intermediate Linkages in the Relationship Between Job Satisfaction and Employee Turnover. *Journal of Applied Psychology*，62（2），237-240。

Steers 和 Mowday（1981）继承并发展了这一观点，认为每个员工都有不同的价值观与工作期望，而这些因素会影响员工对工作的情感反应，从而间接地影响工作满意度（见图1-2）。具体来说，个人的价值观与工作期望可以被概念化为期望的满足。组织的特征与经验

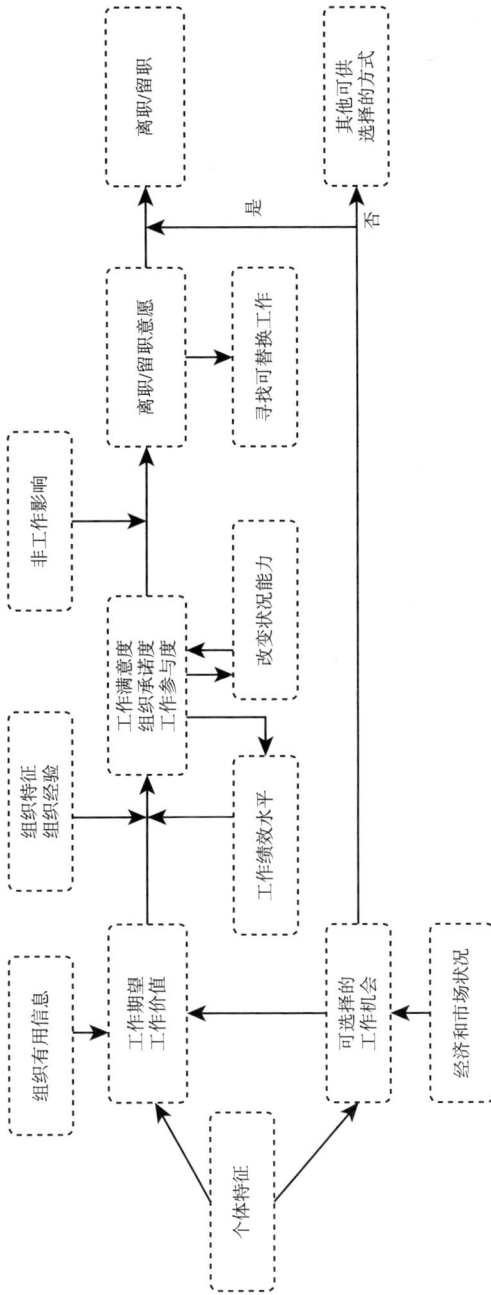

图 1-2　Steers 和 Mowday 的员工离职模型

资料来源：Steers, M. R., & Mowday, T. R. (1981). *Employee Turnover and Post-decision Accommodation Processes. Research in Organizational Behavior*, Greenwich, CT: JAI Press。

可以被概念化为个人所体会的组织现实。二者的冲突以及个人的绩效水平会影响个人对工作组织的情感反应，包括工作满意度以及工作投入。这种情感反应会进一步导致员工离职意向的产生（Lee et al.，1987）。他们还认为，除了组织所提供的信息和个人价值观的因素，个人对工作的期望还会受到外部可选择的工作机会的影响，即外部的社会和市场条件也会对个人的离职倾向产生影响（Steers et al.，1981）。这一点被许多后续研究所继承，如心理契约理论（Chih et al.，2016）。

随着员工离职研究的发展，Price 和 Mueller 在整合了 33 项研究之后，开发出一个新的员工自愿离职行为的因果模型。不同于之前理论模型中的推力因素和拉力因素，Price 和 Mueller 将能够影响员工离职的相关变量分为内生变量与外生变量。该模型中，与离职相关的变量分为结构化变量、环境变量、个体变量和过程变量四类。内生变量指过程变量，包括工作满意度、组织承诺、工作寻找行为和留职意愿（见图 1-3）。该模型总结了雇员期望的工作条件和环境特征，将雇员期望的工作条件称为结构化变量。结构化变量包括工作自主性、分配公平性、工作压力、晋升机会、工作单调性、社会支持和薪酬七大变量。该模型将雇员期望的外界环境条件称为环境变量，环境变量包括机会和亲属责任。该模型将雇员的个性特征称为个体变量，个体变量包括一般培训、工作参与度和积极/消极情绪。上述三类变量是模型的外生变量。Price-Mueller 模型中最重要的外生变量是结构化变量（工作场所中工作环境的特征和社会交往模式），它们被认为是工作满意度和组织承诺的决定性变量（Price，2001），它们通过两个中介变量对离职行为发挥间接作用。

在外生变量中，环境变量包含当前市场中的劳动力机会以及员工所带有的亲属责任关系（Boyar et al.，2012）。从图 1-3 中可以看出，按照 Price-Mueller 模型，环境变量在直接影响离职行为的同时，也通过影响工作满意度间接地影响员工的离职意愿，这与 Steers 和 Mowday

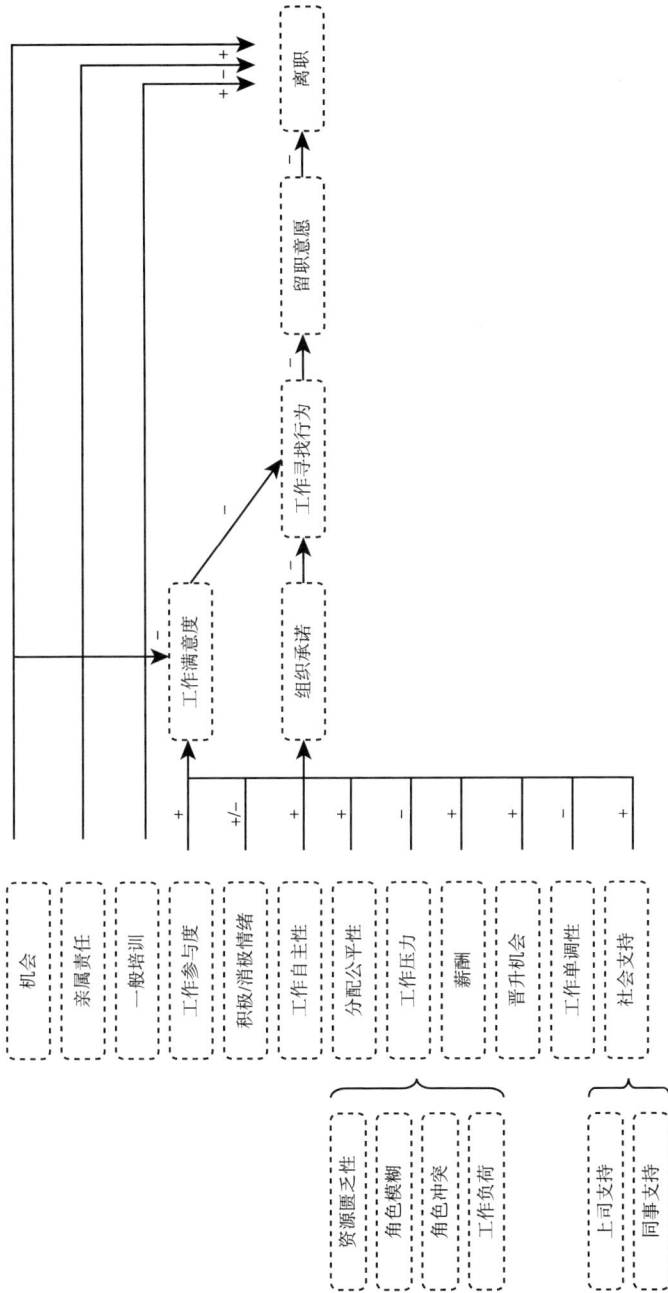

图 1-3　一般员工离职模型

资料来源：Price, J. L. (2001). Reflections on the Determinants of Voluntary Turnover. Journal of International Manpower, forthcoming。

（1981）的模型相吻合。个体变量中一般培训的增加会直接赋予员工通用的知识和技能，从而直接增加员工跳槽的机会（Long et al.，2012）。工作参与度和积极/消极情绪从员工的情绪层面作用于员工的工作满意度和组织承诺，间接地影响员工的离职意愿。结构化变量包含与工作内容挂钩的变量，同样通过影响工作满意度和组织承诺间接地影响员工的离职意愿。与之相对，内生变量包含之前 Mobley（1977）的模型及 Steers 和 Mowday（1981）的模型中被认为与员工离职决策有直接关联的四大要素，即工作满意度、组织承诺、工作寻找行为、留职意愿。

Price 和 Mueller 在从 March 和 Simon（1958）的理论中继承了工作满意度这一概念的同时，也从 Meyer 和 Allen（1991）的研究中获得了对组织承诺的新定义，即员工对组织的忠诚度，而非情感满意度。Price 和 Mueller 将组织承诺单独列出并使之与工作满意度这一要素并列，而非像传统的研究中那样将之视为影响工作满意度的决定性因素（Currivan，1999）。这是因为 Price 和 Mueller 认为组织承诺与工作满意度之间的因果联系事实上并不存在，二者的关联性的产生是因为过多共同影响因素/干扰因素的存在（Currivan，1999）。从图 1-3 中也可以看出，Price 和 Mueller 认为大部分外生变量同时影响这二者。Price-Mueller 模型的意义在于，它不仅引入了更多的外生变量，使得模型覆盖的范围更加全面，而且承认了组织这一利益团体在员工离职模型中能够发挥的作用，使得模型不再只考虑员工单方面的行为，令模型更为完整。

具体来说，尽管该模型承认员工的工作满意度会影响员工的离职行为，但是工作不满意为什么会产生以及为什么工作满意度会影响离职行为等问题在 Price-Mueller 模型中没有得到解答。对这些无法回避的问题，Price 和 Mueller 做出了三个根本性的假设：①员工带有一定的期望进入组织，满足这些期望有助于提升工作满意度以及归属感；②员工和组织间存在利益交换，组织利用结构化变量来换取员工的服务；③员工是理性的生物，追求利益最大化。这也成了日后学者对一般员工离职模型解释和补充的关注点，相应的理论，如社会交换理论、心理契约理论以及工作嵌入理论等，也都因此被引入了一般员工离职模型之中。

（二）心理契约模型

要解答员工为什么会对工作不满意并降低对组织的承诺，首先需要明确员工工作的目的是什么。大量研究认为，员工的工作行为主要是为了获取薪资，因此学者主要讨论薪酬满意度与工作满意度之间的关联。另一些学者关注马斯洛需求等级的更高层面，如自我尊严的实现，他们认为工作行为在一定程度上是为了实现这些高级需求，工作满意度与离职行为应该与这些要素挂钩。根据 Price 和 Mueller 的假设，员工是为了获得进入组织时预期的利益而与组织进行利益交换。由此，学者们对此假设进行了理论上的延展与结合，最终确立了社会交换理论（Social Exchange Theory；Sun et al.，2016）。

社会交换理论最早由 Homans（1961）提出，他借用经济学概念来说明社会行为中持续的互惠强化关系。根据 Blau（1964）的观点，社会交换理论强调个体的主动行为是为了获得所期望的回报。这一点与 Price-Mueller 模型中的假设相符。因此，基于这种行为的社会互动往往是以互惠互利为前提的，当一方未能以预期的方式提供利益时，另一方可以随时撤回其服务。员工与企业的关系也符合这种互惠互利的关系，即员工为企业提供其所需要的技能，相应的企业也为员工提供物质上的甚至精神利益上的满足（Cole et al.，2002；李原等，2006）。无论是员工还是组织，都需要遵循社会交换理论的"互惠原则"，即双方得到的报酬减去双方付出的代价所得到的后果都应该是正向的，否则彼此间的关系最终会被收益是负向的那一方打破（李原等，2006；姚辉，2010）。

社会交换理论提出参与社会交换的双方没有情感，他们受到纯理性利益的驱动（West et al.，2007），这一假设存在明显缺陷。Lawler和Thye（1999）认为员工在建立长期的与组织间的社会交换关系时，从建立预期到最后的回报评估，情感会影响整个交换行为。在认识到社会交换理论的不足之后，围绕工作满意度这一核心，学者试图发展新的理论。心理契约模型（Psychological Contract）应运而生，成为社会交换理论的补充模型。根据 Altman 和 Taylor（1973）提出的社会渗透理论，一旦个体之间开始彼此交换资源，其关系就会逐步从单纯的经济利益交换演变为更深层次的包含个人情感的交换（Carpenter et al.，2016）。

心理契约理论最早被用来描述组织与员工间的非正式关系。Argyris（1960）仅将这种非正式的契约关系限定于工作小组内部员工与领导间的默契关系。按照该理论，由于员工与领导间心理契约关系的产生，员工在隐性的领导下会倾向于参与最优化生产。Levinson（1962）等通过对 874 名雇员的实证研究，提出了心理契约是"组织与员工之间非正式且隐含的相互期望的汇总"（姚辉，2010）。这种期望既包含了明确的有关经济利益的期望（如工资），也包含了模糊的期望（如未来的晋升机会）（Levinson et al.，1962）。这种期望虽然是非正式的，但是与社会交换关系相同，具有义务的特性（李原等，2006）。与社会交换关系类似，如果有一方没有达成对方的期望，二者间的契约关系可能会发生变化，而这种变化可能会导致员工对组织的信任度降低、不满意度提升，以及产生离职行为（Schein，1965；Kotter，1973）。这一点充分体现了心理契约理论和社会交换理论与员工离职理论之间的契合性。长期看来，员工与组织会建立一种超越单纯经济利益交换的契约关系，心理契约理论也因此被引入相关员工离职的研究（见图 1-4）。

在后续的研究中，组织理论学者 Rousseau（1989）重新将心理

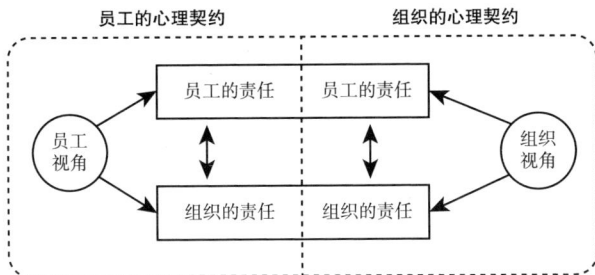

图 1-4　员工和组织的心理契约

资料来源：李原、郭德俊（2006）。

契约理论拓展成雇主与员工之间的一种非正式关系，这种关系包含了双方相互的信念、期望、感知以及非正式的义务。Rousseau（1989）继承了 Schein（1965）和 Kotter（1973）的观点，承认了心理契约具有责任义务的性质，这种契约包含了直接或隐含的员工对组织义务的期望。此外，Rousseau（1995）认为，因为人具有更强的主观性，相比组织本身，更应成为心理契约理论的研究对象。这一观点同 Spielberger（2004）的观点相一致，即员工自身特点与价值观的不同会导致心理契约/社会交换关系/组织满意度认知的不同。

在确立心理契约的定义和对象之后，理解心理契约是如何形成的至关重要，这也将补全整个员工离职动机形成的链条。为此，心理契约理论进一步发展了一般员工离职模型（见图 1-5），承认了社会组织外部因素与个人内部因素的共同作用（Rousseau，1995）。外部因素包含组织提供的信息与来自社会的线索。其中，组织提供的信息包含了一切显性信息（例如签署的契约中的条款，组织的介绍与愿景，组织在社会中的形象）及隐性信息（例如对组织成员的观察，与组织成员的非正式交谈）（李原等，2006）。根据 Rousseau（1995）的观点，虽然关于组织是否能够主动提供信息具有争议，但是组织代理人具有传递信息的意图，这包括对组织未来计划的传达和对员工行为的建议。这些意图以持续或相对持续的方式塑造了员工—组织的契约关系。值得一提的是，即使是这种主动传递的信息，也需要成员在有主观意愿的情况下才会被接收，因为人并不会主动地去寻求信息，只有当他们觉得这种行为具有一定必要的时候，他们才会这样做。

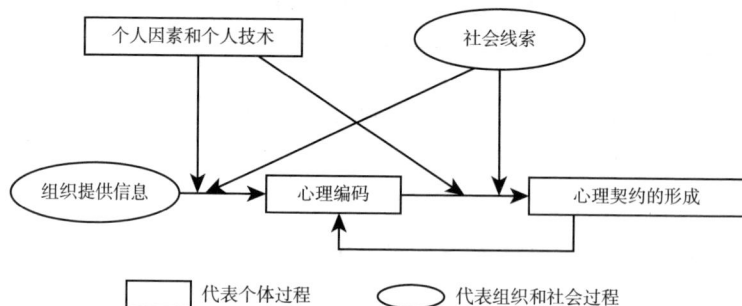

图 1-5　个人心理契约

资料来源：Rousseau（1995）。

社会线索更多地包含来自同事或工作小组内部成员的信息。在心理契约的形成中，社会线索除了为员工提供必要的信息，也向员工传递了组织内部的社会压力、组织对契约的认识，以及展示其他个体如何解读组织的行为（Rousseau，1995）。具体来说，这些信息可能包含组织内成员对工作场所的感知、组织内部的文化，以及员工间互相交往的态度。根据 Pfeffer 和 Salancik（1978）的观点，这种社会线索对员工的组织认知具有较大的塑造作用。

探讨心理契约违背与员工离职行为间的关联存在一定的困难（陈加洲等，2001）。因为心理契约的标准与感知因人而异，具有极大的主观性，这导致不同的员工对同一个事件可能产生不同的感受。因此，在很多情况下衡量心理契约违背并不存在普遍标准，员工也不会立刻指出组织对其所承诺责任和义务的违背（Rousseau，1995）。正如对心理契约的感知因人而异一样，对心理契约违背的感知也是因人而异的（Morrison et al.，1997；Rousseau，1995）。此外，心理契约违背也可以发生在并没有产生实际违约行为的情况下。组织有可能并没有主动违约，甚至没有认识到这种违约的存在（Morrison et al.，1997），因为心理契约的违背与产生一样，并不完全依赖于正式的契约合同（Rousseau，1995）。这导致学者们在测度心理契约违背的时候，往往主要依赖员工的主观感受，并以此为基础制定量表来进行评估。

基于上述观点以及心理契约的核心定义，学者们围绕承诺、期望以及责任三个维度来对心理契约违背进行衡量（朱学红等，2011）。具体来说，当这三个维度的等级/状况并不匹配时，员工将会产生"未满足的期望"（Porter et al.，1973）。这种未满足的期望会进一步导致工作不满意、员工的消极行为以及最终离职行为的产生。组织心理契约违背会对员工的工作态度及行为产生重大的负面影响，降低员工对组织的信任、工作满意度（Tumley et al.，2000）和留职意愿（Tumley et al.，1999）。根据 Tumley 和 Feldman（2000）的差异模型，心理契约违背主要受期望值、具体的破裂条件和食言本身性质三个因素的影响（见图 1-6）。

心理契约理论可以用来解释学校教师的离职意愿。作为学校组织的重要组成部分，教师与学校的心理契约的建立与破坏会影响学校的组织稳定及教师的职业发展乃至社会稳定（朱学红等，2011）。我国学者的实证文献认为，教师的心理契约包括教师责任和学校责任两个方面（韩明等，2010）。教师责任分为岗位责任、人际责任和发展责任，学校责任分为经济责任、环境责任和人文责任（田宝军等，2007）。教师心理契约包含学校对教师的责任和教师对学校的责任，这两方面均包含三个基本维度：关系型责任、发展型责任和交易型责任（林丽华等，2005）。学校的心理契约的建立基于学校提供的三个维度的责任。一是交易责任，指提供进修、培训的机会，提供有竞争

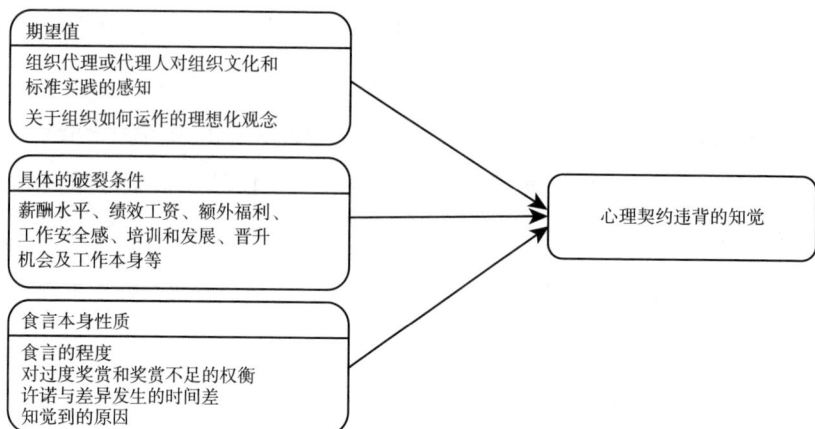

图 1-6　心理契约违背模型

资料来源：Tumley，W. H.，Feldman，D. C.（2000）。

的工资待遇，提供晋升、发展的空间，提供相应的福利待遇，根据工作成绩发放奖金。二是发展责任，指工作的自主性、听取和采纳教师的建议和意见、合理的工作量、工作有意义且有挑战性、人文关怀等。三是关系责任，包含同事关系、上下级关系、稳定的工作环境。学校和教师之间心理契约的建立对教师选择学校岗位并留职起着重要作用，心理契约的破坏将会导致教师产生工作不满意，进而产生离职意愿。这种行为产生的动机为对组织承诺未达预期的不满（Rousseau，1995）和工作满意度的降低。

二　微观政治理论

除考虑员工的个体因素外，还应将员工离职行为放到组织的整体环境中进行考察。20 世纪 90 年代以来，微观政治一直是教育管理领域的重要研究话题（Ball，1987）。微观政治作为新的理论体系，更适合研究学校内部与人相关的议题，其为学校组织研究提供了一个动态的视角。这一理论也为研究学校教师离职意愿提供了一个有利的框架，学者可以以微观政治为视角，探讨在教育组织内部发生的权力动态、资源争夺以及利益冲突，从而更加全面地理解教师离职的动因。

（一）组织政治学与微观政治的兴起

微观政治是组织政治学应用于学校情境的产物，而组织政治学是政治学与组织理论交融的结果。本书将先回溯到微观政治与离职理论的根源即组织理论研究中，以便更好地阐述二者间的关系。

在组织理论发展的初期，为了简洁性以及适应流水线作业的生产模式，人这种复杂的有机体被简单地归纳为机器生产的附属物。学者讨论的员工效率或其他行为的影响因素，也被简单地限制在经济利益、标准化流程以及监督之上。在其他古典组织理论中，尽管组织内部的权力关系得到了重视，但是本质上员工依然被视作生产过程中的不变量。员工自身因素所引起的变化并未被视作研究要素，而是被处理为组织内错误。考虑到人是具有复杂信息处理机制的有机体而非简单的处理机械，March 和 Simon（1958）为了更好地研究组织内部员工与其所处环境的复杂变化关系，将政治学对人和社会互动的观点引入组织分析之中，形成了组织内的微观政治，又称组织政治学。

根据 Mayes 和 Allen（1977）的观点，组织政治大致被分为三类。第一类，以 Harvey 和 Mills（1970）为代表的学者认为，只有组织中围绕稀缺资源行使权力的行为才可以被视作组织政治。这一点迎合了组织政治的一部分内核，即资源分配并不一定明确或公平合理（Mayes et al.，1977），而对资源分配公平性的破坏毫无疑问地被视为组织内部政治权力的行使（Kacmar et al.，1999）。Blasé 和 Anderson（1995）提到的控制型校长利用教师晋升名额分配来施行自身领导力就可以被视为该类型的典型代表。第二类，学者扩大了该定义，将政治行为引申到所有围绕政策而产生的冲突，强调了组织内部冲突的核心驱动地位。第三类，Butler 等（1977）将组织内举办者权力（包含正式和非正式权力）以及影响力的应用都视为组织政治的一部分，这也最符合传统组织理论中对政治行为的描述。

当学者将组织政治学应用于学校组织的分析时，学校这一组织的特殊性促成了微观政治理论的诞生和发展。微观政治的兴起是对传统组织理论批判的结果。在微观政治兴起之前，传统的以营利性企业为基础的组织结构理论一直是研究学校管理的理论基础（Ball，1987）。这种传统的组织结构理论脱胎于以 Weber（1909）为代表提出的古典组织行为学——强调维持机构运转的核心要素是阶级和控制和功能主义社会学——将组织视作一个整体来进行分析和研究（Bell，1980）。

但是，学校组织的目的不仅是营利，体现的价值也不仅是管理者的意志。因此，学校组织内部利益的复杂性和多元性应被纳入组织政治分析。传统的功能导向的学校组织理论过分强调管理者的作用，忽视了教师经验的意义，并没有将教育视为学校组织的首要目标（Hoyle，1982）。这种错误的套用很可能导致传统组织理论中的官僚以及阶级体系被应用于学校的日常管理事务中，从而造成学校管理的低效率与相关研究发展的滞后。根据 Kezar 和 Gehrke 的研究，当学校更侧重于其市场导向的营利属性而非教育导向的社会属性时，传统的官僚体系组织理论得到更多的应用。

根据 Ball（1987）的描述，传统组织理论的失败部分来自学者自身因素。因为大多数对学校进行研究的学者实际上都是学校系统的局外人，他们对学校的认知首先来自自身所具有的先验性知识。传统组织理论研究较少征询组织内行动者的经验和意见，这让作为局外人的学者不能有效地获取有关学校组织运行的具体知识和细节。这一点在 Bell（1980）的早期研究中也有所提及，他指出真实的学校工作比教育学期刊描述的情形更加复杂、不稳定，且难以理解，这导致学者对教学管理的研究始终难以突破。Ball（1987）重新定义了在学校组织环境中，在与他人产生互动时，个人对他人能做什么、应该做什么或者必须做什么而产生不同的认知。

在传统组织理论研究中，即在 Burns（1961）引入微观政治的概念之前，这些冲突和矛盾依然被视为企业日常管理中产生的失误或错误而非企业变革的动力（Ball，1987）。很明显，传统组织理论在极大程度上迎合了管理者的利益，因为其可以简单化甚至忽视被管理者的利益，将通过正规程序获得的管理权力与对组织的控制视作解决一切相关问题的"灵丹妙药"（Ball，1987；Bell，1980；Yang，1995）。直至1961年Burns提出"微观政治"（Micro-Politics）这一概念掀开了组织政治研究的新篇章。

（二）微观政治理论的概况

1. 微观政治的概念起源及发展

微观政治是与宏观政治相对应的发生于组织机构内部的不同角色间的政治互动行为（Blasé，1991；Ball，1987）。从1961年至今，这一概念经历长期发展，其内涵和核心要素逐步固定下来。微观政治（Micropolitics）概念来源于Burns 1961年的文章"Micropolitics：Mechanisms of Institutional Change"。大多数学者认为Burns的文章首次将微观政治这一视角从传统政治系统理论中脱离，转而应用到组织结构相关研究中（程晋宽，2012）。微观政治与宏观政治相比，更关注人们日常生活中的个体行为，这使得微观政治活动并未与企业或者学校中的日常行为活动即管理、制造或者教学活动存在本质上的不同。虽然政治活动在表面上与这些传统意义上的日常经营活动不同，但是这些日常活动并不完全独立于政治活动，常常会受到政治活动的影响。Oakeshott（1951）提出，政治是一种源自人们日常生活的行为活动。Burns（1961）将Oakeshott的观点套用到组织结构研究中，提出当人在竞争环境中被当作资源使用时，这种行为就可以被视作政治行为。在Burns看来，因为劳动分工促进了不同利益群体的形成，这种以人为资源的政治活动会不断地出现在组织生活的冲突中。Burns认为，微观政治是组织结构变革与发展的核心驱动力，是实现组织机构目标的必要部分。在讨论企业组织行为学时，微观政治将研究的重点从组织本身转移到组织中的人身上，为学者提供了一个全新的分析角度。

微观政治在组织结构理论中的发展和应用得到了后续学者的认可与继承。在该理论兴起的初期，Iannaccone（1975）从组织内部冲突与矛盾的角度定义了学校内的微观政治，但是忽视了合作与联结维度。后续学者对微观政治不断进行补充与发展。Pfeffer（1981）将微观政治定义为"组织内部不同利益相关者为获得利益时而使用人际关系、权力以及其他资源的活动"。Hoyle（1982）在文章"Micro-politics of Educational Organizations"中承接了之前学者对于微观政治的观点，认为在传统组织理论体系中，始终存在一定的盲点。这些盲点包含组织内部的"地下世界"，即需要研究的微观政治，因为其包含了传统学者不愿意触及的组织内部的非正式行为，如"组织内小团体""潜规则"等，这些都属于不同组织内成员谋求自身利益的方式。Hoyle（1982）与Pfeffer（1981）的观点相似，即组织内的微观政治包含组织内个体或群体通过运用可利用的资源而获取自身利益的行为和策略。但是，Hoyle在认真地讨论了组织内微观政治和行政管理的联系和区别后，提出组织内微观政治和行政管理并不是互相排斥的，通过运用正规途径获得的权力来获取利益并未脱离微观政治的范畴，这与Iannaccone（1975）的观点一致。二者的区别在于，传统的组织理论更注重组织的结构，即结构间的命令传递以及由此产生的权力；但组织内部各层级结构间的空隙则是由外部人看不见且摸不到的微观政治填补。因为微观政治既不讨论填补组织结构空白的成员，也不讨论连接不同结构的命令传递，而是讨论脱离了组织结构的合作与冲突，所以其并不属于人力资源理论的范畴。Hoyle（1982）也认为，虽然微观政治更多地讨论企业内非正规的权力与结构，但其实际上还是在很大程度上受到正式组织结构的影响。

Blasé（1991）进一步整合了上述观点，在其所编辑的著作 *The Politics of Life in Schools： Power， Conflict， and Cooperation* 中，提出了被后世大多数学者所认可的微观政治定义：组织内部的个体或群体通过使用正式或非正式的权力来实现他们组织内的利益或目标。大体来说，政治行为产生自集体和个体间的认知差异，并与运用权力来保护或者影响这些利益的动机相关联。虽然这些政治行为是出自有意识的动机，但是实际上，任何行为，包括有意识和无意识的行为，在某些特定情境下都可能含有政治意义。合作与冲突都应该被视作微观政治的组成部分。此外，宏观政治与微观政治在大多情况下也是相互影响的。

因此，学者将注意力从对宏观政策的分析上转移到了这些政策在微观层面的具体实施，试图找出一个切实可行的理论来保证政策的成功实施。他们发现，学校作为一个微观组织，实际上在教育政策实施中更具有决定性作用，在某些情况下甚至能够修改特定的外部政策（Ball，1987；高洪源，2003）。想要跨越政策从公布到实施的这一鸿沟，学校的微观政治研究被认为是必不可少的，因为其给这种政策实施"黑箱"情形提供了一个合理的解答（杨颖东，2015）。

微观政治逐渐成为学校管理研究的主流理论（程晋宽，2012）。在微观政治视角下，学校被视为一个组织机构，研究者承认"教育"在学校这个组织机构中的重要地位，这使得研究重心从学校的商业属性转移到了学校的社会属性上（Iannaccone，1991），也使得教育的实施群体教师在学校日常管理事务中获得了更多的关注。不同群体间的冲突和矛盾不再简单地被认为是管理上的失误，而是不同利益群体诉求的平衡。这使微观政治在学校管理相关研究中获得了不可忽视的影响力。表1-1总结了微观政治代表学者及其观点。

表1-1　微观政治代表学者及其观点

代表人物	主要观点	核心作品
Oakeshott, M.	政治是一种源自人们日常生活的行为活动	*Political Education*, 1951
Burns, T.	当人在竞争环境中被当作资源使用时,这种行为就可以视作政治行为	*Micropolitics: Mechanisms of Institutional Change*, 1961
Iannaccone, L.	每个学校都具有独立的生态环境、机构文化以及相关利益,不同学校之间具备一定的差距;教师和校长行为相互影响,且利益间具有冲突	*Education Policy Systems: A Study Guide for Educational Administrators*, 1975
Hoyle, E.	在教育行业内,微观政治是指在学校内部,不同利益群体间为实现自身利益目标而采取的相应的互动行为	*The Politics of School Management*, 1986 "The Two Faces of Micropolitics", *School Leadership & Management*, 1999
Ball, S.	学校微观政治为矛盾和冲突的斗技场	*The Micro-politics of the School: Towards a Theory of School Organization*, 1987
Blasé, J.	组织内部的个体或群体通过使用正式或非正式的权力来实现他们组织内的利益或目标;政治行为可以是有意识的也可以是无意识的,以冲突或者合作实现个体或者团体的目的;宏观政治与微观政治在大多数情况下也是相互影响的	*The Politics of Life in Schools: Power, Conflict, and Cooperation*, 1991

2. 微观政治的核心要素模型

Hoyle、Ball、Blasé 在各自的研究中对微观政治的核心要素进行了阐释,构建了微观政治的核心要素模型(见表1-2)。Hoyle（1982）认为,组织内的微观政治并不应该简单地把人按照其所处的阶层来划分,而是应该按照更为具体的"利益团体"来划分。组织内不同阶层的成员可能会因为具有相同的利益追求而组成松散的"利益团体",通过合作的方式实现其共同利益目标（Lawler et al.，1980）。Hoyle 认为,微观政治应用的发展并非仅仅关注组织内利益分配不均等所带来的冲突与矛盾，而是承认组织内实现利益目标的最快方法是普通个体间的合作，并据此提出了微观政治的四个核心要素，即权力（正式或非正式）、利益、策略以及合作与冲突。

表 1-2　微观政治的核心要素及定义

Hoyle(1982)模型		Ball(1987)模型		Blasé(1991)模型		其他学者的补充
权力	正式或非正式权力	控制	上下级间、组织内成员间、不同角色对组织整体行为、策略或事务的控制	权力	正式和非正式权力；外部政策的控制	
利益	日常行为目的的持续共识	目的多样性	日常行为目的的持续共识	目的及利益		
策略	决策	意识形态	不同角色在实现其目的或利益时，可能基于其相对应的意识形态采取不同策略。既得利益：资源、物质条件 意识形态利益：教师的社会属性以及政治或哲学思辨 自我利益：教师的社会地位或自我身份认同	意识形态与社会背景	加入日常工作和基于社会背景的习惯行为等	Kelchtermans 和 Vardenberghe(1996)拆分为五种：物质利益：所有与教学工作相关的资料或设施需求 组织利益：与组织长期发展相关的利益 社会利益：与学校内部的社会关系相关的利益 文化-意识形态利益：组织内部与价值观、规范等相关的利益 自我利益：社会地位或自我身份认同
合作与冲突	利益群体的形成源自不同个体追求共同利益时所产生的合作	冲突	利益的冲突导致了社会群体的分裂。不同群体间的冲突是组织变革和发展的驱动因素	合作与冲突		

在 Hoyle 之后，Ball（1987）在他的著作 *The Micro-politics of School: Towards a Theory of School Organization* 中首次将微观政治的理念应用到了学校管理的实证研究中，构建了不同于 Hoyle 的微观政治四大要素——控制、目的多样性、意识形态以及冲突。其提出的微观政治核心要素模型是对 Hoyle 四要素的进一步发展。

Blasé 集先前学者之大成，明确了微观政治中的权力要素包含正式的与非正式的权力（Mayes et al., 1977; Morgan, 1986），肯定了目的及利益的地位，并且承认了政治性活动来源于受到成员意识形态与社会背景影响的不同利益及目标所导致的合作与冲突。此外，在 Hoyle 及 Ball 的理论体系之外，Blasé 还在微观政治的研究中引入了对有意识行为和无意识行为的探讨，将人的主观性纳入考量。其中，无意识行为包括日常的周期性工作（如定时打卡，周期性巡视）、不作为、对某些事务的忽视，以及基于社会背景的习惯行为（Galbraith, 1983; Hardy, 1987）。

同样值得一提的是，Blasé（1991）在 Ball 的整体控制观的基础上，进一步提及了学校组织对组织相关事务（包括外部政策）的控制，进而将微观政治与宏观政治联系起来，认为微观政治所带来的行为及后果可以影响宏观政治的实施。这符合微观政治被应用于学校治理相关事务的初衷，即解答从政策制定到政策实施之间的"黑箱"。这一观点得到了后续学者进一步的研究和探讨。Lindle（1999）认为研究学校内部利益动态平衡的微观政治与研究学校外部政策制定的宏观政治是相辅相成的，且宏观政治的存在使对微观政治的研究变得更加必不可少，二者一个侧重政策的制定，另一个侧重政策的实施（Kelchtermans, 2007）。

在 Blasé 之后，大多数学者在微观政治相关研究的理论层面大多只是起到了补充作用。例如 Kelchtermans 和 Vandenberghe（1996）进一步细分了 Ball 在意识形态基础上对个体利益的分类，将既得利益、意识形态利益以及自我利益这三种类型重新打乱，并拆分成五种利益，即物质利益、组织利益、社会利益、文化-意识形态利益以及自我利益。其中，物质利益包含 Ball 之前所提及的既得利益。就教师而言，所有与教学工作相关的材料或设施需求都被包含在这个分类。按照他们研究的结果，组织利益同样属于 Ball 所提及的既得利益的一部分，但是这种利益往往与组织的长期发展密不可分。例如，终身教职就属于组织利益。尽管在 Ball 的体系中，这种意义属于既得利益的职业晋升利益范畴，但是 Kelchtermans 和 Vandenberghe 认为，在获得了这种利益（当然也可以是拒绝了这种利益）之后，员工和组织形成了一个长期绑定的关系，这与既得利益关注个体角度的初衷不符。社会利益指代与学校内部的社会关系相关的利益，例如团队的支持和认可，这一部分之前属于意识形态利益的范畴。对于意识形态利益，Kelchtermans 和 Vandenberghe（1996）重新将学校组织内部与价值观、规范等相关的利益归纳为文化-意识形态利益，但本质上二者的差别并不显著。同样，自我利益的定义也并没有多少改变。

3. 微观政治理论视角下的校内权力互动

在教育行业内，微观政治指的是在学校内部的不同利益群体（领导、教师、学生及家长）间为实现自身利益目标而采取的相应的互动行为（Hoyle，1982）。微观政治作为一种理论框架，兼顾了学校组织内成员日常行为的方方面面，可以为大量不同角度的学校治理相关研究提供思路。

按照 Iannaccone（1975）等人的观点，微观政治研究最核心的部分是人与人的互动，这也正是组织内部日常生活的中心。在学校中，利益相关者大体上可以按照他们的地位以及利益目标被分为管理者（校长）、教师以及学生三个阶层。在这些阶层中，因为管理者（校长）与教师间的互动关系与学校日常管理事务更为贴近，所以一直作为学校微观政治研究的重点。校长作为学校名义上的领导者，其独特的法律责任使其在学校内部拥有一定的权力（Ball，1987）。虽然前文提及学校外部学者对学校的认识往往处于一个较为模糊且不准确的状态，但是大部分外部学者对于校长的职能及权力的认识——通过权威的表达来设计和维持学校的日常组织运营——是没有严格意义上的错误的（King，1968）。基于这种观点，对校长和学校日常组织运营的研究具有双重意义。首先，校长在实施自身权威的时候并不能保证受影响的利益群体（如教师）与其达成目的或利益上的共识，从而造成了矛盾与冲突。也就是说，校长并没有在组织内获得绝对权威的地位（Burgess，1984），他们在组织内的任务也可以简单转化为一个又一个基本的微观政治情境。因此，如何平衡教师群体与校长作为管理者之间的利益这一问题值得探讨。其次，校长作为领导者，学校应该成为其意志的体现，因而校长如何利用微观政治相关的手段（例如领导力）来达成其目的也变得值得研究。因为校长也需要合理地平衡两个重要的基本组织功能——发起任务（如审查教学的质量，实施新的政策）、维持人际关系（如解决争端，令群体快乐）（Kelly，1974），仅仅使用由其地位所带来的正式权力显然是不够的，这可能会忽视维持人际关系的功能，所以校长运用非正式权力相关的微观政治手段也十分必要。

通过对不同学校的案例研究以及对校长和工作人员的访谈，Ball（1987）使用主题分析方法总结出了四种校长用来实施权威的领导力类型：人际型、管理型、敌对型和权威型。其中，人际型校长在更多情境中强调用互动和协商的方式与员工共同解决问题。在这种情况下，校长对组织的控制更类似于"专业人士群体自治"（Collins，1975）。教师群体被鼓励自主进行专业问题相关的决策，而在解决问题过程中所遇到的不满可以通过与校长的一对一沟通来解决。显而易见的是，在这种情境中领导者往往会采用 Blasé（1991）所强调的非正式权力来实现目的。这类校长往往具有与员工面对面交谈的倾向，而非通过书面文件传达指令。这种领导力实施的方式并非罕见，Wagstaff（1983）也总结出擅长并倾向与员工交流的校长类型。这种类型在促进任务实施的同时，也能保证组织内人际关系的和谐，尽管这种领导力的实施并不理性也缺乏明确的准则。

与之相对的是更偏向传统组织理论所描述的领导力类型，即管理型。在这种情境中，校长通过类似于传统组织结构的设计来划分出等级与命令链，从而达到一种"官僚型"的控制。这种控制完全不同于人际型的领导力关系，所有任务都是通过组织内地位所赋予的正式权力的实施完成的，这也使得学校的运行更加正式。Ball 以学校内部发行的员工责任表与校长对全体教师下发的书面备忘录为例，并将其与地方政府机构发布的守则相对比，以体现其官僚主义的特性。官僚主义作为一种合理的控制形式维护着组织的运行。

第三种和第四种领导力类型，即敌对型和权威型，同属于大类型政治型之下，因为其主要描述校长对于组织内政治行为的态度。学校中的政治行为实际上指的是不同利益团体/个体为实现目标而运用正式/非正式权力的行为，这也使得政治行为成为学校生活重要的组成部分。根据校长对学校中政治生活的态度，即支持政治进程的公开与合法化（对应敌对型），抑或将政治行为视为非法（权威型），可以进一步将领导力分为两种类型。首先，敌对型与人际型类似，谈话在实施权威时起到了重要的作用。这源自 Hall（1972）的理念，将谈话视作政治的基本要素。但相比于前文提及的人际型中的一对一谈话，敌对型情境中的谈话往往是集体性质的公共辩论。这使得 Ball 所推崇的微观政治的核心要素——冲突与对抗——被不停地展示与公开。参与者也因此意识到利益与意识形态的差异与冲突。组织内的决策与这种差异与冲突挂钩，参与者需要运用手段和策略来说服持有相反观点的成员，以实现他们的利益。校长通过将其自身的理念融入争论的话题中，来发现并培养盟友，并且将其包装成不同利益团体间正常的利益竞争与意识形态分歧。在这种既开放又封闭的组织中，在某些特定的情况下，持相反观点的成员的利益也会得到一定的满足。相比于敌对型的说服，权威型校长直截了当地陈述其主张。在这种情况下，除非被校长认为是合适的，否则不同的声音或者利益会被校长质疑。这种避免涉及微观政治讨论的方法与传统组织理论中忽视"矛盾与冲突"的做法类似。根据 Hunter（1979）的说法，这类校长的核心目的是维护组织的现状与稳定，而常常与冲突相挂钩的微观政治完全被当作不稳定的因素而被刻意忽视了。

这四种领导力的本质都是为了实现对组织的控制（这也是 Ball 所认为的微观政治的核心要素之一）。但值得一提的是，这里的控制并非如同命令般的指示与服从，而是代表对组织行为的掌控能力，即使事务按照其意愿发展的能力。

同样，这种意识形态的控制也对学校内的教师群体造成了影响。正如 McNeil 所阐述的，学校更注重的是控制而非教育。在意识形态的控制中，教师发现他们的某些行为（如太过直率地表达自己的真实观点）会使自己被打上特定的标签，从而可能导致其在日常事务中被边缘化。为了应对这种情形，他们会反向利用这种微观政治视角以隐藏自己的意见，从而保证自身的利益。这无疑增大了校长对学校组织内意识形态控制的难度，亦削弱了政治型领导力的意义，同时可能导致学生变成被忽视的受害者。

4. 微观政治的两个研究分支

前文分析了微观政治的概念和微观政治理论的发展脉络。根据以上分析，不难发现现有文献在研究方向方面存在割裂。微观政治被分割为两个并不完全相关的研究方向，即领导力研究和宏观政策研究。具体来说，在微观政治领域内这两个方向可以被归类为管理微观政治和政策微观政治。之所以会出现这样的研究方向差别，是因为研究对象的侧重点不同。

　　管理微观政治强调学校内部管理者运用微观政治理念施加领导力从而实现个人目的，探讨领导力类型与学校管理水平的关联性。这一部分理论起源于 Burns（1961）对组织理论与微观政治的融合，后续的学校微观政治研究者大多继承了他的研究，如 Iannaccone（1975）、Ball（1987）、Blasé（1991）等。这使得组织理论的核心考量，即组织的结构和权威，不可避免地被带入了微观政治研究之中。

　　管理微观政治视角侧重于研究学校内部群体在教学管理既定背景下追求自身利益最大化的行为（Bacharach et al.，1993），这也正是组织内部日常运营活动的中心（Iannaccone，1975）。利益相关者大体上可以按照他们的地位及利益目标被分为三个阶层：管理者（校长）、教师和学生。在这些阶层中，因为管理者与教师间的互动关系与学校日常管理事务更为贴近，是学校微观政治研究的重点。作为组织理论的替代品，组织的结构和权威是这类研究的核心。这不可避免地与学校具有正式权力的领导者相关联（Ball，1987），但是由于领导者并不能在组织内得到绝对权威地位，他们也需要采取一定的策略来达到自己的目标（Burgess，1984）。学者依据领导者采取的策略类型进行了分类，即领导力分类。

　　微观政治也同样承载着与宏观政治的一体两面性，这不仅是该理论在教育行业中应用的初衷，也是由于宏观政治（政策）的变化可以对微观政策的发生环境（学校本身）产生重大的影响（Gunter，2022）。学校内部群体的利益和诉求甚至行为规范都可能因为受到来自宏观政治层面变化的影响而发生重大变化（Colman，2020）。按照 Ball（1987）的观点，教育机构是社会冲突的竞技场。无论是来源于社会分工不同而产生的意识形态冲突，还是来源于课程、教学、评估方面的问题而产生的政策冲突，抑或是两者的相互作用，都导致了学校的这种性质。再结合微观政治的主题，即学校内部的员工进行考虑，政策微观政治在研究对象的本质上是跨界的，其描述了学校内部员工如何在学校这个竞技场中应对来自外部压力的冲突。研究中所探讨的政策不仅包含宏观政治中所探讨的外部政府法令，也同样包含学校内部为了规范日常行为所制定的指令集（Ball et al.，2013）。例如，在 Colman（2020）的研究中，"政策"一词就被宽泛地定义成了旨在以特定方式指导活动的文本或一套策略。

政策微观政治研究的是学校组织面临的宏观外部压力和内部员工为了应对这种压力所做出的调整、妥协或是对抗。因为在学校这个微观组织中，无论是领导群体还是教师群体，在政策制定与实施层面都具备二元性，即他们既是政策的实施者，也是其所对应层次的具体政策的制定者。学校中的每一个个体都拥有直接实施来自上层的政策或者根据自身利益进行调整的权利（Ball et al.，2012）。而政策经过层层迭代，其初始目的与最后实现的目标可能会存在一定的差距（Ozga，2000），这种差距部分来自不同实施群体为了自身利益所做出的调整（Ball et al.，2012），部分来自不同成员对于同一政策的不同解读，这反映了对政策的宽泛定义。Maguire 等（2015）进一步解释了这种解读差异，并将其命名为政策的异质性，即不同个体对同一政策有不同的关注点和解读，这种异质性会对政策落实产生进一步的影响，导致外部宏观政策实施结果发生变化。

值得注意的是，管理微观政治与政策微观政治并非完全割裂，这是因为外部压力（政策的变化）会导致学校内部环境以及员工诉求发生变化（Gunter，2022）。反过来，员工最大化自身利益的行为也会影响外部政策的实施（Blasé，1991）。

（三）组织政治感知

自 Burns（1961）的研究之后，组织政治学领域的大量学者试图探讨组织政治学的实体，或者说其实践应用的方式，如 Ferris 等

（1989），以及 Kacmar 等（1999）。这些文献可以被分为两大类，第一类研究聚焦员工对组织内部政治行为的感知（Perception of Organizational Politics，POP）及应对，这包含员工对于组织内部政治环境的认知和感受，涉及员工如何看待组织内部的权力动态、权术策略、资源分配、决策过程等（Kacmar et al.，1999）；第二类研究更关注这些政治行为/策略及其后果。因此，在进一步讨论微观政治/组织政治学与员工离职理论的有机结合之前，本书首先需要阐述清楚组织政治学、组织政治行为以及员工政治感知三个定义的关系。

1. 组织政治学、组织政治行为及组织政治感知的定义及关系

首先，尽管按照 Porter 等（1973）的观点，组织政治行为和组织政治学具有相同的研究定位及功能，同样研究组织内部个体/群体最大化自身利益所采取的行为，组织政治行为可以在某些情况下被视为组织政治的具体体现，即组织政治学的主体研究对象，但二者在关注角度上具有不同的偏向性。组织政治行为并不能作为组织政治学的唯一研究对象，这是因为相比于单纯考量个人再分配资源的平衡与其具体行为/策略，组织政治学同样从整体的角度关注组织内部矛盾与冲突的产生与化解，以及分析在并不具备绝对权力的情况下，决策者如何平衡组织内员工之间以及员工与领导间的矛盾（Burgess，1984；Blasé，1991）。

Burns（1961）认为，组织政治行为是组织成员个体为了追求更好的工作环境、权力和影响力而争夺和利用组织内的资源，同时会损害组织中竞争公平环境的行为。Burns 提出组织政治行为不容易被察觉，但是非常重要。Mayes 等（1977）认为，组织政治行为是指个人通过其影响力而获得的不被组织同意的结果，或者是个人通过不被组织批准的方法获得了组织同意的结果。他们认为，对组织的研究不能脱离对组织内部单位即"人"的研究。组织内的资源分配也并不总是遵循理性意义上的最优解，而是不同利益群体间博弈的结果。这种不同利

益群体间博弈的行为过程很明显属于政治行为范畴。

组织政治行为研究关注使用影响力的成员/群体如何从中受益，而组织政治学研究更关心这种行为在组织内的普遍性与对应的组织性策略。鉴于这种组织政治行为往往依赖于成员/群体的非正式权力以及正式权力的非常规使用手段（Mayes 等，1977；Morgan，1986），该行为既无法被正式权威、公认的意识形态所认可，也不能被认证的专业知识所归纳（Mintzberg，1983）。组织内部很难规范地描绘这种行为的发生，并很难按照明确的指标或依据清楚地判断某些员工的某些行为在多大程度上采取了政治行为或相关要素。

此外，早在 1964 年，Jones 就开创性地指出员工可以采取讨好性行为以获得更为积极的人际关系，这种积极的人际关系来自信息的差异以及相关各方之间权力的差异。这导致员工可以通过这种行为（利用非正式权力或资源）有意识或无意识地试图控制其在真实或想象的社会互动中投射的形象。这种利用非正式权力或资源对社会关系施加的影响，其主体往往是一个投射与感知中的影像或印象，这意味着员工的政治行为所产生的影响受到一定主观层面的作用。Burns（1961）也强调，虽然组织内的政治行为以及冲突是恒定存在的，但是个人对于他人政治行为的感知可能会有所不同。

综上所述，在学校情境下，微观政治、组织政治行为、微观（组织）政治感知三者之间的关系可以做如下描述。组织政治行为与组织政治（微观政治）具有相同的研究定位和功能，同样研究组织内部个体和群体最大化自身利益所采取的行为，组织政治行为可以在某些情况下被视作微观政治的具体表现。Burns（1961）强调组织内的政治行为是恒定存在的，但是个人对于他人政治行为的感知可能会有所不同。员工对于组织政治行为的反应不只取决于组织内发生的政治行为本身，也基于自身认知与经验的政治感知能力。员工的组织政治行为受其政治感知制约，因此，相比于组织政治行为，组织政治感知具有更大的研究意义和实践意义。组织政治感知作为微观政治的具体表现形式，对于员工后续的行为具有更大的影响。员工的组织政治感知除了受到自身因素的影响，也受到环境因素——组织文化、治理策略、组织结构的影响。此外，员工的组织政治感知向下影响组织承诺及工作满意度（Ferris et al.，1989）。

在梳理三者的关系之后可以发现，组织政治感知比组织政治行为具有更大的研究意义与实践意义。首先，员工的组织政治行为本身受到其政治感知制约。如果员工在组织内部感受到了大量的政治行为，他们也会增加自身采取政治行为的次数，也就是说，员工的组织政治感知能力本身就是决定其采取政治行为的变量之一。其次，相比于观测到的政治行为本身，员工的组织政治感知具有更多的意义以及对于员工后续的行为有更大的影响（Ferris et al.，1989）。这一观点再次印证了 Lewin 的研究结果，即员工对政治行为观测的解读相比于观测政治行为本身具有更大的意义。换句话说，员工可能会基于他们的感知而不是他们实际观察到的行为采取行动。这种主观上的感知，相比于直接承认其所采取的在道德意义上具有一定污名性的非正式政治行为，也具有更好的可测量性（Kacmar et al.，1991）。相比于让员工直接承认其所做过的秘密的、隐晦的政治行为，让组织内部员工填写问卷并且对其量化的方法明显具有更强的可行性与准确性。最后，组织政治感知比政治行为具有更强的研究适用性。员工的组织政治感知往往会受到除自身因素外的多个环境因素影响，如组织结构和组织文化。同时，员工的组织政治感知与组织承诺和员工满意度等组织要素也相互影响（Ferris et al.，1989），这为相关研究提供了更大的空间。

2. 组织政治感知模型

Ferris 等（1989）提出了最早的组织（微观）政治感知理论模型，从个体因素、工作环境因素、组织因素三个层次出发，探讨了组织政治感知的前因变量，并认为组织（微观）政治感知会影响个人的工作满意度、工作投入、工作焦虑，进而可能使员工产生离职或其他退缩表现（见图1-7）。后续研究组织（微观）政治感知的学者基本上都是在其理论模型的基础上进行了实证检验并补充其不足。

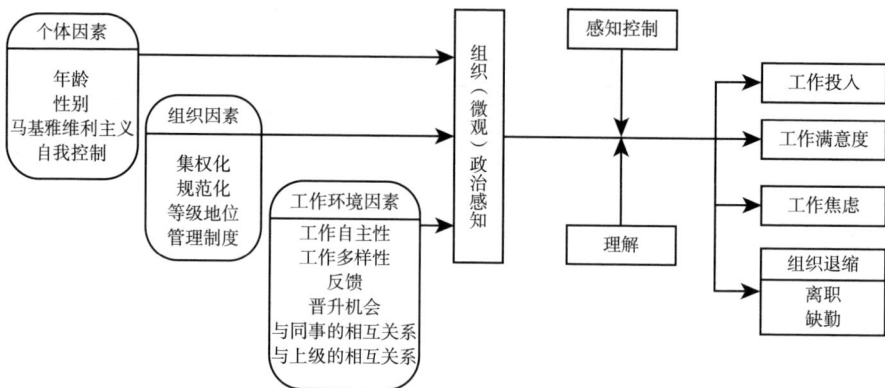

图1-7　组织（微观）政治感知理论模型

资料来源：Ferris, G. R., Russ, G. S., Fandt, P. M. (1989)。

瞿皎姣（2014）整理了组织（微观）政治感知的前后因果影响关系模型（见图1-8）。模型总结了影响组织（微观）政治感知的组织因素、环境因素和个人因素；同时，人口学特征因素、人格特质因素和其他调节因素发挥了调节作用。组织（微观）政治感知通过影响情感承诺、心理契约、组织支持感等因素，进而影响工作满意度、组织承诺、离职意愿/行为等结果因素。该模型较为全面地整理了组织（微观）政治感知的前端影响因素和后端结果。

三　学校治理策略

作为教育治理在学校层面的实践，学校治理表达了民主参与、教育品质和学生发展的期待，同时也提出了重构学校系统和学校生态的实践诉求（杜明峰等，2020）。学校治理策略对于学校发展具有关键作用（林琦，2021）。学校的治理结构和治理策略影响微观政治行为。

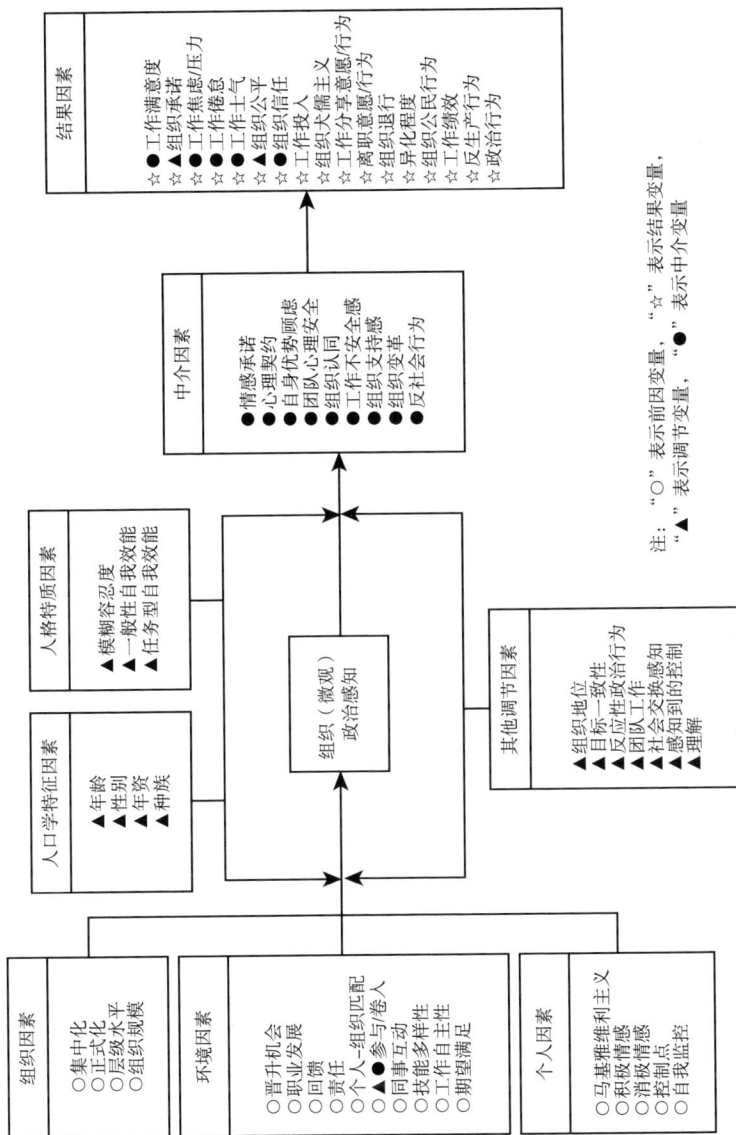

图 1-8　组织（微观）政治感知的前后因果影响关系模型

资料来源：瞿皎姣.（2014）. 中国国有企业员工组织政治认知对党对工作绩效的影响机制研究（博士论文，南开大学）。

注："〇"表示前因变量，"☆"表示结果变量，"▲"表示调节变量，"●"表示中介变量

学校的治理结构不同，微观政治行为的表现和影响也有显著差异。例如，在权力高度集中的治理结构中，微观政治行为可能更加明显，因为个体或小团体为了获得更大的影响力可能采取更为激进的策略（Burns，1961）。

关于学校治理的内涵，国外研究主要形成了战略规划、行动过程和权责关系三种思路。第一种思路认为，学校治理是关于学校战略性的规划和设计，关涉学校的整体发展。例如，经济合作与发展组织（Organization for Economic Co-operation and Development，OECD）就将学校治理视为学校的一种整体性变革，包括学校自治、学校竞争、学校管理、学校领导力、父母参与，以及评价与问责等多个维度。

第二种思路认为，学校治理是一种行动过程，它主要是学校水平网络关系中不同行动群体的集体行动。从不同标准或维度出发，学校治理又呈现不同的类型和层次（杜明峰等，2021）。还有学者基于国家权力介入的程度，将学校治理划分为国家治理、地方治理和多主体三种模式，每种模式聚焦的问题和目标都不一致（Hanberger，2016）。

第三种思路认为，学校治理涉及学校与政府、社会以及内部各利益相关者之间的复杂权责关系（范国睿，2016）。这种"关系论"的观点认为，有效的学校治理需要在不同利益相关者之间建立合作与协调的关系，以促进教育的公平正义和提高学校的整体效能。而这一点，与前文中所提及的学校内部的微观政治行为，即个体或团体在学校内部争取资源、权力和影响力的各种策略和行动（Blasé，1991），具有明显的关联。因为这些行为可能包括组建联盟、信息控制、拉帮结派等（Hoyle，1982），所以其可能会对决策过程和资源分配产生直接的影响，进而影响学校政策的制定与执行（Ball，1987）。相应的，有效的微观政治管理可以促进资源的合理分配，确保改革措施的顺利实施，同时平衡各方的利益和期望，从而减少冲突和矛盾，提高改革的整体接受度和成功率。

　　我国民办学校在治理方面存在特点。郭建如（2003）认为，民办学校管理决策与公办学校有显著区别，尤其是在产权问题、内部治理问题等方面。民办中小学处于国家义务教育阶段，同时需要兼顾经营压力，因此在学校内部治理方面的特点更为突出。总结前人的研究，民办学校的治理策略可以具体分为以下几个关键要素。

　　第一个要素是"举办人"。Laurence 认为每所学校都具有独立的生态环境、机构文化以及相关利益，不同学校之间存在一定的差异。学校权利冲突的内部协作可以影响外部的政策制定者，比如校董或者教学监管机构，因此，学校的政策角度应更关注在不同角色间的冲突和平衡，以及冲突对政策制定的影响。齐英程（2019）提出，营利性民办学校在治理结构方面具有与其他类型学校不同的特殊性，例如学校内部举办人及其权力的使用、董事会的定位等。民办教育产权明晰了民办教育的所属，这是投资者和管理者最为关心的利益焦点，决定了能否开展民办教育以及如何开展民办教育（徐巧云等，2020）。

　　第二个要素是"经营战略"。根据现有文献的研究，民办教育办学体制决定了民办教育的办学性质和办学模式（徐巧云等，2020），包括民办学校开设何种班型、如何开设学段以及招生规模，学校的办学模式作为民办学校发展的重要策略性问题，在很大程度上受到政策的影响。正如前文的"关系论"指出，学校治理涉及学校与政府、社会之间以及内部各利益相关者之间的复杂权责关系。民办学校通过办学模式制定其学校内部治理的基本策略，同时依据市场需求制定学校的发展路线。学校的治理结构通过领导力的应用直接影响学校政策的制定和执行。经营战略不仅是企业经营的重要前提，而且适用于民办中小学校。民办中小学校的经营战略不仅需要考虑市场需求，也需要兼顾政策要求。

　　第三个要素是"课程和教学"。课程和教学是学校的最重要组成部分，是学校的核心。教学是教师指导学生进行学习的活动，课程是学校学生应学习的学科总和及其进程与安排。课程是组织教育教学活动最主要的依据，在学校教育体系中处于核心地位。

综上所述，本书对民办学校的治理策略研究主要集中在举办人（产权所属）、经营战略（领导力的应用）以及所有学校都需要考量的课程和教学三个重要方面，以展示民办中小学校治理的基本策略，进而分析学校治理策略与教师离职之间的关系。

第二节　教师离职实证文献综述

目前关于教师离职的实证研究大多建立在 March 和 Simon（1958）早期的理论基础之上，教师的离职动因集中于工作满意度与外部的工作机会要素。也有个别研究基于组织政治感知模型探究离职原因，尽管文献数量较少，但此类研究中所发现的组织承诺、工作条件因素与组织政治感知与离职之间的相关性，为教师离职的研究提供了新的视角。

一　基于一般员工离职模型的实证研究

在研究影响教师离职因素的早期理论阶段，有关"教师"这一职业的离职研究并没有从一般员工离职模型中独立出来。March 和 Simon（1958）的员工行为分析一直处于主导地位。随着更多研究的开展，教师离职研究依然没有脱离一般员工离职研究，但是更多影响员工离职的因素被引入教师离职相关研究中（见图 1-9）（Nguyen et al.，2021）。例如 Price 和 Muller 的一般员工离职模型以及 Porter 和 Steers（1973）的员工满意度理论，这些研究都为教师离职的相关研究打下了基础。

教师可以在很大程度上影响学生的学习成果和教育公平（Hoyle，

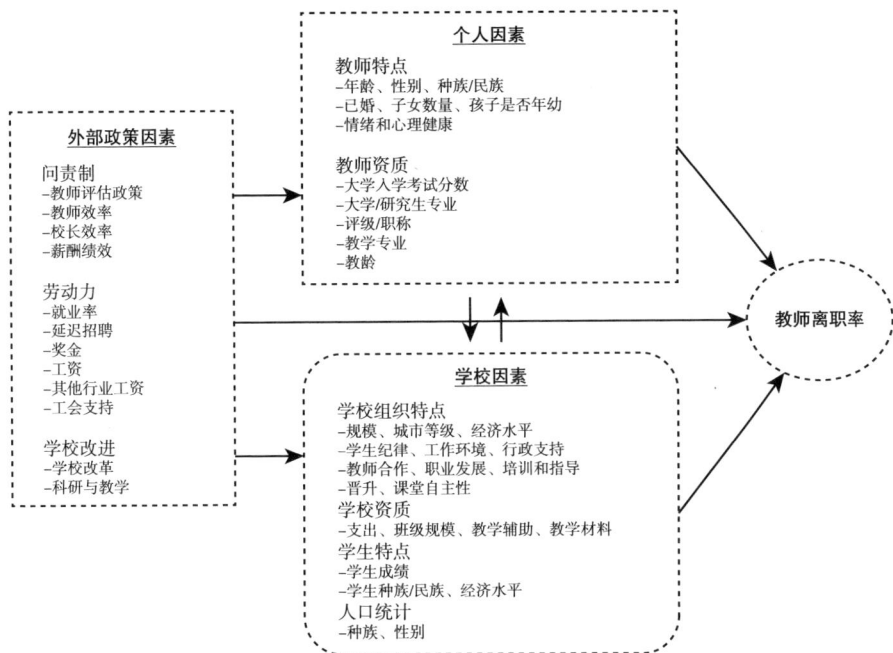

图 1-9 教师离职因素

资料来源：Nguyen, C. T., & Nguyen, D. T. （2021）。

1982），所以教师离职研究一直是学术界和政府研究的焦点（Nguyen et al.，2021），例如 Sims（2020）试图从组织层面探寻如何提升英国公立中学教师的留职率。虽然有很多研究聚焦教师离职相关话题，但是事实上，很少有全面的概念性的研究框架对教师离职的背后动机做出合理的解释。大多数文献仅仅关注体现部分离职影响因素的框架。这点与员工离职早期研究类似，例如 Murnane 和 Oslen（1990）对北卡罗来纳州的 13890 名教师进行了调查，他们得出的结论是高工资的教师任教时间较长，高机会成本（以考试成绩和学科专业衡量）的教师任教时间比其他教师短，工资对考试成绩高的教师任教时间的影响小于考试成绩低的教师。但是该研究仅仅关注教师的薪资和机会成本两个层面，不能全面且具体地解释教师离职背后的动机。此外，此研究也并未基于任何当时存在的相关的理论模型，如前文所提及的一般员工离职模型（如 Price 模型），也没有使用任何解释性理论对教师离职行为进行分析。相比于因果推断，这种研究更类似于统计学中的相关性分析，仅能判断某些特定要素与教师离职率的共生概率，而非系统性地分析教师离职问题。这种情况在教师离职的相关研究中十分普遍，例如 Mont 和 Rees（1996）专注于研究课堂特点与高中教师离职率的关系，得出了班级规模对高中教师离职率具有最显著影响的结论。这成为后续大量研究的一个局限，即在文献综述部分仅仅关注并整理了同样做类似因素研究的文献。这种趋势一直延续到了 21 世纪早期。

近 20 年来，教师离职研究才逐渐获得了一些"定制"理论的支持。其中，Guarino 等（2006）从宏观的劳动力市场供求角度构建了教师离职研究框架。Guarino 等（2006）为了整合该领域内松散且不成体系的研究，采用了综述的形式，对美国领域内 1990～2004 年发表的 46 篇（部）高质量的实证文献和书籍进行了案头调研，并以此为基础总结出了普遍性员工因素（如性别、种族、家庭）、教师职业相关员工因素（如教龄、专业）以及学校及社区外部因素（如区域政策）三大影响因素类别。Guarino 等（2004）的研究提供了一个演绎推理的基础，这使得后续学者在研究相关问题时可以考虑更为全面的影响因素。

出于同样的考量，Borman 和 Dowling（2008）在现有的一般员工离职模型中加入了更多教师职业特有的影响因素，对 34 篇相关研究中的 63 个不同影响因素进行了回归性分析，并以此为基础进一步运用非线性模型验证了这些影响因素的有效性。学者将这些相关联因素分为五个大类：教师特征、教师资质、学校特征（如城市和工作环境）、学校资源（班级规模以及教学材料）以及学生特征。Borman 和 Dowling（2008）不仅将员工自身因素与学校相关因素纳入了模型进行分析，而且将学校外部的环境因素也引入了研究之中。此外，该研究也强调了教育行业中重要的利益相关者——学生群体——对教师离职的影响。

这种整合性的缺失使得教师不满意度的研究成果无法被应用到教师离职行为研究中。例如，Kersaint 等（2007）的研究发现，教师所获得的行政支持与教师的离职率呈反向相关关系，而这一观点也受到之前学者的研究，例如 Liu 等（2005）研究的支持。Horng（2009）也在其对加州 531 名小学教师的调查中得出了类似的结论，即行政支持对教师群体留职具有重要的积极影响。与此同时，在 Conley（1989）的研究中，组织的行政支持同样被证实与员工不满意度呈反向相关关系。这就是说，行政支持这一要素同时被证明与教师不满意度和教师离职率具有同向的相关关系。可以很明显地发现，这两者间缺少了上述提及的将影响因素—教师不满意—教师离职三个研究重点间建立的桥梁。

在一般员工离职理论中这是不存在的，因为工作满意度是影响员工离职的中介变量。教师离职研究中完整体系的缺乏造成了一种后果，即变量 a 可能与员工离职呈正向相关关系，但是现有的研究无法解释其原因；而变量 b 会导致员工满意度下降，但尚不清楚这是否会导致其最终离职。而 a 和 b 只能通过学者的先验知识或者现有的范围狭窄的文献去判别，无法形成体系。

二　基于微观政治视角的教师离职研究

在大部分研究中，教师离职都被视作对组织有害；但是在微观政治的视角下，教师离职其实可以被视作一种政治行为。教师离职是一种教师为了实现自身利益权衡过后的政治行为，所以使用微观政治的方法对其进行研究非常贴切。微观政治也可以适用于分析部分学校外部的影响因素，因为该理论可以探究宏观政治与微观政治的互动。如前所述，微观政治的研究包括两个方向，即管理微观政治和政策微观政治。学者在这两个分支上，从微观政治视角对教师离职问题展开了相关研究。

（一）管理微观政治

管理政治指的是学校内部群体在学校管理的既定背景下追求自身群体利益最大化的行为（Bacharach et al.，1993）。因为学校内的主要日常行为互动群体为领导者和教师，一般来说，校长／领导者与教师之间发生的利益互动关系是相关研究的重点。通常来说，学校领导实践的本质是尽快地寻找不同群体间的一个利益共同点。这种共同点往往建立在某些利益群体丧失一定利益的基础之上。如果这种共同点背后的矛盾不能够被解决或得到平衡，冲突就会一直重复地出现，直至造成某些更为严重的后果（Lindle et al.，2003）。在相关研究中，解决或平衡校长／领导者与教师之间的冲突以尽可能地减少如教师离职这种严重后果，一直是微观政治领域的重点。

为了减少严重后果，校长／领导者在学校内对于获得和应用政治技巧和营造政治环境的努力必不可少。因为校长／领导者的政治行为可以通过各个角度影响学校内部事务，包括但不限于教学、校园治理以及民主氛围营造。从另一个理论角度来看，这些因素都会对教师的离职行为产生影响（Blasé et al.，1995；Nguyen et al.，2021）。因此，关于校长／领导者如何获得和应用这些政治技巧一直都是学校管理的热门话题。例如，Crow 和 Weindling（2010）指出校长／领导者的政治技巧主要来源于日常管理活动中的试错行为。Ryan 通过对 28 位曾于多所学校工作的校长进行访谈发现，除了智慧与管理能力外，校长的个人品德与社会道德（如关心、宽容）也在他们日常政治行为中起到了重要的作用。

通常来说，校长需要通过使用正式与非正式的权力来平衡并实现组织的基本职能，这使得教育中的领导力研究逐渐处于聚光灯之下

（Daniels et al.，2019）。通常来说，领导力指的是"一个人/群体在与他人一同完成一个符合社会道德的任务时，为了获得帮助而实施社会影响的过程"（Chemers，1997）。领导力是一种具有影响力的权力关系（Northouse，2018），从微观政治的视角来看，这种权力可以是正式的，也可以是非正式的（Ball，1987）。进一步细化到学校领导力这一领域，学术界对学校领导力的界定范围存在一定的争议，对于行政管理这一范畴是否应该被纳入学校领导力的研究对象，学者们一直抱有不同的看法。

从微观政治角度来看，因为其主要的研究对象是学校内不同利益群体的政治行为互动（Blasé，1991），所以研究校长—教师的领导力实施的行政管理一直是其关注的重点（Marshall，1990）。在传统教育学领域，教育领导往往被等同于教学领导，相比于校长—教师的互动关系，已有研究更关注校长—学生的教育任务的实现（Witziers et al.，2003）。所以虽然管理和领导不能分开，但领导所需要的管理手段的首要目的是获得期望中的学生成绩而非其他，这造成了二者的分歧。

近些年，学者们发现，校园内的管理行为在某些情况下也有助于实现教学目的，因为其为组织提供了一定的创新能力，为教师提供了便利的工作条件以及显著的内部组织功能（Daniels et al.，2019）。所以行政管理也属于学校领导力需要的手段。通过对 56 名小学校长的问卷调查，Bouckenooghe 和 Devos（2009）发现，在这些校长的认知中，学校领导力可以被分为三种类型，分别是以人为本型、行政型以及温和型。可以看出，这种承认行政管理的学校领导力分类类似于微观政治中 Blasé 和 Anderson（1995）对领导力进行的矩阵分类（民主型、威权型以及催化型）。这些不同的领导力类型往往有各自不同的适用范围（陈幸仁，2013），某种适用于一个场景的领导力类型在其他的场景中可能会起到完全相反的作用。

High（2002）在他的博士学位论文中通过案例分析的方法发现，在校园改革发生之前，学校内教师群体对于学校领导力的认知还处于校长应该采取更为封闭的权力体系以控制整个学校内部事务，并且应该为所有的学校事务负责的阶段。而在经历了由教师群体发起的学校改革之后，他们发现，开放与合作才是领导校园改革与提高工作效率的关键手段，并集体倒向了更为开放且支持转化/自治的领导力体系。

在理论文献部分中，本书阐述了学者有关不同权力使用类型会对教师与校长/领导者间的政治关系产生不同的影响这一结论。其中，封闭型的权力模式使得校长更为强势且更依赖组织内部的正式权力，强调组织内部的合理与规范运行（Blasé，1991）。在校长通过正式权力的强制命令以实现自身目的的背景下，教师在回报以适应性及保护性的政治行为后，往往会更容易产生挫折与沮丧等消极情感（Blasé，1991），而这可能会进一步导致工作满意度降低。控制型的权力模式更符合"政治"的相关定义，校长会通过分配组织内部稀缺资源（如批准、奖赏、晋升）以实现对教师行为的操纵和诱导（Blasé et al.，1995）。在这种情况下，因为群体内可能存在的内部竞争关系，教师的政治行为也趋向于更为私人化/个人化（程晋宽，2012）。

与之相对，开放与合作的领导力实施手段有助于教师形成更为积极的政治行为倾向性，在更多交流的基础上形成校长—教师的政治互动行为（程晋宽，2012）。例如，通过对美国西南部市区内一所高中的数十名教师为期三年的社会学研究，Blasé（1987）发现基于日常合作与交流行为的更高频率的校长—教师的政治互动行为有助于组织更有效地实现行政目的；相对的，如果组织内缺少信任与合作的氛围，这种"隔离式"的政治关系会导致行政事务难以施行。

相比于封闭与控制，开放与合作被认为是当今社会中学校领导力的主流趋势。学者也将这种趋势与 20 世纪 90 年代后教改风潮引领下的"新领导"概念相挂钩。20 世纪 90 年代主流的管理模式是鼓励教师参与管理工作，与此同时，包容且民主的领导力类型逐渐取代了原有的封闭与交易的领导力类型（Blasé，2005）。对于本书研究而言，这种催化与开放的领导力类型也被认为与提升员工的工作满意度与降低其离职意愿相关（Tse et al.，2013），这一点将在后续的研究部分详细讨论。

同样，虽然授权且民主的领导力类型备受现在的学者推崇（陈幸仁，2013），但是实际上因为学校作为社会公共组织具有一定的复杂性，想要简单地应用这种领导力具有较大的困难（Blasé et al.，1995）。学校具有独特的社会属性，将其纯粹地视作一般的组织并围绕其内部的利益群体来探讨权力关系（Ball，1987），尤其是日常管理的权力相关关系是较为困难的，而这种困难主要来源于学校内部的另一大利益群体——学生/家长的存在。关于是否让家长甚至教师群体实质性地参与学校民主管理事务在学术界还存在一定的争议。相比于教师，家长对学校事务的相关认知可能更为缺乏，从微观政治的视角来看，这可能会引入更多围绕学校管理工作的利益冲突，从而降低教师群体的满意度，导致其离职。所以，学校内的民主与开放也应当存在一定的限度，而这也并不是简单地解决教师离职问题的答案。由此可以得出微观政治更适合处理动态的学校组织环境中人的问题。

（二）政策微观政治

另一个影响组织内部政治活动的重要因素是来自组织外部的宏观政策。不同于一般的组织，学校往往会受到来自宏观政策的较大影响（Ball，1987；Blasé，1991），而组织内部的行为规范甚至诉求都可能因此发生巨大的改变（Colman，2020）。在考虑组织内部的微观政治行为时，外部的宏观政策也应当成为学者不可忽视的影响因素。

更深层次地来说，Colman（2020）也证实了 Ball 和 Bowe（1991）提出的重要论点，即相同政策在被应用到不同的学校时，经过具有不同领导力特征的领导者解读之后，也会在不同程度上影响领导—教师的互动关系。Bennett（2001）等人的研究发现，案例中学的中层领导者更倾向于依赖自身所偏爱的价值观导向落实来自外部的学科教学改革政策，并且会在政策的落实中尽可能地使用自身所具有的权力以获得更大的影响力或更多的利益。同样因为学校独特的社会属性，政策实施的具体目标在很多情况下是关于教学成果的（Ball，1987），教师才是这类政策的实际执行者，在执行政策时也具有较大的解读权力，这种解读可能与领导者做出的解读不同，从而进一步影响组织内部的政治互动关系（Ball et al.，2012）。此外，根据 Foucault（1984）的观点，个人优先考虑自身利益而不是他人利益，在政策解读和实施阶段，甚至在领导者重新制定政策执行方案的过程中，遵从性或者抵抗性的微观政治行为都会为教师群体提供怀疑与拒绝的空间。这就意味着，教师群体可能会按照自身所认为的"负责任"的态度来"不负责任"地施行来自外部的或者是经过校内领导者解读的政策，进而导致组织内产生矛盾（Ball et al.，2013）。总的来说，教师群体对于校长的改革持消极的态度。这也回应了 Blumberg 和 Greenfrield（1969）的观点，即社会行动寓于个体行为之中。

反过来看，因为政策执行者所具有的解读权力，学校内部的政治互动关系同样会对政策实施的最终效果产生显著的反向影响，导致政策的达成目标与制定目标存在一定的差异（Ozga，2000）。在 Liddicoat（2017）等的研究中，学校既往的权力关系在固化后达成的共识被认为对外部政策导致的改变具有抵抗作用，这种来之不易的权力结构通常被认为是学校文化的一部分，进而会影响学校内部群体的行为方式。这种共识通常是牢固且难以改变的。

三　基于组织政治感知的离职研究

如果使微观政治视角聚焦组织政治感知，相比于让组织员工承认其所做过的隐晦且秘密的组织政治行为，通过调查问卷的形式对员工对组织内部政治环境的感知进行测度更为可行。但是，由于组织内部的政治行为具有无处不在的特性，如何具体地观测与描绘组织政治行为和员工政治感知在相关研究最初的几十年里都没有明确的标准。相应的，在相关研究兴起的初期（20世纪60~80年代），大多数学者将视线投向相关的理论研究而非实证研究，这导致学术界对组织政治的中立性存在一定的分歧。具体来说，作为相关研究中的核心文献，Burns（1961）成功地融合了组织、冲突、员工这三个相关要素，不仅指出"组织是冲突的斗技场"，也强调了当员工在竞争环境中被视作资源时，即可明确相关行为是政治行为。但是，围绕着员工、权力以及资源这三者的方程并没有得到完善，换句话说，就是"谁"在"什么情况下"使用了"什么样的权力或行为"可以被视为政治行为并未达成共识。

有关权力行使的主体是个体或者小团体一直也是学者们争论的焦点。部分学者如Farrell和Peterson认为组织政治的行使主体应该局限于员工个体。相对的，小团体或前文所提及的"利益团体"也一直被一大部分学者认为可以作为组织政治行为的主体。总的来说，认为"利益团体"可以作为政治行为的主体的学者占据了主流地位。这是因为，首先，组织内部的员工可以遵循某种共识采取相应的集体行为，而这种行为可以是政治行为。其次，承认"利益团体"的能动性并不代表排除了个体作为研究分析对象的合理性，二者可以被分割成不同但又互相交融的两个分析层面。具体来说，组织内个体的利益共识的达成推动了组织内小团体的形成，即组织内利益团体本身就是个体政治行为的结果与产物。这种产物并不简单地等于所有个体的集合，而是在此之上诞生新的权力与对资源的把控，前文中所提及的工程师的例子就很好地说明了这一点。正如本书在文献综述部分所述，组织内部政治的研究对象包含所有组织内部的个体与利益群体。

为了探寻组织内员工对于组织内政治行为的主观感受以及其对政治行为实施者的态度，Gandz 和 Murray 结合相关的个人、职业以及组织要素设计了组织政治感知的调查问卷。通过回收到的 428 份相关调查问卷，他们发现那些无法或并未遵照明确组织规章制度的行为，包括资源分配或内部协调，往往更容易被视为政治行为。这也就印证了 March 的部分观点，即非例行性决策行为往往可以被认为是政治性的。组织内部政治行为也确实如同上文中所述普遍被认为具有一定的污名，这因为人的自身逐利性无法避免。

此后，Kacmar 和 Ferris（1991）通过因子分析验证了组织政治感知问卷的内部一致性，并以此为基础对相关的影响因素进行了重组与完善，得出了日后被广泛应用的组织政治感知问卷（详见研究方法部分）。在相对应的理论模型中，Kacmar 和 Ferris 通过对 31 个组织政治相关因子的相关性分析重新分类了员工组织政治感知的影响因素，在保留了个人因素和组织因素的基础上，将 Gandz 和 Murray（1980）提出的工作因素拓展为工作条件因素（或称"环境因素"），在该类别中，除了之前提及的工作自主性等因素，还引入了工作相关的组织社会环境中可能产生的动态关系，即与同事的互动关系或与领导的相处方式等。

Kacmar 和 Ferris 继续通过实证的方法对这三大影响因素与员工政治感知的关系进行了检验。目前在学术界中得到普遍承认的是，与 Gandz 和 Murray 的研究发现一样，在组织因素类别之下，员工政治感知等级与组织内部的正式程度（unambiguity）/明确程度（certainty）成反比关系。也就是说，当组织内部权力关系或分配关系不明确时，员工更容易察觉到政治行为，或者说这种不明确性本身就体现了一定的政治行为。

基于该模型，Kacmar 和 Ferris（1991）同样将组织政治感知对员工行为的影响分为三类，并依次做出了假设，分别是退出组织、留在组织但不参与政治活动，以及留在组织并参与政治活动。这也对应了 Hirschman（1970）在书中阐述的，有关公民应对一般政治时所采取的"退出、忠诚，以及发声"三种情形。相关研究提出组织承诺、工作满意度、工作焦虑、工作投入等多种因素会对员工的最终选择产生影响。

梳理学者对于组织政治感知前因和后果的研究，普遍发现组织政治感知对离职倾向、工作满意度等具有显著影响（见表 1-3）。

表 1-3　组织政治感知与离职倾向、工作满意度等因素的关系

结果因素	组织政治感知与各因素的关系
离职倾向	组织政治感知与离职倾向呈显著正相关 （Cropanzano et al.，1997；Kacmer et al.，1999；Valle et al.，2000；马超，2005；张磊，2007）
工作满意度	组织政治感知会导致员工对自己工作积极情感体验的降低。员工如组织政治感知越强往往对组织的不公正感也越强，其会引起员工较强的心理应激，从而导致工作满意度下降 （Nye et al.，1993；Parker，1995；Cropanzano et al.，1997；Kacmer et al.，1999；Valle et al.，2000；张磊，2007；曹超英，2008）
组织承诺	组织政治感知与组织承诺呈显著负相关关系 （Nye et al.，1993；Cropanzano et al.，1997；Vigoda，2000；Ben-Zion，2003；朱炳耀，2005；刘梅梅，2007）
工作绩效	组织政治感知会在很大程度上降低员工的工作绩效，其过程是通过能量衰竭形成的（马超，2005，2006）
组织信任	组织成员感受到组织内自利行为较多，就会对组织整体及同事产生不信任感 （Ferris，1992；Poon，2003；李增懿，2009；曾贱吉等，2011）
工作焦虑	工作焦虑与组织政治感知呈正相关关系（Ferris，1989）

第三节　研究缺失与创新

教师离职的问题一直是学术界、教育界和政府管制的焦点问题（Nguyen 等，2021），学者们从心理学、组织行为学、教育学等多个视角对教师离职问题进行了探讨，已有研究给本书的理论选取和变量设计都带来了启示。

一　现有研究的局限

首先，现有对教师离职问题的研究大多采用传统的企业员工离职理论模型，缺乏针对学校教师群体离职问题的较为全面的研究框架。学者尝试引入合理的解释模型来分析教师离职行为的背后动机，目前依然缺少教师情绪和工作不满意对教师离职行为影响的研究（Nguyen et al.，2021），也没有在影响因素—教师不满意—教师离职三个研究重点间建立起桥梁。就如同 Nguyen 和 Springer（2021）所强调的一样，该领域内学者的研究大多集中于其自身所钻研的特定领域，缺少整合。

其次，目前我国对学校治理相关的研究依然基于传统的管理学及心理学理论，理论框架缺乏创新。微观政治为学校内的利益冲突、权力互动和领导力模式的分析提供了很好的理论基础。目前，我国较少将微观政治应用到对日常学校管理事务的分析中（Yang，2015）。知网上包含微观政治和学校两个关键词的文献不超过 10 篇。针对此，很多学者探讨了为什么我国缺乏相关的研究。学者认为，我国的文化传统始终认为政治和权力与"权术"挂钩，具有一定的贬义色彩，对微观政治中的"政治"与"权力"等概念带有较大的偏见（杨颖东，2015；高洪源，2003）。传统观念中将政治与争权夺利相关联，在讨论政治相关问题时仅仅关注理论的阴暗面，从而倾向于对学校中的微观政治避而不谈。此外，微观政治对冲突的关注也使得学者们将其视为负面影响，从而制约了理论的发展与应用，这与早期组织行为学将组织内的矛盾视为管理中的错误有着一定联系。学者虽然已经意识到了微观政治在学校组织内的存在，但将其视为如同"冲突"一样的破坏性力量。因此，我国的微观政治与学校治理相关理论研究还较为薄弱，仅有部分学者对其做出了一定的综述研究。

最后，由于理论视野的局限，基于一般员工离职模型的教师离职研究遗漏了重要的分析性变量，如教师的组织政治感知和组织承诺。一方面，由于缺少对组织政治感知等关键变量的控制，工作条件因素等被视为结构化变量或者环境变量，即外生变量，这与现实不符。另一方面，缺乏组织承诺变量，难以将一般员工离职模型中的外生变量与内生变量联系起来。

综上所述，本书尝试将微观政治理论、心理契约模型与传统的一般员工离职理论整合起来，为研究民办学校的教师离职意愿提供较为全面的分析框架。在本书中，组织政治感知将作为组织内部微观政治的具体表象加入以心理契约为背后动机模型的员工离职研究之中。微观政治视角有助于学者未来从一个更为真实合理且动态的角度对员工离职（意向）进行解读与分析。此外，本书也将基于这一新的分析框架进行实证分析，检验从教师的组织政治感知到离职意愿形成的复杂中介效应链条。

二 现有研究的启示

（一）理论框架的构建

文献综述显示，学者可以将传统的一般员工离职模型与微观政治理论相结合，构建更为全面的教师离职模型。现有的主流研究模型无论是 Mobley（1977）的模型、Steers 等（1981）的模型，还是 Price-Muller（1986）的一般员工离职模型，都以 Simon 和 March 的研究为基础，主要围绕外部机会和工作满意度对离职的影响进行讨论。为了解释现有离职模型背后的员工动机，该领域的学者引入了社会交换理论与心理契约模型作为离职模型的延伸。根据社会交换理论，学者认为这种不满意主要源于员工和企业的交换不平衡，如果一方没有如预期那样提供利益，另一方会对这种不公平的交换产生不满，进而会随时撤回服务。但是，使用社会交换理论的前提是交换是透明的或者说是相对公平的，交易双方是不具备感情的，在实际组织/学校管理中，这两点并不实际。因此，后续的学者引入描述非正式关系的心理契约模型对社会交换理论进行了一定的补充。相比于员工与组织间明确的经济物质交换关系，心理契约同样也包括员工与组织间非正式且不成文的承诺与期望。这种期望进一步体现了员工有关组织内部日常行为的更深层次的日常情感交换，也更充分地解答了员工不满产生的动机与相关影响因素之间的关系。由此，通过将心理契约模型与一般员工离职模型相结合，可以在一般员工离职模型中增加"组织承诺"这一关键要素。作为工作满意度和离职意愿的前因变量，组织承诺可以解释离职模型背后的员工动机。通过纳入心理契约模型中的组织承诺变量，可以将 Price 和 Mueller 的一般员工离职模型中的外生变量（包括结构化变量、环境变量、个体变量）与内生变量（过程变量，包括工作满意度、组织承诺、工作寻找行为和留职意愿）衔接起来，形成教师离职意愿的多元链式中介效应模型。

在心理契约模型中，员工的行为与决策依然是相对静态且死板的，并不能如实地反映组织内部动态的情况，员工与组织间的心理契约关系也并不会实时受到来自组织内部行为/关系变化的影响。通过纳入微观政治理论，可以将教师的组织承诺与更为动态的组织内部的组织政治感知联系起来，形成对教师离职意愿发展的动态认识。

微观政治的核心要素与"在组织内人的行为会受到特定利益的驱动"的观点（Ball，1987；Kelchtermans et al.，1996）相吻合。在微观政治视角下，员工会主动地调整自身的行为以降低对组织的预期，以及处理由此导致的工作满意度的降低。如果员工的行为、利益以及工作满意度能够达成一定的平衡，员工就不会直接从对工作的不满意走向离职的极端行为。根据微观政治理论，员工离职决策既受到外部宏观政策影响，又与员工日常微观政治行为挂钩。教师对学校的组织政治感知有可能通过对工作条件的感受进而影响组织承诺，并作用于后续的工作满意度和离职意愿。因此，纳入微观政治理论，有助于理解学校各利益群体如何通过正式或非正式权力、冲突与合作的形式，实现团体利益最大化的目标。通过将微观政治理论与心理契约理论结合起来，有可能解释教师心理契约的调整、教师心理契约破坏后的行动策略，包括离职意愿、离职行为等。综上所述，本书将在现有一般员工离职模型的基础上，运用微观政治理论和心理契约理论对现有理论进行补充与改进，以求更全面和动态地分析教师离职的动因和离职意愿的形成过程。

（二）变量的选择

将学校内部的微观政治/组织政治研究与组织政治感知结合之后，本书两大研究核心概念（微观政治和员工离职）之间的联系变得更为清晰。学校的治理策略、组织政治感知、组织承诺、工作条件、工作满意度都成为影响离职意愿的重要因素。

首先，通过将微观政治理论与心理契约理论结合，本书提出组织政治感知可以通过组织承诺、工作条件因素、工作满意度影响离职意愿。Price 和 Mueller 的一般员工离职模型指出，工作自主性等相关变量通过组织承诺和工作满意度显著影响离职意愿。组织政治感知与心理契约理论的相关变量（如组织承诺、工作满意度）具有一定的相关性。对二者的破坏都会导致员工对工作环境不公平的质疑（Robinson, 1996）。心理契约理论更多地关注员工明确或显要的正式及非正式应对行为（如上文中提及的发生消极怠工等），更多针对其自身的预期并没有实现的情形（Tumley et al.，2000）；而组织政治理论则更多地讨论在员工察觉到自身的正式努力与付出的回报并不及操控政治关系与资源从而隐晦地最大化自身群体利益的非正式行为（Pfeffer，1981）。同时，工作条件因素对员工离职意愿和离职行为具有重要的影响。

其次，结合心理契约理论和一般员工离职模型，本书提出组织承诺和工作满意度可以作为员工组织政治感知的中介变量影响员工的离职意愿。在心理契约的相关研究中，组织对于员工心理契约的违背会导致员工采取一定的正式及非正式的行为来表达自己的不满，包括但不限于正式发声、降低忠诚度、采取消极的态度甚至离职（Tumley et al.，1999）。这种行为产生的动机是对组织承诺未达预期的不满（Rousseau，1995）和工作满意度的降低。部分实证研究表示，员工在感知到组织内部存在大量非正式政治行为时，其工作满意度及组织承诺将会显著下降，从而可能导致离职行为。

最后，学校的治理策略通过组织政治感知影响教师离职意愿。根据微观政治理论的相关研究，学校内部存在微观政治行为，这些行为受到学校治理策略的影响。当学校的治理策略发生变化时，教师对于学校里的微观政治行为的感知也会发生变化。例如校长的变化带来的小团体行为、课程和策略的变化带来的教师利益受损都会激发教师的组织政治感知，进而影响其离职意愿。

第二章　民办学校教师发展与离职现状分析

　　基础教育阶段民办学校发展的关键在于建设一支稳定的高水平教师队伍，但现实情况不容乐观。相比于公办学校，民办学校教师的流动性更高、稳定性更差。国内学者从不同视角讨论了民办学校教师流动现状，但学术界尚未对教师离职成因及个人离职意愿是否受到宏观政策变动的影响等问题达成共识。本章对民办中小学教师样本特征进行描述性统计，着重呈现民办中小学教师对组织政治的感知情况、对工作环境的感受、组织承诺以及工作满意度。此外，本章还对民办中小学教师的组织政治感知和离职意愿的个体间和学校间差异进行分析，为后续章节的实证回归分析提供相关依据。

第一节　民办学校教师离职意愿的描述性统计

　　以 2020 年、2022 年教育部公布的民办中小学教师数量为例，2020 年民办中小学教师数量超过 180 万人，2022 年民办中小学教师数量减少到约 105 万人，教师数量减少了 41.7%。

　　本书 1938 份教师问卷数据显示，教师的离职意愿和实际发生的教师离职趋势一致。在调研的 1938 份问卷中只有 13.6% 的教师基本没有想过离开目前的学校，62.7% 的教师很确定想过离开目前的学校，另外还有 23.7% 不确定是否要离开目前的学校。关于教师是否计划在目前的学校有长期职业发展的调研结果基本与离职意愿这一题目的调研结果趋势一致，计划在目前的学校有长期职业发展的只有12.6%的教师，18.3%的教师不确定是否在目前的学校有长期职业发展，69.1%的教师表示不会在目前的学校有长期职业发展。

根据教师问卷第31题和第32题关于近期教师离职意愿的调研结果，对目前的学校表示非常厌烦，确定要立刻换一所学校工作的教师占比为11.9%，21.2的教师表示不确定是否会立刻换工作单位，66.9%的教师暂时不会换工作单位。近半年内计划离职的教师占比为12.8%，不确定半年内是否会离职的教师占比为20.6%，确定半年内不会离职的教师占比为66.6%。

根据以上数据可以得出，第一，民办学校的教师离职意愿较强，需要引起足够重视；第二，教师从离职意愿产生到离职发生存在一定的时间，学校可以利用这一时间来稳定教师队伍。

第二节　教师工作环境和职业发展情况

本书提出的教师离职意愿模型中，包括组织政治感知、组织承诺、工作满意度、工作条件因素、离职意愿等5个变量，共计79个题项。所有量表均使用Likert 5级量表，最大值为5，最小值为1。所有变量均为分值越大，对应评价水平越高。

表2-1描述了组织政治感知及其子维度、组织承诺及其子维度、工作满意度及其子维度、工作条件因素以及离职意愿的集中趋势、离散情况、分布情况。从各维度具体来看，离职意愿的平均值小于2.50，表明离职教师的整体离职意愿低于中位数，但是教师的不稳定情况确实严重。组织政治感知的平均值达到3.756，说明教师对于组织政治感知明显。行政管理行为的平均值达到3.876，说

明行政管理行为在组织政治感知各维度中是最容易被感知到的。组织承诺及其子维度、工作满意度及其子维度和工作条件因素的偏度均为负值，说明样本值集中在高水平一边；离职意愿偏度为正值，说明样本值集中在低水平一边。组织政治感知、工作条件因素和离职意愿的峰度为正值，说明样本值集中在众数附近多；组织承诺和工作满意度的峰度为负值，说明样本值集中在众数附近少。

表 2-1 中的偏度和峰度是对正式调研数据的正态分布性检验，通常认为，当偏度绝对值小于 3、峰度绝对值小于 7 时，样本基本符合正态分布。从表 2-1 可见，所有测量维度的偏度绝对值均小于 3、峰度绝对值均小于 7，因此可认为本书研究各测量维度的大样本调查数据基本满足上述临界值要求，可展开进一步分析。

表 2-1　描述性统计

变量	N	最小值	最大值	平均值	标准差	偏度	峰度
1. 组织政治感知及其子维度							
组织政治感知	1938	1	5	3.756	0.702	1.098	0.665
行政管理行为	1938	1	5	3.876	0.893	1.284	0.633
政策与实务差距	1938	1	5	3.811	0.962	1.128	0.000
上级行为	1938	1	5	3.677	1.013	0.892	-0.262
小团体行为	1938	1	5	3.660	1.007	0.860	-0.364
2. 组织承诺及其子维度							
组织承诺	1938	1	5	3.697	0.775	-0.752	-0.061
规范承诺	1938	1	5	3.676	0.967	-0.870	-0.390
情感承诺	1938	1	5	3.652	1.016	-0.896	-0.375
持续承诺	1938	1	5	3.816	1.048	-1.080	0.128
3. 工作满意度及其子维度							
工作满意度	1938	1	5	3.769	0.956	-1.033	-0.238
领导与管理满意度	1938	1	5	3.769	1.005	-0.995	-0.168
发展环境满意度	1938	1	5	3.752	1.026	-0.960	-0.069
付出回报合理性满意度	1938	1	5	3.794	1.034	-0.981	-0.055

续表

变量	N	最小值	最大值	平均值	标准差	偏度	峰度
自我实现满意度	1938	1	5	3.788	1.081	−0.943	0.001
同事关系满意度	1938	1	5	3.752	1.075	−0.908	−0.078
师生关系满意度	1938	1	5	3.776	1.202	−0.867	−0.108
学校声誉满意度	1938	1	5	3.743	1.187	−0.802	−0.191
4. 工作条件因素							
工作条件因素	1938	1	5	3.850	0.876	−1.175	0.418
5. 离职意愿							
离职意愿	1938	1	5	2.220	0.938	1.099	0.471

1. 组织政治感知及其子维度

组织政治感知是组织中成员对组织内其他成员追求自我利益最大化时采取的政治行为的主观评价和感觉。问卷中关于教师组织政治感知的题项共 33 个，得分越高表示教师对相应维度的感知越强。分析结果显示，教师对组织政治感知的总体平均得分为 3.756，表明教师对组织政治行为的感知处于中性偏强水平。从各子维度来看，教师对行政管理行为的政治感知最高（均值为 3.876），其次是对政策与实务差距的政治感知（均值为 3.811）。相对而言，教师对小团体行为的政治感知（均值为 3.660）和上级行为的政治感知（均值为 3.677）比较弱。

2. 组织承诺及其子维度

组织承诺是指组织内成员对组织的态度与行为的总称。问卷中关于教师组织承诺的题项共 14 个，1 分表示组织承诺最低，5 分表示组织承诺最高。结果显示，教师的组织承诺平均得分为 3.697，表明教师对组织的承诺为中等偏上水平。在各子维度中，持续承诺得分最高（均值为 3.816），表示教师出于个人利益的考虑，更倾向于持续留在学校。此结果表明，教师更关注工作中的经济回报及职业发展的潜力。

3. 工作满意度及其子维度

工作满意度是指教师对其工作整体的满意程度。问卷中关于教师对工作满意度的题项共 17 个，1 分表示对工作非常不满意，5 分表示对工作非常满意。结果表明，教师对工作满意度的平均得分为 3.769，表明教师对其工作整体表示满意。在各子维度中，付出回报合理性满意度得分最高（均值为 3.794），说明教师对学校提供的报酬和回报机制总体感到满意。学校声誉满意度得分最低（均值为 3.743），这反映出教师对学校声誉的关注较高，认为学校声誉对个人发展有重要影响，因此该项满意度较低。

4. 工作条件因素

工作条件因素是指工作场所中工作环境的特征和社会交往模式对员工的影响，通常被定义为结构化变量。问卷中关于工作条件因素的题项共 11 个，1 分表示对工作环境非常不满意，5 分表示对工作环境非常满意。结果显示，工作条件因素的平均得分为 3.850，表明教师对工作条件的评价较为正面。

5. 离职意愿

离职意愿是指个体在一定时期内变换其工作的可能性。问卷中关于离职意愿的题项共 4 个，1 分表示离职意愿非常低，5 分表示离职意愿非常强烈。结果表明，教师离职意愿的平均得分为 2.220，表明教师的总体离职倾向较低。

从上述分析结果可以看出，教师的离职意愿较低，主要归因于其对工作环境的积极评价。然而，在政策执行和对教师职业发展支持方面仍存在改进空间。这说明教师不仅关注薪资与福利待遇，工作环境的质量与职业发展前景同样对其离职意愿产生重要影响。通过进一步优化工作环境和加强职业发展支持，特别是改进行政管理和提升学校声誉，将有效降低教师的离职倾向。

第三节　群体差异分析

由于学校的特殊属性，教师作为学校重要的利益相关者，其离职的影响因素包括教师特征、教师资质、学校特征（例如城市和工作环境）、学校资源（班级规模以及教学材料），以及学生特征（Borman et al.，2008）。Ferris（1989）也指出个人因素、工作环境因素、组织因素是影响教师组织政治感知的前因变量。本书结合组织政治感知的前因变量、教师离职研究的控制变量及我国民办学校的实际特征，在问卷的控制变量部分中提出了 2 个维度，即个人因素维度和学校因素维度。其中，个人因素维度包括教师人口统计学特征、教师资质职称、教师教学特征；学校因素维度包括学校特征和学生特征。本节讨论组织政治感知及其子维度和离职意愿在个人因素和学校因素之间的差异。

一　个人因素维度间差异

以下是组织政治感知及其子维度和离职意愿在 10 个主要个人因素方面的差异的具体分析。

1. 性别

通过 T 检验对不同性别的教师在各变量上的差异进行对比，表 2-2 显示，不同性别的教师在行政管理行为、政策与实务差距、上级行为、小团体行为、组织政治感知、离职意愿上均不存在显著差异（$P>0.05$）。

表 2-2　不同性别的差异分析

变量	男	女	T	P
	M±SD	M±SD		
行政管理行为	2.13±0.895	2.12±0.890	0.345	0.730
政策与实务差距	2.22±0.973	2.16±0.948	1.417	0.157
上级行为	2.31±1.004	2.33±1.023	-0.492	0.623

续表

变量	男	女	T	P
	M±SD	M±SD		
小团体行为	2.37±1.027	2.31±0.984	1.394	0.164
组织政治感知	2.21±0.703	2.18±0.701	1.034	0.301
离职意愿	2.20±0.925	2.24±0.953	-0.802	0.423

2. 离职经历

通过 T 检验对具有不同离职经历的教师在各变量上的差异进行对比，表 2-3 显示，具有不同离职经历的教师在行政管理行为、政策与实务差距、上级行为、小团体行为、组织政治感知、离职意愿上均不存在显著差异（$P>0.05$）。

表 2-3　不同离职经历的差异分析

变量	是	否	T	P
	M±SD	M±SD		
行政管理行为	2.10±0.890	2.17±0.896	-1.685	0.092
政策与实务差距	2.16±0.957	2.24±0.970	-1.721	0.086
上级行为	2.32±0.993	2.34±1.051	-0.443	0.658
小团体行为	2.35±1.013	2.33±0.996	0.377	0.706
组织政治感知	2.18±0.696	2.24±0.712	-1.719	0.086
离职意愿	2.20±0.938	2.26±0.938	-1.275	0.203

3. 年龄

通过单因素方差分析对不同年龄的教师在各变量上的差异进行检验，表 2-4 显示，不同年龄的教师在行政管理行为、政策与实务差距、上级行为、小团体行为、组织政治感知、离职意愿方面均存在显著差异（$P<0.05$）。

表 2-4　不同年龄的差异分析

变量	20~30 岁	31~50 岁	51 岁以上	F	P
	M±SD	M±SD	M±SD		
行政管理行为	2.19±0.918	2.06±0.868	2.17±0.894	4.801	0.008
政策与实务差距	2.29±1.005	2.11±0.924	2.16±0.949	7.179	0.001
上级行为	2.41±1.043	2.25±0.966	2.36±1.068	5.453	0.004
小团体行为	2.44±1.038	2.25±0.979	2.37±0.993	7.497	0.001
组织政治感知	2.28±0.713	2.13±0.678	2.22±0.727	10.624	0.000
离职意愿	2.52±0.852	1.94±0.906	2.39±0.981	90.282	0.000

4. 婚姻状况

通过单因素方差分析对不同婚姻状况的教师在各变量上的差异进行检验，表 2-5 显示，不同婚姻状况的教师在行政管理行为、政策与实务差距、上级行为、小团体行为、组织政治感知、离职意愿方面均不存在显著差异（$P>0.05$）。

表 2-5　不同婚姻状况的差异分析

变量	已婚	未婚	离异	F	P
	M±SD	M±SD	M±SD		
行政管理行为	2.13±0.904	2.09±0.857	2.16±0.902	0.400	0.670
政策与实务差距	2.20±0.967	2.19±0.961	2.08±0.888	0.536	0.585
上级行为	2.35±1.020	2.25±0.990	2.27±1.023	1.855	0.157
小团体行为	2.35±1.013	2.31±0.994	2.31±0.993	0.471	0.625
组织政治感知	2.21±0.708	2.17±0.685	2.16±0.694	0.599	0.550
离职意愿	2.25±0.942	2.14±0.913	2.22±1.005	2.228	0.108

5. 子女情况

通过单因素方差分析对拥有不同子女情况的教师在各变量上的差异进行检验，表 2-6 显示，拥有不同子女情况的教师在政策与实务差距、组织政治感知、离职意愿方面存在显著差异（$P<0.05$），在行

政管理行为、上级行为、小团体行为方面均不存在显著差异（*P* >
0.05）。

表 2-6　不同子女情况的差异分析

变量	有两孩及以上	育有一子女	无子女	F	*P*
	M±SD	M±SD	M±SD		
行政管理行为	2.17±0.897	2.12±0.901	2.06±0.863	2.072	0.126
政策与实务差距	2.23±0.962	2.24±0.978	2.01±0.902	8.787	0.000
上级行为	2.36±1.039	2.31±1.015	2.29±0.964	0.712	0.491
小团体行为	2.35±1.020	2.33±1.012	2.34±0.977	0.073	0.930
组织政治感知	2.24±0.697	2.21±0.697	2.10±0.714	4.963	0.007
离职意愿	2.22±0.909	2.30±0.933	2.05±0.974	9.783	0.000

6. 家庭距离

通过单因素方差分析对不同家庭距离的教师在各变量上的差异进行检验，表 2-7 显示，不同家庭距离的教师在政策与实务差距、组织政治感知、离职意愿方面存在显著差异（*P* < 0.05），在行政管理行为、上级行为、小团体行为方面均不存在显著差异（*P* > 0.05）。

表 2-7　不同家庭距离的差异分析

变量	本省人	本市人	相邻省份	一线城市或外籍	其他	F	*P*
	M±SD	M±SD	M±SD	M±SD	M±SD		
行政管理行为	2.14±0.849	2.16±0.922	2.07±0.893	2.05±0.879	2.18±0.962	1.188	0.314
政策与实务差距	2.22±0.943	2.26±0.992	2.10±0.955	2.04±0.854	2.12±1.026	3.161	0.013
上级行为	2.33±1.022	2.34±1.016	2.34±1.000	2.13±0.980	2.51±1.081	1.802	0.126
小团体行为	2.37±1.029	2.35±1.016	2.30±0.984	2.28±0.941	2.44±1.082	0.573	0.682
组织政治感知	2.22±0.681	2.24±0.705	2.14±0.708	2.08±0.696	2.23±0.824	2.751	0.027
离职意愿	2.28±0.945	2.24±0.905	2.09±0.954	2.23±0.915	2.62±1.148	4.547	0.001

7. 学历

通过单因素方差分析对不同学历的教师在各变量上的差异进行检验，表2-8显示，不同学历的教师在行政管理行为、政策与实务差距、上级行为、小团体行为、组织政治感知、离职意愿方面均不存在显著差异（$P>0.05$）。

表 2-8　不同学历的差异分析

变量	大专	本科	硕士	博士	其他	F	P
	M±SD	M±SD	M±SD	M±SD	M±SD		
行政管理行为	2.15±0.904	2.15±0.920	2.10±0.865	1.88±0.664	2.25±0.873	2.363	0.051
政策与实务差距	2.26±0.980	2.20±0.965	2.18±0.967	2.03±0.888	2.14±0.822	0.853	0.491
上级行为	2.35±1.076	2.32±1.011	2.33±1.008	2.24±0.944	2.34±1.109	0.200	0.939
小团体行为	2.38±1.074	2.30±1.006	2.39±1.006	2.35±0.911	2.53±0.974	1.157	0.328
组织政治感知	2.24±0.690	2.21±0.722	2.19±0.684	2.03±0.588	2.25±0.666	1.491	0.202
离职意愿	2.31±0.978	2.2±0.950	2.23±0.906	2.22±0.903	2.47±1.039	1.049	0.380

8. 教龄

通过单因素方差分析对不同教龄的教师在各变量上的差异进行检验，表2-9显示，不同教龄的教师在政策与实务差距、上级行为、小团体行为、组织政治感知、离职意愿方面均存在显著差异（$P<0.05$），在行政管理行为方面不存在显著差异（$P>0.05$）。

表 2-9　不同教龄的差异分析

变量	1年以内	1~5年	5~10年	10~20年	20年以上	F	P
	M±SD	M±SD	M±SD	M±SD	M±SD		
行政管理行为	2.21±0.939	2.17±0.892	2.10±0.884	2.04±0.827	2.10±0.955	2.175	0.069
政策与实务差距	2.27±1.010	2.32±0.989	2.11±0.916	2.14±0.945	2.09±0.954	4.086	0.003
上级行为	2.48±1.042	2.33±1.045	2.27±0.977	2.25±0.979	2.28±1.068	3.731	0.005
小团体行为	2.54±1.013	2.28±1.047	2.25±0.975	2.31±1.016	2.36±0.924	5.964	0.000

续表

变量	1年以内	1~5年	5~10年	10~20年	20年以上	F	P
	M±SD	M±SD	M±SD	M±SD	M±SD		
组织政治感知	2.30±0.714	2.26±0.711	2.14±0.685	2.14±0.670	2.15±0.778	5.148	0.000
离职意愿	2.58±0.751	2.40±0.972	1.99±0.923	2.08±0.950	2.14±1.017	34.627	0.000

9. 职称

通过单因素方差分析对不同职称等级的教师在各变量上的差异进行检验，表 2-10 显示，不同职称等级的教师在离职意愿方面存在显著差异（$P<0.05$），在行政管理行为、政策与实务差距、上级行为、小团体行为、组织政治感知方面均不存在显著差异（$P>0.05$）。

表 2-10　不同职称等级的差异分析

变量	无	初级	中级	高级	特级	F	P
	M±SD	M±SD	M±SD	M±SD	M±SD		
行政管理行为	2.12±0.875	2.11±0.893	2.20±0.932	1.92±0.734	2.49±1.032	2.081	0.081
政策与实务差距	2.26±0.985	2.14±0.942	2.25±1.002	2.22±0.891	1.95±0.714	1.780	0.130
上级行为	2.37±1.046	2.30±0.988	2.37±1.046	2.11±0.947	2.40±1.073	1.353	0.248
小团体行为	2.30±1.016	2.34±1.004	2.44±1.030	2.14±0.866	2.50±0.757	1.778	0.131
组织政治感知	2.22±0.705	2.17±0.694	2.26±0.739	2.08±0.594	2.28±0.590	1.828	0.121
离职意愿	2.28±0.961	2.16±0.913	2.31±0.977	2.11±0.847	2.38±1.162	2.697	0.029

10. 职前工作

通过单因素方差分析对具有不同职前工作的教师在各变量上的差异进行检验，表 2-11 显示，具有不同职前工作的教师在行政管理行为、政策与实务差距、上级行为、小团体行为、组织政治感知、离职意愿方面均不存在显著差异（$P>0.05$）。

表 2-11 不同职前工作的差异分析

变量	读书	政府部门	民办学校	公办学校	培训机构	其他	F	P
	M±SD	M±SD	M±SD	M±SD	M±SD	M±SD		
行政管理行为	2.10±0.830	2.14±0.866	2.11±0.911	2.16±0.882	2.14±0.947	2.07±0.929	0.224	0.952
政策与实务差距	2.20±0.952	2.30±1.012	2.12±0.924	2.25±0.986	2.18±0.986	2.19±0.969	1.931	0.086
上级行为	2.34±1.021	2.26±1.009	2.37±1.036	2.33±1.007	2.24±0.948	2.29±1.001	0.926	0.463
小团体行为	2.33±1.008	2.35±1.059	2.31±0.99	2.33±1.019	2.41±0.982	2.46±1.049	0.473	0.797
组织政治感知	2.19±0.684	2.24±0.700	2.17±0.696	2.23±0.686	2.20±0.747	2.19±0.768	0.603	0.698
离职意愿	2.32±0.970	2.26±0.972	2.21±0.970	2.17±0.834	2.15±0.828	2.32±1.179	1.342	0.243

总体而言，个人因素在某些维度对教师的离职意愿及工作环境感知产生了显著影响。年龄、子女情况、家庭距离、教龄、职称等维度在多个变量上的显著差异表明，教师的个人生活和职业经历与其对学校环境的感知和离职意愿密切相关。

二 学校因素维度间差异

学校因素包括学校品牌和学生成绩两个方面。

1. 学校品牌

通过单因素方差分析对不同学校品牌情况的教师在不同变量上的差异进行检验，表 2-12 显示，不同学校品牌情况的教师在行政管理行为、政策与实务差距、上级行为、小团体行为、组织政治感知、离职意愿方面均不存在显著差异（$P>0.05$）。

表 2-12　不同学校品牌的差异分析

变量	本地名校	普通学校	口碑较差	F	P
	M±SD	M±SD	M±SD		
行政管理行为	2.16±0.881	2.08±0.887	2.17±0.925	2.181	0.113
政策与实务差距	2.24±0.961	2.15±0.953	2.22±0.984	1.805	0.165
上级行为	2.36±1.016	2.30±1.004	2.33±1.033	0.598	0.550
小团体行为	2.38±1.010	2.32±1.025	2.32±0.947	0.668	0.513
组织政治感知	2.24±0.709	2.16±0.687	2.23±0.726	2.631	0.072
离职意愿	2.26±0.924	2.17±0.942	2.28±0.947	2.726	0.066

2. 学生成绩

通过单因素方差分析对不同学生成绩情况的教师在各变量上的差异进行检验，表 2-13 显示，不同学生成绩情况的教师在离职意愿方面存在显著差异（$P<0.05$），在行政管理行为、政策与实务差距、上级行为、小团体行为、组织政治感知方面均不存在显著差异（$P>0.05$）。

表 2-13　不同学生成绩情况的差异分析

变量	大多数学生成绩优秀	有个别成绩突出的学生	很少有成绩特别好的学生	普遍成绩较差	F	P
	M±SD	M±SD	M±SD	M±SD		
行政管理行为	2.13±0.898	2.09±0.887	2.16±0.900	2.20±0.893	1.183	0.315
政策与实务差距	2.22±0.962	2.14±0.962	2.24±0.972	2.23±0.939	1.213	0.303
上级行为	2.31±1.016	2.32±1.010	2.41±1.020	2.25±1.003	1.243	0.293
小团体行为	2.33±1.008	2.31±1.000	2.41±1.035	2.37±0.985	0.837	0.473
组织政治感知	2.21±0.704	2.16±0.707	2.25±0.686	2.24±0.696	1.606	0.186
离职意愿	2.19±0.892	2.17±0.942	2.32±0.973	2.34±0.951	3.529	0.014

本节从个人因素和学校因素两个维度对教师离职意愿及其影响因素进行了群体差异分析。分析显示，性别、婚姻状态、学历等个人因素在大多数维度并不显著影响组织政治感知和离职意愿。然而，年

龄、子女情况、家庭距离、教龄、职称等因素显著影响教师的离职意愿。此外，学生成绩这个学校因素也在一定程度上影响教师的离职意愿。

第四节　本章小结

本章通过对数据的描述性统计发现，民办学校的教师离职意愿强烈，需要足够重视；而教师从离职意愿产生到离职发生存在一定的时间，学校可以利用这一时间来稳定教师队伍。

民办学校教师特点是自行选择工作单位，没有学校编制保障。教师之所以选择民办学校主要是由于薪资待遇等因素（邬大光，2001a）。本章通过对性别、离职经历、年龄、婚姻状况、子女情况、家庭距离、学历、教龄、职称、职前工作、学校品牌和学生成绩12个因素进行样本特征的统计，有以下发现。

第一，不同年龄的教师的离职意愿有显著差异。年龄在30岁以下和50岁以上的教师更容易产生离职想法。结合前期的访谈可知，民办学校较年轻的教师离职或者产生离职想法主要是因为自己的职业选择（考公、考公办学校、转行）。由于教师这个行业的特殊性，年纪越大的优秀教师市场认可度越高，薪资水平也较高。30~50岁的教师离职意愿之所以相对较弱，除了因为这个年龄段教师家庭负担较重，对于换工作的风险承受能力较弱，这个年龄段的教师也是主要的教学及管理人员，留在本校的发展空间较大。

第二，从事教师这一行业的主要吸引力在于可以优先接触优质教学资源，调研结果显示子女及子女数量影响教师的离职意愿。

第三，在前期的研究中发现，很多教师选择从事教育行业是因为教师是一份相对稳定的工作。与研究结果中家庭距离对教师离职意愿影响存在显著差异相类似。

第四，不同教龄和职称对教师离职影响的差异也非常大，不同教龄教师和不同年龄的教师的离职意愿呈"微笑曲线"。职称是教师这一行业的重要标准和考核项，教师职称本身对教师离职的影响非常大。

另外，还有一个影响教师离职意愿的重要控制变量——学生成绩。由于学校的特殊属性，学生是教师接触最多的群体。成绩越好的学校，教师离职意愿越弱，反之则离职意愿越强。教师对于教出成绩好的学生有天然的成就感。

因此，通过对影响教师离职意愿的个人因素维度和学校因素维度进行对比分析发现，选择教师职业的动因是追求稳定性；学生成绩是教师的职业荣誉感；新入职 1~5 年的教师和退休教师离职意愿更强，前者因为可选择机会更多，后者因为外部工作吸引力更大。

民办学校的管理更为灵活和自由（邬大光，2001a）。学校组织政治环境对教师影响较大，而教师反过来也会影响学校组织政治环境。什么背景的教师对于学校的组织政治感知更明显（敏感）呢？经过对教师的个人因素维度和学校因素维度等影响教师的因素进行比对后有以下发现。

第一，不同年龄的教师在行政管理行为、政策与实务差距、上级行为、小团体行为、组织政治感知、离职意愿方面均存在显著差异。20~30 岁的教师对于组织政治感知的敏感度高于其他年龄段，这与离职意愿呈现趋势相一致，而 31~50 岁的教师相对不太在意学校的政治环境，更关注稳定的收入和家庭的平衡。

第二，教师子女越多对于学校的组织政治环境更为在意，主要是其中的政策与实务差距。说明学校政策执行的稳定、一致，对于拥有孩子的教师来说更重要。调研数据显示有子女的教师（n = 1545）中 54% 左右的教师的子女正在或者曾经在自己就职的学校就读。

第三，家庭距离对教师组织政治感知，尤其是对其子维度政策与实务差距的影响具有显著差异。本地教师对组织政治感知敏感性更强。

第四，教龄是评价一个教师成熟度的重要指标，本书实证研究发现教龄5年内的教师对于组织政治感知更敏感，认为政策与实务差距大、学校小团体行为多。这与新教师适应学校情况以及其个人是否具有话语权有很大相关性。

综上，本章对主要变量进行了描述性统计，揭示了民办学校教师在组织政治感知、组织承诺、工作满意度、工作条件因素、离职意愿方面的整体水平。此外，在个人因素和学校因素两个维度进行群体差异分析，结果显示年龄、子女情况、家庭距离、职称、教龄、学生成绩等因素显著影响教师的离职意愿。本章的分析结果为后续的实证回归研究提供了重要数据支持。

第三章　民办学校教师离职的
微观政治环境分析

　　本书以我国民办中小学教师高流动性现象为起点，通过分析我国民办中小学教师的组织政治感知情况，探讨教师的组织政治感知如何通过影响工作条件因素、组织承诺和工作满意度而最终影响教师的离职意愿。本章提出民办学校外部政策环境的变化会导致学校治理策略变化，进而影响校内的微观政治环境，教师的组织政治感知可以反映学校内部微观政治环境的变化。

　　既有研究显示，学校治理策略的变化包括学校举办者的变更、学校经营战略的调整，以及课程和教学的变化。这些变化会导致学校内部不同利益群体采取策略性的行动来维护自己的利益，或者对其他群体的政治性行为做出反应。教师作为学校内部最重要的利益群体之一，面对学校举办者、经营战略以及课程和教学的变化，会对举办者和管理层的行动产生主观感知，这些感知反映了学校内部微观政治环境的变化。本章基于微观政治理论考察学校治理策略变化对教师组织政治感知的影响。

　　具体而言，本章采用混合研究方法来回答民办中小学治理策略变化对教师的组织政治感知是否产生影响以及如何产生影响的问题。本章分析分为两个部分。首先，采用定量研究方法验证学校治理策略变化与教师组织政治感知的关系。其次，采用定性研究方法，通过访谈数据分析学校治理策略变化如何通过调整校内不同利益群体之间的关系来影响教师的组织政治感知。

第一节　民办学校治理策略变化与教师组织政治感知分析

近20年来部分学者从宏观的劳动力市场供求角度构建了教师离职的分析框架。这些研究将教师特征、教师资质、学校特征（例如城市和工作环境）和学校资源（班级规模和教学材料），以及学生特征作为影响教师离职的主要原因（Borman et al.，2008）。从微观政治的角度看来，组织内部环境并非一成不变，以往的理论模型均缺乏动态性。结合 Burns（1961）的观点，无论是将学校视为一般组织机构，还是将学校看作具有特殊社会属性的组织机构，这种忽视组织结构变革与发展的模型显然都不够准确。本节试图从微观政治视角分析学校治理策略改变是否影响教师组织政治感知。

微观政治关注的是组织内部的个体或群体如何通过使用正式或非正式的权力，实现他们在组织中的利益或目标。总体而言，政治行为源自个体和群体之间的感知差异，并与使用权力来保护或者影响其利益的动机相关（Blasé，1991）。微观政治行为并不等同于组织政治感知，个人的反应往往基于他们对现实的感知，而不一定是真实的现实本身。但是，由于政治行为在很大程度上源自个体和群体之间的感知差异，因此研究组织政治感知比研究政治行为更具有研究意义和实践价值。

微观政治已经逐渐演变为学校管理研究的主要理论基础（程晋宽，2012），在教育领域中，微观政治通常指学校内部不同利益群体（管理层、教师、学生与家长）为实现自身利益而采取的各种政治行为（Hoyle，1982）。学校的微观政治环境具有以下特征：①源自学校的日常运营和教学行为；②表现在学校各利益群体（校长或管理者、教师、学生与家长）之间的人际互动关系上；③根源于学校的组织文化及组织成员的意识形态或利益追求的差异；④聚焦学校组织成员之间的冲突或合作。微观政治视角将教师个人与学校背景联系起来，把教师的认知、行为置于学校层面的微观政治过程中（Kelchtermans et al.，1996），为理解教师的组织政治感知提供了一个组织视角。Burns（1961）强调，虽然组织内的政治行为和冲突是恒定存在的，但是个人对于他人政治行为的感知可能会有所不同。微观政治行为可能每天都在发生，但是教师不一定都能有所感知。

在微观政治理论框架下，利益是驱动行为的关键因素。政治行为因追逐利益而产生，对政治行为的感知也因利益的影响而受到激发。在学校的治理策略和教师的组织政治感知之间，教师的核心利益变化起到了关键的中介作用。当治理策略发生变化时，有可能会挑战或增加教师的核心利益，进而导致其组织政治感知变得更加敏感和强烈。例如，民办中小学经营战略的调整可能会影响教师的工作条件、职业发展和薪酬。而课程和教学的变化可能影响教师的工作自主性，使得教师感受到"切肤之痛"，从而引发其对组织政治的感知。再如，如果教学、激励等与教师密切关联的治理策略保持不变，即使学校的举办者变更，但是教师的核心利益没有受到影响，所谓"事不关己，高高挂起"，这种对于组织来说至关重要的学校治理策略变化对教师个体感知层面的影响也会变得微乎其微。

Kelchtermans 和 Vandenberghe（1996）将教师的核心利益分为五种，即物质利益、组织利益、社会利益、文化-意识形态利益和自我利益。其中，物质利益主要指的是教学支持性资源的可获得性，如教学材料、技术设备、教学场所、财政资金、教师薪资等。这些资源直接影响教学活动的质量和效率。组织利益是具有组织属性的利益，涉及教师在学校内的地位、职位和岗位，包括职位晋升、职称评定、岗位稳定性等。社会利益或称社交利益，指的是教师在学校内外部建立和维护人际关系的社交网络，包括与同事、校长、家长以及外部人员的关系。文化-意识形态利益指的是教师支持和维护的教学理念、价值观和学校文化。自我利益涉及教师的职业身份和自我形象，如教师对自己作为教师的看法以及他们希望被别人如何看待。

综上所述，本章基于微观政治视角，试图揭示学校治理策略的变化对教师组织政治感知的直接影响路径和间接影响路径（见图3-1）。首先，本章通过定量研究，检验学校治理策略变化是否对教师组织政治感知具有显著的直接影响。其次，通过质性访谈深入研究这种影响如何产生，分析教师核心利益的中介作用，从而验证本书第一个研究假设，即民办中小学治理策略的变化显著影响教师的组织政治感知。

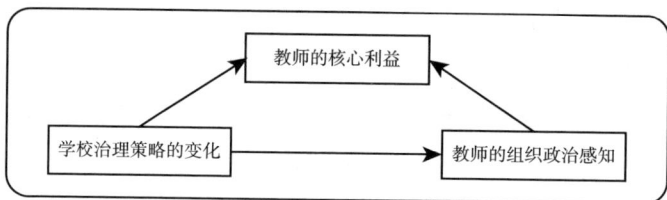

图3-1　学校微观政治环境对教师组织政治感知的影响路径

本章研究采用解释性时序设计的混合研究方法，先通过定量方法收集和分析数据，再通过开放式的半结构化访谈收集数据并进行定性分析，从而解释定量数据的分析结果。

定量数据采集采用方便性整群抽样方法。笔者从7个省份中共抽取了11所民办学校，地域涵盖城市和县城。笔者邀请时任校长或董事会成员填写"我国民办学校教师工作环境调查——校长问卷"，该校教师填写"我国民办学校教师工作环境调查——教师问卷"，受调查者通过问卷星进行填写。所有问卷均在预研究期间进行了信效度检验，具有较高的信度和效度。调查过程中，教师在校领导的指导下现场填写教师问卷，以确保问卷填写的质量。本次调研共发放了2002

份教师问卷，收回有效问卷 1938 份，有效率 96.8%；共发放了 11 份校长问卷，收回有效问卷 11 份，有效率 100%。

定性访谈采用典型抽样和强度抽样方法，选取较高信息密度和强度的个案进行研究。本书在定量分析涉及的 11 所学校中选取了 1 所具有典型案例特征的学校进行深入研究。在该学校中，笔者对 6 位教师、学校董事长及 1 位家长进行深入访谈。这所学校因股权变更引发了一系列学校治理策略变化，最终导致部分教师产生了离职意愿，具有较强的典型性。在访谈对象选取方面，为确保样本的代表性，笔者考虑了教师的性别、职位、年龄、教学科目等因素（具体抽样策略可参考第三章）。被访的 6 位教师拥有不同工作背景和在职时间，其中包括 2 名已离职教师、4 名在职教师（见表 3-1）。此外，笔者还对学校董事长和 1 位学生家长（见表 3-2）进行了一对一访谈。

表 3-1　质性访谈教师样本信息

编号	职位	学段	教学科目	年龄	学历	在职时间	工作背景
T01	教务主任	小学	数学	33 岁	研究生在读	5 年	2018 年从另一所民办学校进入本校
T02	工会主席	小学	英语	45 岁	本科	8 年	学校建校初市局为支持民办学校从公办学校选派的优秀教师
T03	教师	小学	英语	38 岁	本科	离职，在职 7 年	建校初期从公办学校跳槽来的创始教职工
T04	年级主任	初中	物理	39 岁	本科	3 年	公办学校辞职进入民办学校，因原民办学校转公而进入本校
T05	班主任	初中	英语	30 岁	硕士	离职，在职 8 年	毕业入职本校曾获得省教学比赛一等奖
T06	教师	小学	行政	60 岁	大专	3 年	公办学校辞职进入民办学校，因原民办学校转公而进入本校

表 3-2　质性访谈管理层与学生家长样本信息

编号	身份	背景
M01	董事长	2020 年以新举办人身份加入学校
P01	家长	子女于 2019 年就读学校,计划送子女到国外留学

本书的访谈结合开放性和半结构化方法,旨在激发受访者深入分享个人观点。研究重点是民办中小学教师的离职意愿及其影响因素。受访者被鼓励回顾和评估学校环境的变化及其对个人和组织层面的影响,特别是这些变化如何激发教师的离职意愿。访谈中避免主观臆断和对受访者的不当诱导。

访谈提纲参照 Blasé 关于"促进性学校领导与教师赋权"的研究,涵盖的问题包括:"你为什么选择在民办学校工作?""学校的治理策略是否发生了变化? 已经发生了哪些变化?""你对于学校目前的工作环境如何评价?""你是否满意你现在的工作?""你对稳定民办学校教师队伍的建议是什么?"等。

笔者对访谈结果采用了编码分析。首先,对研究对象访谈后的文字稿进行详细编码(一级编码),根据治理策略的变化对教师的五大核心利益进行分类。其次,在一级编码的基础上,进行分类概括和维度划分,将数据分为不同类属,完成轴心编码(二级编码)。最后,通过跨个案研究深入分析和理解不同个案中教师核心利益的改变如何导致其组织政治感知的变化,完成选择编码(三级编码)。

第二节　学校治理策略变化对教师组织政治感知影响的量化分析

一　描述性统计分析

(一)民办学校教师群体样本特征

调研有效样本的描述性统计结果如表 3-3 所示。其中,人口学特征显示如下：性别比例相当，年龄结构以 20~30 岁的年轻教师为主（48.2%），已婚教师占比超过 70%，其中近 50% 拥有一名子女。此外，超过 60% 的教师为本省人士。人力资本特征如下：首先，学历方面，90% 以上教师具有本科及以上学历。工作经验方面，教龄分布较为均衡，以 5~10 年居多（34.5%）。职称方面，拥有高级及以上职称的教师仅占 4.3%，一半以上（53.0%）的教师仍处于初级职称水平。职前经历方面，较高比例（38.7%）的教师是从其他民办学校转入当前民办学校。其他职前经历分布较为均衡，其中 15.8% 的教师从学校毕业后即进入民办学校，或是从政府部门（14.8%）、公办学校（14.4%）及培训机构（14.1%）转入现所在民办学校。职业稳定性方面，一半以上（66.1%）的教师在 5 年内有离职经历。

关于学校情况的反馈，在学校口碑方面，超过一半（50.7%）的教师认为他们所在的学校口碑一般，18.0% 的教师认为所在的学校的口碑较差，只有 31.3% 的教师认为所在的学校是本地名校。在学生成绩方面，46.6% 的教师认为学校有个别成绩突出的学生，25.1% 的教师认为大多数学生成绩优秀。

表 3-3　民办中小学教师问卷样本基本信息统计

维度	选项	频率	百分比（%）
性别	男	1013	52.3
	女	925	47.7
年龄	20~30 岁	935	48.2
	31~50 岁	278	14.3
	51 岁及以上	725	37.4
婚姻状况	已婚	1374	70.9
	未婚	481	24.8
	离异	83	4.3

维度	选项	频率	百分比（%）
子女情况	有两孩及以上	627	32.4
	育有一子女	918	47.4
	无子女	393	20.3
家庭所在地距离	本省（不含本市）	533	27.5
	本市	716	36.9
	相邻省份	506	26.1
	一线城市或外籍	148	7.6
	其他	35	1.8
学历	大专	150	7.7
	本科	1079	55.7
	硕士	590	30.4
	博士	90	4.6
	其他	29	1.5
教龄	1 年以内	439	22.7
	1~5 年	335	17.3
	5~10 年	669	34.5
	10~20 年	384	19.8
	20 年以上	111	5.7
职称等级	无	475	24.5
	初级	1028	53.0
	中级	353	18.2
	高级	69	3.6
	特级	13	0.7
职前工作	学生	307	15.8
	政府部门	287	14.8
	民办学校	750	38.7
	公办学校	279	14.4
	培训机构	274	14.1
	其他	41	2.1
5 年内离职经历	是	1281	66.1
	否	657	33.9
学校品牌	本地名校	607	31.3
	普通学校	982	50.7
	口碑较差的学校	349	18.0

维度	选项	频率	百分比（%）
所带学生成绩	大多数学生成绩优秀	486	25.1
	有个别成绩突出的学生	903	46.6
	很少有成绩特别好的学生	341	17.6
	普遍成绩较差	208	10.7

（二）学校治理策略

本书采用校长问卷了解学校的基本信息以及学校治理策略的三个子维度（举办者、经营战略、课程和教学）是否发生变化，"是"得 1 分，"否"得 0 分，共 10 题。其中有关举办者是否变更共 3 题，有关经营战略是否调整共 3 题，有关课程和教学是否变化共 4 题。分数越高则说明学校治理策略的变化越大。样本中 11 所学校的治理策略及其子维度变化得分如表 3-4 所示。11 所学校中有 10 所学校的举办者发生了不同程度的变化，11 所学校的经营战略、课程和教学均发生了变化（见表 3-4）。因此，将这 11 所学校作为研究主体，分析教师的治理策略对组织政治感知的影响具有代表意义。

表 3-4　学校治理策略及其子维度变化得分

单位：分

学校代码	举办者变更	经营战略调整	课程和教学变化	治理策略变化
S1	3	2	3	8
S2	3	2	2	7
S3	3	2	1	6
S4	2	3	3	8
S5	3	3	2	8
S6	1	1	2	4
S7	1	1	4	6
S8	2	1	2	5
S9	0	3	3	6
S10	1	1	2	4
S11	1	2	2	5

二 回归分析

为了检验学校治理策略变化对教师组织政治感知是否具有影响，本章使用了多元线性回归分析方法，以学校治理策略变化及其子维度为自变量，以组织政治感知及其子维度为因变量构建回归模型。其中，组织政治感知采用教师问卷的调研结果进行分析（n＝1938），学校治理策略变化采用校长问卷调研的结果进行分析（n＝11）。将11 所学校的学校治理分析结果进行虚拟变量转换整理配对代入对应的教师样本，形成1938 份全新问卷样本，进行回归检验，分析结果如下。

（一）学校治理策略变化对组织政治感知的影响

本章首先采用多元线性回归来分析学校治理策略变化对组织政治感知的影响。模型 R^2 为 0.066，调整后 R^2 为 0.060，在一定程度上能解释组织政治感知的变化情况。F 检验结果（10.448，$p<0.001$）显著，表明模型整体有效。如表 3-5 所示，回归分析以治理策略变化为自变量，以组织政治感知为因变量，以性别、年龄、婚姻状况、子女情况、家庭距离、学历、教龄、职称等级、职前工作、离职经历、学校品牌、学生成绩为控制变量。回归结果表明，治理策略变化对组织政治感知的标准化回归系数 β＝0.222，$p<0.001$，说明自变量治理策略变化对教师组织政治感知具有显著的正向影响，即学校治理策略变化越大，教师的组织政治感知越强。

表 3-5 学校治理策略变化对于组织政治感知的影响

维度	组织政治感知	维度	组织政治感知
治理策略变化	0.222 ***	子女情况	−0.033
性别	−0.029	家庭距离	−0.037
年龄	0.024	学历	−0.029
婚姻状况	−0.003	教龄	−0.116 **

维度	组织政治感知	维度	组织政治感知
职称等级	0.041	学生成绩	0.023
职前工作	0.014	R²	0.066
离职经历	0.029	调整后 R²	0.060
学校品牌	−0.018	F	10.448***

注：* p<0.05，** p<0.01，*** p<0.001；n=1938。

（二）学校治理策略子维度变化对组织政治感知的影响

表 3-6 以学校治理策略的三个子维度为自变量、以组织政治感知为因变量进行回归分析。研究发现，举办者、经营战略、课程和教学的变化对教师的组织政治感知均具有显著正向影响。其中，课程和教学变化对组织政治感知的影响最大（β = 0.223，$p<0.001$），经营战略调整的影响次之（β = 0.211，$p<0.001$），举办者变更对教师组织政治感知的影响较小（β = 0.165，$p<0.001$）。简言之，举办者、经营战略、课程和教学的变化越大，教师的组织政治感知越强。

表 3-6 学校治理策略子维度变化对组织政治感知的影响

维度	组织政治感知	维度	组织政治感知
举办者变更	0.165***	R²	0.066
经营战略调整	0.211***	调整后 R²	0.060
课程和教学变化	0.223***	F	10.448***

注：* 代表<0.05，** 代表<0.01，*** 代表<0.001；n=1938。

（三）学校治理策略变化对组织政治感知各子维度的影响

表 3-7 进一步分析了学校治理策略变化对组织政治感知的 4 个子维度的影响。回归分析表明，学校治理策略变化对组织政治感知的 4 个子维度均有显著正向影响，即学校治理策略变化越大，教师对这 4 个维度组织政治感知越强。此外，通过模型拟合优度的比较发现，学

校治理策略变化对行政管理行为（$R^2=0.056$，调整后 $R^2=0.049$）、政策与实务差距（$R^2=0.054$，调整后 $R^2=0.047$）和小团体行为（$R^2=0.043$，调整后 $R^2=0.035$）的模型解释力较高，而对上级行为（$R^2=0.018$，调整后 $R^2=0.010$）的解释力最低。所有子维度的 F 检验结果（2.318~7.596）均显著，这表明治理策略变化对组织政治感知各子维度具有统计显著性影响。

表 3-7　学校治理策略变化对组织政治感知子维度的影响

维度	行政管理行为	政策与实务差距	上级行为	小团体行为
治理策略变化	0.198 ***	0.183 ***	0.064 **	0.116 ***
R^2	0.056	0.054	0.018	0.043
调整后 R^2	0.049	0.047	0.010	0.035
F	7.596 ***	7.351 ***	2.318 **	5.724 ***

注：* $p<0.05$，** $p<0.01$，*** $p<0.001$；n=1938。

（四）学校治理策略各子维度变化对组织政治感知各子维度的影响

学校治理策略各子维度变化对组织政治感知各子维度的回归分析显示（见表 3-8），F 检验结果均显著，表明模型均有效。学校治理策略各子维度的变化对组织政治感知各子维度的影响情况各不相同。

举办者变更对组织政治感知的各子维度都具有显著正向影响，其中，对政策与实务差距感知的影响最大（$\beta=0.136$，$p<0.001$），对小团体行为感知（$\beta=0.122$，$p<0.001$）和行政管理行为感知（$\beta=0.115$，$p<0.001$）的影响次之，对上级行为感知的影响最小（$\beta=0.104$，$p<0.001$）。经营战略调整对行政管理行为感知、政策与实务差距感知、小团体行为感知具有显著正向影响，对上级行为感知的影响不显著。其中，经营战略调整对行政管理行为感知（$\beta=0.202$，$p<0.001$）和政策与实务差距感知（$\beta=0.179$，$p<0.001$）的影响较大，对小团体行为感知的影响较小（$\beta=0.065$，$p<0.05$）。课程和教

学变化的回归结果与经营战略调整的回归结果相似，皆为对行政管理行为感知、政策与实务差距感知、小团体行为感知具有显著正向影响，对上级行为感知的影响不显著。其中，课程和教学变化对行政管理行为感知（$\beta = 0.198$，$p < 0.001$）和政策与实务差距感知的（$\beta = 0.179$，$p < 0.001$）影响较大，对小团体行为感知的影响较小（$\beta = 0.155$，$p < 0.001$）。

表 3-8　学校治理策略子维度变化对组织政治感知子维度的影响

维度	行政管理行为	政策与实务差距	上级行为	小团体行为
举办者变更	0.115 ***	0.136 ***	0.104 ***	0.122 ***
经营战略调整	0.202 ***	0.179 ***	0.055	0.065 *
课程和教学变化	0.198 ***	0.179 ***	0.044	0.155 ***
R^2	0.056	0.054	0.018	0.043
调整后 R^2	0.049	0.047	0.010	0.035
F	7.596 ***	7.351 ***	2.318 **	5.724 ***

注：* 代表<0.05，** 代表<0.01，*** 代表<0.001；n=1938。

三　量化分析启示

本章分析的学校治理策略变化包括 3 个维度：举办者变更、经营战略调整及课程和教学变化；教师的组织政治感知包括 4 个子维度：行政管理行为感知、政策与实务差距感知、上级行为感知和小团体行为感知。笔者通过对教师问卷和校长问卷的数据匹配后进行的多元线性回归分析，验证了本书的第一个假设，即民办中小学治理策略变化显著影响教师的组织政治感知，治理策略的变化越大，教师的组织政治感知越明显。对因变量和自变量各子维度回归的结果显示，学校治理策略及其各子维度的变化对组织政治感知及其各子维度的影响情况不同，具体情况如下。

第一，学校治理策略的变化越大，教师组织政治感知越强。学校治理策略 3 个子维度的变化对组织政治感知有显著的影响。其中，课程和教学的变化以及经营战略的调整相较举办者的变更，对教师组织政治感知的影响更为显著。这主要是因为课程和教学内容的变化直接影响教师的教学活动，学校的经营战略直接关系教师的日常工作环境。

第二，学校治理策略变化显著正向影响教师的组织政治感知的 4 个子维度。

首先，学校治理策略变化对教师行政管理行为感知的影响最大。行政管理行为的政治感知是指组织成员对以自我服务的方式获得有价值产出的政治行为的感知（孙汉银，2003），包括在学校制度执行不力或缺乏明确政策指导的情况下发生的政治行为。治理策略变化可能导致组织架构和政策的不确定性，教师可能会对其他人为应对这些不确定因素所采取的行为变化而产生敏感的政治感知。

其次，学校治理策略变化显著正向影响教师对政策与实务差距的感知，在所有组织政治感知子维度中排名第二。政策与实务差距感知涉及组织在实际运作中与既定政策不符的行为。本书研究显示，经营战略调整、举办者变更、课程和教学变化均对教师的政策与实务差距感知具有显著正向影响。这是因为，当学校治理策略发生变化时，尤其在经营战略、课程和教学方面发生变化时，教师对于学校政策与其实际运作之间的差异有更敏锐的感知。

再次，学校治理策略变化显著正向影响教师的小团体行为感知。小团体行为感知涉及对同事之间或派系之间以实现自我利益最大化为目的的利益交换行为的感知。在学校环境中，这种小团体通常体现为教研组或年级组。例如，课程和教学的显著变化可能加剧小团体内部为追求自身利益而采取的行为，从而增强教师对这些行为的政治感知。教师可能更敏感地察觉到小团体内部成员为适应课程和教学变化而进行的利益协商和行为调整，这些行为通常是为了增加个人或小团体的利益。

最后，学校治理策略变化显著正向影响教师的上级行为感知，但相对较小。上级行为感知是指教师对领导运用权力在资源分配过程中的利己行为的政治感知。教师的直线上级在职位上相对稳定，不会因学校管理层的变动（管理策略或举办者的更替）而频繁发生改变，因此，虽然教师可以敏锐地察觉到上级在这种治理策略变化中可能的自利行为，但由于这些行为通常发生在组织高层，与教师日常工作的直接接触相对较少，对教师的日常工作和职业发展的直接影响有限。

第三，综合来看，学校治理策略变化各子维度中除了学校的经营战略调整以及课程和教学变化对教师的上级行为感知没有显著影响，其他子维度均显著正向影响组织政治感知各子维度。

首先，举办者变更对教师的政策与实务差距感知的影响最大，次者是对小团体行为感知的影响。学校的举办者发生变更可能带来新的经营目标和教育政策方向，这种调整可能与教师过去的经验和期望不一致，如果教师对管理政策的感知未能同步变更，就不能充分理解新的管理政策，进而会增强他们对政策与实务不匹配的感知。

其次，经营战略调整对行政管理行为感知的影响最大，次者是对政策与实务差距感知的影响。经营战略调整通常涉及资源分配、管理层决策方式以及监管措施的变化。例如，教学质量的评估标准会发生变化，教学过程的监管可能会更严格，或监管人员发生改变，教学目标发生变化，经营目标可能会更强调绩效等，这些会直接影响教师的行政管理行为感知。教师可能感到管理层的行政要求更加严苛、指导更加具体，或行政管理模式发生了变化，从而对管理的效能产生怀疑。

最后，课程和教学变化对行政管理行为感知的影响最大，对政策与实务差距感知的影响次之。同时，对小团体行为感知的影响也不容忽视。课程和教学变化可能涉及教材更新、课程设置调整或教学方法改变，同时与教学目标设定、教学考核息息相关。这些变化会显著影响教师的实际教学操作，使其直接感受到组织内部各种形态的组织政治行为。

本节统计分析的结果验证了学校治理策略变化对教师组织政治感知的影响情况，但针对此类影响究竟是如何发生的，上述对结论的解读还停留在假设层面，缺乏实证支持。为了揭示这一影响机制"黑箱"，本书引入微观政治主体利益视角，通过质性访谈，深入分析学校治理策略通过影响教师利益激发其组织政治感知的内在影响路径。

第三节　微观政治视角下学校治理策略变化
与教师组织政治感知

上一节通过量化分析方法验证了学校治理策略变化显著正向影响教师的组织政治感知。然而，量化分析结果尚未揭示学校治理策略变化影响教师组织政治感知的详细过程。因此，本节将引入微观政治主体利益的视角，采用半结构化访谈方式，揭示治理策略变化对组织政治感知的影响路径，即学校治理策略变化如何影响教师的直接利益，进而驱动他们产生对组织政治环境变化的感知。

一　学校微观政治环境及其变化

本书采用目的性强度抽样方法，选择具有较高信息密度和强度的个案进行深入研究。参与深度访谈的6位教师来自同一所学校，该学校在本书中具有典型的分析价值，能够清晰地展示学校治理策略变化的过程及其引发的一系列连锁反应，增强教师的组织政治感知，最终导致教师产生离职意愿。

（一）A校情况和政策环境变化

被访学校为位于中国东部沿海地区B市的一所民办学校。B市共有 350 万人口，2023 年全市生产总值约 4015 亿元，全国排名前 50。全市义务教育中小学 214 所，专职教师 1.79 万人，义务教育入学完成率 100%。

A 校成立于 2017 年，是一所涵盖幼儿园、小学、初中及高中 K12 的一体化民办学校。在校生人数由 2021 年的 800 人增至 2022 年的 1200 人、2023 年的 1500 人和 2024 年的 1900 人。截至 2024 年 6 月教职工人数共有 310 人。该校倡导以全球协同发展为目标，培养适应全球发展的精英领袖型人才，适度参考或者引用海外其他国家的课程、活动及教学方式。学校试图建立双语国际化学校，参考 IB① 教学理念，采用全球化教学方法。其中，幼儿园采用蒙台梭利课程②，小学阶段借鉴 IPC 课程③，初高中国际部分借鉴英国 A-Level 课程④。经过美国 Cognia⑤ 全球国际学校认证、A-Level 课程中心认证和 AP⑥ 课程中心认证。国际课程部分教师的学历较高，70% 为硕士、10% 为博士、70% 为海归人士。国内课程部分聘用知名教师和名校毕业的具有丰富教学经验的学科教师。

A 校原由某大学教育集团与当地地产企业合资持有，该大学教育

① IB（International Baccalaureate Diploma Program，国际预科证书课程）是由国际文凭组织（IBO）为全球学生设计的课程。该课程旨在为 3~19 岁的学生提供智力、情感、个人发展、社会技能等方面的教育。

② 由蒙台梭利女士开发，倡导学校为儿童设计量身定做专属环境等，是一种幼儿园课程体系。

③ IPC（International Primary Curriculum，国际小学课程）是专门为 5~12 岁的学生设计的面向全世界小学生的国际化课程体系。

④ A-Level（General Certificate of Education Advanced Level）课程是英国高中课程，这一课程是英国全民课程体系的一部分，旨在为英国学生提供进入大学的途径。

⑤ Cognia 是全球最大的非营利性国际学校权威认证机构。

⑥ AP（Advanced Placement，美国大学先修课程）是由美国大学理事会（The College Board）在高中阶段开设的具有大学水平的课程。

集团主导经营，在全国乃至世界范围内招生，生源不受户籍和学习背景的限制。2020 年前，招生范围不受限制，在国内也可招收来自上海、杭州、苏州等地的学生。2020 年后，受招生政策限制，在国内只允许招收本地生源。

在课程与教材选用方面，2020 年前学校允许甚至要求教师自选教材，使用国外教材或自主编写教材，并与外教共同教学，外文教材集中选用剑桥大学出版社、Holder 出版社等出版的英文教材，或由培生出版社出版的科学类教材。教师具有开放自主意识，主动参照中外教学资源类网站（例如 twinkl）编写课程学案和教材。这种高自由度的教学方式，不仅吸引了公办学校的优质教师资源，还提升了教学的多样性和灵活性。此外，学校非常重视教师能力的提升，例如举办全国国际课程教学比赛以及培养学生的综合素质，投资教师举办的英文戏剧节，资助学生参加各类英语竞赛，并组织丰富的课外活动，促进学生在学术之外的全面发展。

在宏观政策调整和举办者变更的双重影响下，学校发展的政策环境发生了一系列变化，包括招生、教材等领域。首先，学校招生范围被调整。2019 年，教育部办公厅发布了《教育部办公厅关于做好2019 年普通中小学招生入学工作的通知》（以下简称《招生通知》），规定民办学校只能进行本地招生。在此政策背景下，B 市教育主管部门进行民办学校调研，严格控制民办学校招生，只拨 5% 的招生指标，同时结合省内其他城市招生指标，指定本市民办幼儿园、中小学只允许本区内招生，高中指定区域可以按照申报指标进行招生。《招生通知》将民办学校招生纳入教育部管理。《招生通知》第二条规定："全面落实义务教育免试就近入学规定。"按照"学校划片招生、生源就近入学"的总体目标，根据县域内适龄学生人数、学校分布、学校规模、交通状况等因素，为每所义务教育学校科学划定服务片区范围，确保义务教育免试就近入学政策全覆盖，这一通知限定了学校的招生范围。

其次，学校教材使用被规制。2021 年，国务院发布了《中华人民共和国民办教育促进法实施条例》（以下简称《促进条例》），对民办学校教材的使用进行了限制。《促进条例》第三章第二十九条规定："实施普通高中教育、义务教育的民办学校可以基于国家课程标准自主开设有特色的课程，实施教育教学创新，自主设置的课程应当报主管教育行政部门备案。实施义务教育的民办学校不得使用境外教材。"该条例明确了民办学校在教材使用方面的规定，禁止义务教育阶段的民办学校使用境外教材。A 校所在市教育局采取突击检查、勒令改正等举措，全面限制境外教材、未批准教材进入校园。

（二）A 校治理策略的变化

在上述政策背景之下，2020 年，随着举办者结构的重大变化，A 校的治理策略也发生了显著变化。

1. 举办者结构变化

变更前，某大学教育集团出资 30%，某房地产公司出资 50%，本地某公司出资 20%。变更后，A 校成立两家公司，一家为资产公司，掌握学校土地和固定资产，以房租为收入；另一家为管理公司，具体负责学校运营，以管理分红为收入。其中，资产公司 50% 的股份由上述房地产公司持有，50% 的股份由某新进教育公司持有；管理公司 30% 的股份由房地产公司所有，70% 的股份由新进教育公司持有。

由于引入了新投资方，原房地产公司持股比例进行了调整，原大学教育集团按照国家政策要求退出了学校的投资与管理。举办者变更对教师的直接影响较小，但新举办者在大的政策背景下大跨步地改变了学校的治理策略，具体表现在经营战略、课程和教学以及工作环境方面。表 3-9 对三个方面的变化进行了总结。

表 3-9 A 校治理策略变化前后对比

治理策略	子维度	治理策略变化前	治理策略变化后	数据来源
举办者	学校股权	某大学教育集团及某房地产公司	原房地产公司及新进教育公司	董事长访谈
经营战略	招生策略	全国乃至世界范围内招生	本地区招生	教育部网站
	办学理念	国际化学校	双轨制办学	学校网址
	薪资结构	基础课时费及奖金	基础月薪、月度课时费和年终绩效奖金	董事长访谈
	绩效考核标准	不清晰,教师基本都可以获得奖金	与教师个人表现(家长对教师的满意度)及学部整体表现(学部招生率和盈利水平)挂钩,需要教师与学部整体共同努力才能获得奖金	董事长访谈
	管理策略	宽松,不控制运营成本	以营利为导向,收回了审批权限,以降本增效	董事长访谈 2021 年学校评估报告
课程和教学	课程和教材	国际课程,教师自主选择或编写教材	国内课程和教材	教师访谈 家长访谈 学校课程表
	教学	国际化教学	双轨教学	教师访谈 家长访谈
宏观政策环境		没有对民办学校明确的招生限定 未明确规定民办学校的教材使用	2019 年出台了《招生通知》,限定了招生范围 2021 年出台了《促进条例》,规定了教材的使用范围	教育部办公厅 国务院
工作环境	岗位稳定性	教师工作岗位稳定	教师岗位不稳定	教师访谈
	人际关系	人际关系稳定简单	人际关系复杂;新校长带来了新教师,与校长之间形成小团体	教师访谈
	上下级关系	教师与校长关系简单、稳定	校长管理能力和风格参差不齐;小学校长被20名教师联名要求请辞;有的教师认为校长任人唯亲	教师访谈
	教师与家长关系	学校的办学理念与家长要求的一致	家长对教学方向与质量表示担忧	家长访谈

续表

治理策略	子维度	治理策略变化前	治理策略变化后	数据来源
工作环境	教师职业发展	校长负责晋升和调薪,教师认为晋升和调薪的机会相等	学校不负责教师的晋升,教师认为晋升机会减少	教师访谈

2. 经营战略调整

A 校的经营战略发生较大的调整,包括招生策略、办学理念、管理策略、薪资结构与绩效考核标准。

(1) 招生策略的调整导致办学理念的变化

随着《招生通知》发布,2019 年,学校的招生范围从原来全国乃至世界范围招生被限定为本地区招生,招生规模大大缩小。新举办者接管学校以后,为了最大限度地招收本地生源并增加学校收入,2021 年调整了办学理念,主要采用双轨制办学以提高学校的招生率,将学校从对标全国顶尖国际化学校转变为对标国内高考名校。

董事长 M01 在访谈中表示,"为了适应政策要求、学校发展,只有双轨制学校才是民办学校的出路,国际出口要抓,高考出口更要抓"。相应地,学校的办学理念标语转变为"适合的教育就是好的教育"。

笔者在与教师进行深入访谈过程中了解到,教师对新的办学理念并不认可,同时还需应对来自家长的压力,因而感到不满。

T02 教师表示:"我是为了提升我的(英语)专业能力来的,认为国际学校更开放,现在还不如之前的公办学校的支持大。"

与家长的沟通也印证了这一点,"未来我的孩子是准备送出国的,现在开始教这么多公立学校的内容,私立学校的意义在哪里呢?"

(2) 管理策略的调整

新举办者上任后,从 2021 年开始对部分管理流程进行调整,特别是与学校运营支出相关的流程，发布了一系列管理制度，例如预算管理制度、固定资产采购制度等。调整的目的是规范学校资金使用，减少不必要的开支，实现降本增效。例如，即便学校有修理工，原有的维修都是外包，现在通过制度管理和决策会议，尽可能降低外包成本（MO1 访谈）。

在与董事长的访谈中，她谈到理事会收回了学校经营的大部分审批权限，所有高于 2000 元的费用支出都需要经过她的审批，董事长表示，"我为什么要这么做呢？不是因为钱的问题，是要让每一个人花钱之前都要想一想是否应该花，是否有其他替代方案"。

同时，减少不必要的开支，现在 A 校对一些学生活动或教师活动进行严格审查，评估其举办的必要性。

（3）薪资结构与绩效考核标准调整

为了提升员工工作积极性，增强教师对学校的归属感，2021 年新举办者决定对薪资结构与绩效考核标准进行调整。

> 现有的薪资是"一刀切"薪资结构，大家挣得都一样，我要让学校竞争起来，多劳多得。（MO1）

变更前，教师的薪资由基础课时费和奖金组成，基础课时费相对较高。奖金部分的绩效考核标准模糊，没有清晰定义，因此教师基本都能获得这部分奖金。这导致教师普遍认为，奖金是其薪资的组成部分之一，并没有起到激励作用。

变更后参考学校薪资制度，新的薪资结构分为三部分，包括基础月薪、月度课时费和年终绩效奖金。相较于原基础课时费，新结构的基础月薪有所降低。年终绩效奖金每年 9 月发放，绩效奖金与教师个人表现（家长对教师的满意度）及学部整体表现（学部招生率和盈利水平）挂钩。

在与董事长访谈中了解到，实施"新的薪资结构之后，实际的人力投入比之前增加了近20%"，学校的薪资支出比原来高，因此教师的平均薪资有所提升。然而，因为新的绩效考核标准有清晰明确的计算公式，部分教师由于自身或学部的表现不佳，没有获得年终绩效奖金。高中部的教师由于教学方法得到家长的认可，且学部的盈利状况良好，每年的绩效奖金都能按时足额发放。通过对教师访谈发现，教师认为新方案复杂且目标难以达成，每月薪资波动较大，导致产生不满情绪和适应困难。

> 阳光合同相对来说每个月薪资可以高一点，然后人资跟我换完合同以后马上就不作数了，说这个不可以的，为什么？因为没有在全学部推广，要等整个学部推广完了以后才可以实行的，然后一拖就是一年。（T01）

3. 课程和教学调整

在课程和教材方面，为了配合新的办学理念并符合《促进条例》的规定，2021年学校对课程和教材进行了重大调整。第一，国际教学部分的课程大幅减少，主要转向国内课程和教材。第二，应教育局要求教师不能随意选用或自编教材，必须使用统一的教材进行教学。在教学方面，学校从原来的国际化教学模式转变为以高考为目的国内体系和以出国为目的的双轨教学模式。一些家长对学校的教学方向和教育质量感到疑虑，加之校长和教师团队的频繁更换，导致生源流失。

在与教师和家长访谈中发现，教师因失去教材选择权而产生不满情绪，家长则对新的教育理念不认可，对教学方向和质量表示担忧。

例如，T03教师提出，"原先可以采用《国家地理》等参考文献，也可以使用戏剧教学，现在只可以使用教育局规定教材了"。

4. 学校工作环境明显变化

（1）岗位稳定性和晋升机会

如前文所述，新举办者的经营策略更加注重学校的营利性，因此调整了员工的薪资结构和绩效考核标准。新的绩效考核标准不仅清晰，还包括对教师个人表现和整个学部表现的考核。这导致部分教师因未能达到考核要求而主动或被动离职，破坏了原有组织的岗位稳定性。以小学部为例，从 2020 年开始到 2023 年的教师流失率均超过10%，最高年份甚至达到 18%。

与此同时，新举办者也收回了校长对教师晋升的管理权，校长不再负责教师的薪资调整与晋升，教师涨薪审批由董事长领导下的人力部门直接负责，校长只有建议权且其建议可能会以控制整体预算为由被驳回。

从教师的访谈中了解到，大量教师和行政人员离职已经对在职教师产生了影响，导致他们对组织产生了负面的感知。

后来（的老师）我都懒得去加微信了，用企业微信就好了，说不定哪天又离职了。（T05）

（2）学校利益群体间的关系

由于人员流动频繁，学校的三大利益群体——校长、教师、学生及家长——之间的关系变得更加复杂。

首先，校长与教师之间的上下级关系因校长的更替而受到破坏。校长的管理能力和风格参差不齐，教师对校长的行为产生了不同的感知。从与教师的访谈中发现，一些教师认为校长与其带来的新教师形成了小团体，认为新校长"任人唯亲"。另一些教师不满新校长的管理风格，认为过于简单粗暴，导致 20 多位教师联名要求校长请辞，教师 T04 在访谈中提到，

　　（校长刚来）一开始的时候还好，但是她每次开会都说你们干不好就走，说我们老师没有能力。然后上一年考编（的老师）就有五六个，小学一下子搞得人心惶惶。像上一年这个情况，跟小学 L 校长有些矛盾的，走了好多蛮好的老师，理念真是不合。

　　其次，学校内教师之间的人际关系也因人员流动变得更为复杂。一些教师表示，由于人员频繁流动，对人与人之间的交往变得更加消极，甚至不愿意交换私人联系方式（如个人微信）。还有教师认为，新到任的教师与校长之间形成了共同利益体，通过排挤和针对其他教师来获取团体的最大利益。

　　最后，教师与家长之间的关系也因课程和教学转变为国内体制后变得更加紧张。教师在接受访谈时表示，他们感到无奈和压力增加。

　　（三）校内微观政治环境分析

　　本书基于 A 校的上述情况，从微观政治环境权力、目的、意识形态、冲突与合作四个核心要素的角度，来解释学校的微观政治环境。

　　在权力方面，股权变化前某大学教育集团和某房地产公司共同持有学校的股份，某大学教育集团主导经营决策，教师享有较高的自主权，如自选或编写教材。股权变化后，权力结构发生重大变化，上述大学教育集团撤资，房地产公司成为主要举办者，权力集中在非教育背景的举办者手中。校长的权力被削弱，教师的教学自主权降低。

　　在目的方面，股权变化前，学校以育人为目标，重视教师能力提升和学生全面发展，提供双语国际化教育。股权变化后，新举办者更关注营利，改变了学校的教学和招生策略，从国际化教育模式转向双轨制教育模式，目标是提高招生率和改善短期财务表现。频繁更换校长反映了举办者对即时绩效的高度关注。

　　在意识形态方面，学校的教育价值观也发生了重大变化，这种变化与上述目的变化是息息相关的。股权变化前，学校的价值观是

"教育的价值观",追求教学质量和营利的双重目标,以育人为优先目标,倡导自由和开放的教育理念,鼓励教师创新和自主选择教学资源,投资教师举办活动和支持学生参与竞赛。股权变化后,新举办者的价值观是"企业的价值观",以营利性为第一要务,为了提高招生率,推崇应试教育和效率导向的教育模式,忽视了教师的权利与发展,教学质量也有所下降。

在冲突与合作方面,新的经营战略和教学理念引起了多方面的冲突,包括教师对薪资结构、教学自主权和管理风格的不满,以及家长对教育质量和教学方向的担忧。这些冲突导致了教师的工作不满,增强了其离职意愿。

综合来看,A 校的案例展示了由举办者变更引发的一系列学校治理策略调整,包括经营战略、课程和教学的变化。这些变化显著影响了教师的核心利益,如薪资待遇、工作环境和职业发展机会,导致其产生强烈的组织政治感知,这些负面感知进一步引发了教师的离职意愿。这一典型案例清晰地揭示了学校治理策略变化对教师利益和离职意愿的影响,提供了重要的实践启示和典型案例支持。下文将依据对教师的访谈结果进一步分析在上述微观政治环境下学校治理策略和教师组织政治感知的互动关系。

二 学校治理策略变化对教师核心利益及组织政治感知的影响

本书基于微观政治视角考察学校治理策略变化如何影响教师的核心利益,进而导致教师组织政治感知变化。访谈资料反映出教师对学校微观政治环境的表述强调五大核心利益,凸显学校治理策略变化过程中各种利益的动态变化,也展示出教师组织政治感知的变化情况。

通过对典型个案的深入访谈和对数据的详细分析,在轴心编码的基础上,本书识别出 9 个子维度。在此基础上,本节识别出由治理策略变化影响核心利益进而影响组织政治感知的五条路径。本节对这些核心利益的子维度以及影响路径进行逐个分析（见表3-10）。

表3-10 核心利益分析及对组织政治感知的影响

维度	子维度	影响
物质利益	薪资	教师对薪酬、奖金降低感到不满
	学校的资金支持	学校改变资金使用策略
组织利益	工作稳定性	学校影响力下降导致的工作不稳定使教师感到彷徨
		管理层变化带来组织结构调整，工作稳定性受到威胁
社会利益	人际关系	对人际关系的恶化感到不适
	与管理层的关系	校长行为对教师工作产生重要影响
文化-意识形态利益	办学理念冲突	国际化路线和国内路线的办学路线冲突
	企业文化冲突	学校在制定政策时忽视教师的意见
自我利益	认可感	教师对获得家长的认可感到愉悦
	职业自主权和职业自尊	教师不能自选教材，使得教师的教学自主权受损；学校社会地位下降，导致教师职业自尊受损

（一）物质利益

Kelchtermans 和 Vandenberghe（1996）所指的物质利益涉及教师对实际资源的需求，如教学材料、技术设备、教学场所、财政资金等。这些资源直接影响教学活动的质量和效率。A校改制之后，薪资分配制度和学校的资金使用策略都发生了改变，直接影响了教师的物质利益，使得教师直接感受到学校的微观政治行为。在编码的基础上，本书共识别出"物质利益"类别下子节点2个、参考点5个（见表3-11）。

表3-11 物质利益节点分析

父节点	子节点（影响路径）	参考点
物质利益	教师对薪酬、奖金降低感到不满	4
	学校改变资金使用策略	1

1. 教师对薪酬、奖金降低感到不满

4位教师提到由于学校举办者更换，改变了其薪资结构，其实际收入减少。薪资的减少让教师切身感受到了学校行政管理行为的变化，感受到了校长等上级行为的变化，感受到了小团体行为的产生，产生了多元的组织政治感知。

在行政管理行为感知方面，教师们普遍反映了对薪资结构变动的不满。例如，T01提到新校长发布的薪资政策导致了不公平的感受。

> 其实是大的股东（学校举办者，下同）变化了之后，学部的主管校长也发生很大变化。讲得直白一点，就是谁（新校长）带来的老师肯定相对来说薪资会高一点，但是（他们）可能在工作经验上面或者是对这个学校，或者对学部的贡献，我觉得肯定也是不一样的（认为不如自己付出的多）。(T01)

T01提到新校长带来的教师的薪资比原有教师高，暗示学校已经形成了两个阵营，一个阵营是新校长带来的新教师，产生了小团体行为，一个阵营是原来的教师，而"新校长派"的教师比原有教师的薪酬高。

T03和T04强调了薪资结构变动对他们收入的直接影响。

> （我认为）薪资待遇是第一个（排在首位）的。因为（这是）对一个人的肯定，对不对？对私立学校来说，最明显的（观念）就是你值多少钱。学校股东变化之后，我们的工资组成很复杂，反正算下来比以前少了，肯定是不开心的。(T03)

> （我）选择民办学校90%的原因是薪资，公办学校薪资待遇太低了。但是，现在新的薪资结构调整以后，每个月的钱跟以前公办学校差不多了，我还不如不来呢。(T04)

这和范国锋等（2015）强调民办学校通过高福利吸引教师的观点相吻合。教师选择民办学校的一个重要原因在于即时的物质利益较高，这也间接促成了教师的高流动性。T05 表达了对收入减少的不满和对自身价值的怀疑。

> （谈到对薪资待遇的态度时）就是薪资高来工作的，现在我收入跟以前比少了很多，我就觉得学校可能不想要我了啊。（T05）

在小团体行为感知方面，教师可能将学校内部的小团体视为不同的群体或阵营，这些群体在组织内部可能具有不同的权力、地位或者利益。上述观点非常清晰地展现了学校治理策略变化（举办者变更、经营战略变化）如何影响教师的切身利益（薪资），从而促使其深切感受到学校的组织政治行为（包括行政管理行为、小团体行为、上级行为）。

通过与学校董事长的深入访谈发现，举办者或者学校管理层调整薪资结构的主要目的是更好地激励教师提高教学质量，并降低教师的离职率。

> 我是想要通过绩效来鼓励老师们更好地留在学校。我设置了其实是比原先的工资结构要增加的（工资）。从学校层面来看，不仅没有降低整体全员的工资，月度发给老师的薪资比原先还要高了。只不过有些老师会低一些，有些老师会高一些。（M01）

但是，4 名受访教师提到的薪资结构调整导致收入降低的情况与董事长的反馈并不一致。由此可以推断，教师切身物质利益受损时，会产生强烈的组织政治感知，包括行政管理行为感知、小团体行为感知等。同时，这也启示我们，上层治理策略变化的意图或目标如果没有很好地传达给学校的利益群体，将会导致其产生错误的感知，进而采取负面的政治行为。加强沟通将有助于解决这一目标差异或意识形态差异问题。

2. 学校改变资金使用策略，改变对教师再教育的投资方向

校内教师反映学校经营战略调整为追求短期收益和利润最大化的企业经营模式。这一经营战略的实施也让教师感受到行政管理政策的变化。

> （股权变更前）以前校长舍得花钱，请了特级教师，每个学校都有名师工作室，然后恰巧那个时候我是联络员，所以跟导师联系得比较多，然后他（名师）就会跟我讲很多，怎么把这个课上好，包括他自己也会来上一些示范课。我当时觉得原来这个学科怎么把它教好，是件很有趣的事情，我也愿意花时间去琢磨教学的事，对自己也有好处嘛。现在肯定不会啦，新领导怎么会花钱给我们做这种事哦。（T01）

从与新董事长的访谈中了解到，她并不认同原先学校的资金使用方式，因此对学校管理流程进行了调整。此外，她在访谈中还提及 A 校的经营战略已调整为主要以营利为目的的企业经营模式。

> 原先的这个股东，他们在选择供应商方面吧，就是（本着）能花钱的绝对不省钱，能省钱的也绝对要花钱（的原则）。所以要调整管理流程，所有高于 2000 元的审批权限，新的股东董事长直接收回自己经营管理。（M01）

综合以上访谈内容可以看出，学校经营战略的调整如管理流程的调整不仅影响了教师的工作环境，还减少了对教师能力提升的投入。

这是因为，对于管理者而言，提升教师人力资本投入的收益具有滞后性，不会给投资方带来直接的收入与利润。因此，教师的物质利益直接受到了损害，导致其对行政管理行为产生了负面感知。

（二）组织利益

组织利益包括教师在学校内的角色、职位和职业安全。受访教师认为，A 校在办学目标、办学理念、课程和教学等方面的改变，使得学生的成绩下滑，从而对学校的声誉和影响力产生负面影响，进而影响了教师的职业安全，引发了教师对于学校内部行政管理行为等多种组织政治感知。在编码的基础上，本书识别出"组织利益"类别下子节点 1 个即工作稳定性，参考点共 4 个（见表 3-12）。

表 3-12　组织利益节点分析

父节点	子节点（影响路径）	参考点
组织利益	学校影响力下降及组织结构变化导致工作不稳定	4

教师认为，因为课程调整，学生成绩下降，影响学校招生，自己的工作稳定性也受到影响，因而对学校行政管理产生不满情绪。

> （谈到为什么离开公办学校）当时我出来是因为（学校一般）。（我认为）比如说一线城市，或者说国外的民办学校，一般来说都是比较靠前的优质民办学校。我也是抱着这个想法，所以离开了当时我们公办的窗口学校。如果学校招生都有困难了，那肯定对我们有影响。没有学生了，那就不需要那么多老师了啊，我们不就失业了嘛。（T02）

> （股权变更后，课程和教学调整了）我们现在不可能是那种靠成绩去"打牌"的学校了，然后我们的理念就是收那种成绩中等或者是中等偏下的孩子，因为校长知道好学生肯定是收不到

的。再这么下去，我们估计都自身难保了。（T03）

两位教师提及管理层变化带来组织结构调整，自己的工作稳定性受到威胁。

> 因为新校长来了之后，学校的教职工陆陆续续走了很多人，然后大部分是赔款走人的，所以对我，或者对其他老师来讲，还是不是很稳定的。（T03）
>
> 新股东来了以后，（因为大家能在职多长时间不确定）所以后来（的老师）我都懒得去加微信了，用企业微信就好了，说不定哪天又离职了。（T05）

综合以上访谈可以发现，两位教师通过学生成绩下降和招生困难等现实情况，推断出自己在组织内的职位不稳定，并感受到其组织利益即将受损，其将这一现象归因于课程调整。同时，还有教师目睹了许多教职工被动离职，尤其是在新校长上任后，教职工陆续离职。这种工作不稳定性使教师感到不安，不再愿意通过私人微信联系，而改用企业微信。学校治理策略的调整显著影响了教师的工作环境和工作稳定性，导致教师感受到组织利益受损，进而产生多维度的组织政治感知。

（三）社会利益

社会利益或称社交利益指的是教师在学校内外建立和维护人际关系的需求。治理策略的改变（如学校的经营战略的调整，带来了新的管理层，从而影响同事之间的关系和工作氛围）造成教师社会利益受损，最终影响教师的组织政治感知。在编码的基础上，本书共识别出"社会利益"类别下子节点 2 个、参考点 4 个（见表 3-13）。

表 3-13　社会利益节点分析

父节点	子节点(影响路径)	参考点
社会利益	对人际关系的恶化感到不适	1
	校长的行为对教师工作产生重要影响	3

1. 对人际关系的恶化感到不适

有教师表示，新的管理层带来了新的政策与管理风格，造成同事之间人际关系的恶化，认为新管理层形成的小团体存在个人偏见。

（在谈到新管理层时）对，（新来的校长）给我带来比较大的一个压力，因为我去年感觉是被明显针对的。（T01）

从该教师的表述中可以看出，她感到自身受到针对，并由此推断组织内部已经形成了新的"派系"，即新管理层及其带来的教师团体。由于这些团体与原有教师团体之间的意识形态或目的不同，该教师感受到新团体为了争取其利益最大化，采取了排挤原有教师团体的手段。这使得教师感受到其社会利益受损，进而产生多维度组织政治感知。

2. 校长的行为对教师工作产生重要影响

3 位受访教师表示，由于学校治理策略变化，新校长上任，新校长的管理风格和行为对其日常工作产生了非常重要的影响，这使其产生了对上级行为的排斥或不满。

（对新校长的评价）如果说大家都对领导排斥，我觉得还搞得好事情吗？（T03）

她永远不会得罪人，她永远不会去做一些事情，温文尔雅的。当然也提不出学校的发展意见和建议，就是温水一样。但是如果像这样的，在我们这种民办学校里面，我觉得不是很适合，因为她不能带来一些新的东西，也想不出怎么样把这个学校带得更好一些。所以我只能说她是一个好校长，好人校长。（T04）

新的校长来了之后，她的资源分配不平等，管理方式方法大家都不认可，这种方式方法也不是任人唯亲，她没有亲信，就是"朝令夕改"。（T06）

这与前文关于校长作为学校的重要代表、校长与教师间的关系作为微观政治互动关系是学校微观政治最重要的一个环节相印证。同时，校长的不同领导风格会对学校文化建设起到决定性作用。

通过对上述参考点的分析可以看出人际关系的恶化使得教师清晰感受到了上级行为、行政管理行为、政策与实务差距以及小团体行为。首先，在上级行为感知方面，T03、T04、T06 都提到了对新校长的行为和管理风格不满。T03 提到"大家都对领导排斥"，暗示了他对新校长的领导方式存在排斥感。其次，在行政管理行为感知方面，T06 提到新校长"资源分配不平等，管理方式方法大家都不认可""朝令夕改"，说明该名教师已强烈感知到了学校的行政管理行为，认为新校长在行政管理上的做法不公平，管理方式变动频繁，给教师带来了困扰，使教师产生了不满。再次，在政策与实务差距感知方面，T04 提到新校长像"温水一样""提不出学校的发展意见和建议"，他认为校长没有能力或意愿引入新的理念和方法，这体现了教师对校长的政策执行能力和实际效果产生了怀疑。最后，在小团体行为感知方面，T03、T04 和 T06 的发言体现了对新校长基本相同的反应和态度，并可能在教师中形成了一种共识或共同的感知。

（四）文化-意识形态利益

文化-意识形态利益指的是教师支持和维护的教学理念、价值观和学校文化。通过深入的访谈得知，治理策略变化（举办者变更）导致校长更替以及办学理念和企业文化调整，造成学校的政策执行不力，以及新到任校长的行为影响了教师的工作环境，从而损害教师的文化-意识形态利益，最终导致教师产生组织政治感知。在编码的基础上，本书共识别出"文化-意识形态利益"类别下子节点2个、参考点2个（见表3-14）。

表 3-14　文化-意识形态利益节点分析

父节点	子节点（影响路径）	参考点
文化-意识形态利益	国际化路线和国内路线的办学路线冲突	1
	学校在制定政策时忽视教师的意见	1

1. 国际化路线和国内路线的办学路线冲突

一位教师提到，股权变更后改变了办学理念，学校从国际化办学变为双轨制办学，教师对当前办学理念不认同，体现了教师的政策与实务差距感知。学生和家长不认可这种办学路线，学生成绩也有所下滑。这反映了其对学校教育理念的不认可，同时其也感受到了教育实际操作与宣传之间的差距。

> 现在我们这些课程完全走国内体制，学生要适应，成绩也下来了。关键是什么呢？家长也不认可啊。明明走的是国际学校的路线，现在变成所谓的双轨制，实际还是国内体制。有时候，我们也会自己给学生补补课，学习一下国际体系。（T03）

与此同时，家长也对当前教育理念表示担忧，希望学校能更国际化。

> 既然是国际学校那就希望与世界接轨，不要本土化、本省

化、本地化。(P01)

教师的教学理念与学校的办学理念产生了较大的分歧，同时，家长提到"既然是国际学校那就希望与世界接轨"，明确表达了对学校政策的不满，这对教师造成了极大的压力。这些变化损害了教师的文化-意识形态利益，进而使他们产生了政策与实务差距感知。

由此可见，学校在调整办学理念时，需要平衡国际化和本土化的需求。应以循序渐进的方式进行调整，使教师和家长逐步适应，以避免损害他们的利益，从而维护学校的声誉。

2. 学校在制定政策时忽视教师的意见

值得注意的是，T04除了提出学校颁布的一些新政策未得到实际执行，还提到学校在制定政策时，不会听取教师的建议，这体现出教师对于学校当前治理文化的不认同。A校在改制之前，管理风格较为开放，而根据T04的描述，当前的治理文化更多地体现出闭塞性文化和低信任文化的特点。这种文化强调领导者的权威性和权力，由少数高层管理者或权威人士做出决策，而不是集体智慧或共同决策，基层员工的意见往往被忽视或轻视。

> 学校颁布的一些新政，我们是有想法的，你看实际也没有执行啊。在我们（对新发布的政策）提出一些建议的时候，你还不听的情况下，我还留在这里干什么，我肯定是想走。(T04)

在学校组织环境中，校长作为管理者，不仅负责学校的运营，还承担对教师的管理职责。然而，由于学校的特殊性，教师除了教学任务外，还需要管理学生，这在某种程度上也赋予了他们管理者的角色，因此，教师对学校制定策略时忽视自己的意见感到不满，其既不认可新的政策，也感到自身职业身份受到伤害，从而产生多维度的组织政治感知。

（五）自我利益

教师的自我利益指的是教师的职业身份和自我形象，如他们对自己作为教师的看法以及他们希望如何被别人看待。如得到家长的认可，教师会产生个人的成就感，这会在很大程度上影响教师的职业选择。此外，A 校改制后对课程和教学进行了变革，由教师自选或编写教材变为指定教材，这种变化使得教师感到教学自主权被削弱，身为教师的职业管辖权和自尊受到冒犯。在编码的基础上，本书共识别出"自我利益"类别下子节点 2 个、参考点 6 个（见表 3-15）。

表 3-15　自我利益节点分析

父节点	子节点（影响路径）	参考点
自我利益	教师对获得家长的认可感到愉悦	3
	教师不能自选教材，使得教师的教学自主权受损；学校社会地位下降，导致教师职业自尊受损	3

1. 教师对获得家长的认可感到愉悦

3 位受访教师表示，因学生取得优异成绩而获得家长的认可会感到愉悦，但是由于课程和教学发生改变，学生成绩下降，家长不满，进而引起其对学校行政管理行为的负面感知。

　　比如说我在做教学的时候，我把这个学生的成绩提上去了，真是做到家长满意了，那么家长是会反馈给领导和学校，或者是再帮我们做一个宣传的。这样我也很有成就感。但是现在都照本宣科，完全是应试教育，已经有家长向我们反映了，但是我又不能改变什么。（T01）

　　论文课题研究得再成功，但是你教出来的成绩家长都不满意，其实还是得不到这个集团的认可的，所以，学生成绩还是第

一位的，学生成绩上去了，家长也开心，我们也开心啊。（T02）

（学生有好的成绩）家长对我们的评价才改变，我觉得教育的价值是最大的，对不对？（T06）

以上三位教师虽然都将教学视为职业成就的重要指标，但是在教学自主权争取上的观点有很大不同，有人表示无能为力，有人尽可能争取。从以上教师的访谈中可以了解到，教师将学生成绩视为对自我身份认同和自我形象的一个重要且几乎是唯一的量化评判标准。任何外在因素，例如课程和教学的调整，导致学生成绩下降，都会显著损害教师的自我利益，从而引发他们较强的组织政治感知。

2. 教师不能自选教材，使得教师的教学自主权受损；学校社会地位下降，导致教师职业自尊受损

3 位受访教师表示由于教学和课程的改变，不再允许教师自选教材而是统一使用教育局下发的教材，限定了其选择教材的自由，上级主管部门要监管教材的使用情况，这让教师深刻感受到了被限制，这是行政管理行为感知的典型表现。

（股权变更之前）学校没有固定的教材，我以前想用的那些教材都可以拿出来使用，所以这一年我们学生基础打得非常扎实。但是，现在（教材）全部都规定死了，跟以前在公办学校一样，上面天天还派人下来监管，反正挺没意思的。（T02）

我们刚建校第一年自主性非常强，学校没有固定的教材，我们还有特色课程，再加上学校又花大量的精力和财力，花了四十几万元投资了两部剧，小学一部，初中一部，相当于办了一个戏剧节，所以英语的浸润其实是比较好的。现在，学校的走向变了，不重视英文了，也不敢不使用教育局下发的教材，必须应付检查。所以，英语的优势也没有了。（T03）

　　（股权变更前）小学英语是完全采用自己的教材的，我觉得挺好的，真的挺好的，每一个月都有一个英语绘本能够读。现在虽然我们也是双语学校，但是我们的小学跟初中绝对走国内的这一条线，绝对是比公办还要公办的模式。到了初高中还是以国家课程为主，我们虽然叫双轨制、双通道，但是这个特色课程可能比较匮乏。（T05）

　　限定教师对教材的选择，触碰了教师的职业管辖权。"职业管辖权"包括两个方面的内容：第一，对该职业工作进行的专业问题的"诊断""治疗"和推理等工作环节；第二，根据这些工作环节，选择适应的专业知识与工具。教师应根据学生的表现和反馈，诊断学生学习上的问题，并通过制订合适的教学计划、教学方法，选择对应的教材，以解决学生的这些问题。教师没有了选择课程和教材的权利，就失去了解决教学问题的工具选择权。这不仅会对教学效果产生负面影响，还会阻碍教师的职业发展。

三　质性研究启示

　　本章的质性分析，通过对教师的深度访谈，发现学校处于微观政治环境中，学校治理策略的变化通过影响教师的核心利益——物质利益、组织利益、社会利益、文化-意识形态利益以及自我利益——影响教师的组织政治感知。当教师的这些利益受到威胁时，教师的组织政治感知加剧，表现为对组织内部政治行为的高度警觉、对管理者的不信任和对学校治理策略的批评。

　　案例分析显示，学校治理策略的变化包括举办者的变更、经营战略的调整以及课程和教学的变化。案例学校举办者的变更导致学校管理者的更替，引发了领导风格、办学理念、企业文化以及团队氛围和工作环境的变化。经营战略的调整会对企业文化和办学理念产生影响，进而影响同事之间的关系和工作氛围。课程和教学的变化最先影响教学相关资料或教学设施资源的分配，包括教材的选用和教学方法的变更等，进而影响学生成绩及家长对教师的评价，这些变化与教师的物资利益、组织利益、社会利益、文化-意识形态利益以及自我利益发生了冲突，使得教师清晰地感知到学校行政管理中资源分配、薪资结构、监管等方面的变化，感受到学校的政策与实务差距，产生"不公平"、无规则感的感知，也感受到新校长等上级的领导风格及创新精神与教师期待之间的差距，以及学校里出现的"新教师"和"老教师"之间小团体的对立和不平等，这些感知都是教师组织政治感知的明确体现。

综上所述，通过对6位教师的深入访谈，研究发现教师的五大核心利益在学校治理策略变化对教师组织政治感知的影响中发挥着重要的中介作用（见图3-2）。

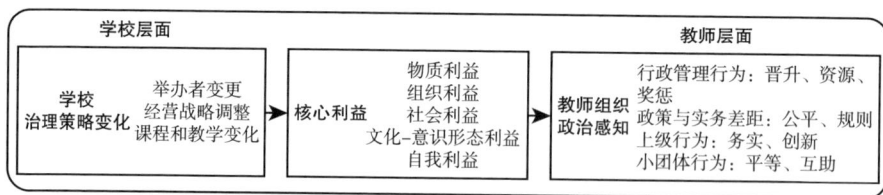

图3-2　民办学校治理策略变化对组织政治感知的影响路径

第四节　本章小结

本章采用解释性混合研究策略，将定量研究的结果和定性研究的结果相结合，更全面和深入地理解学校层面的治理策略变化对教师组织政治感知的影响。首先采用多元线性回归对1938份回收问卷进行数据分析，验证了学校治理策略变化对教师多维度组织政治感知的影响。然后通过对教师、董事长和家长进行半结构化访谈，解释治理策略变化对教师组织政治感知的影响路径。综合定量和定性研究的结果有如下发现。

第一，民办学校具有微观政治特征。在民办学校的组织特性下，结合对被调研学校董事长的深度访谈，从微观政治视角分析，民办学校的主要特征是学校利益群体之间的关系更复杂。民办学校由于具有组织特性，微观政治特征主要体现在利益群体间关系及利益导向、绩效驱动和权力动态上。由于民办学校兼具营利性和公益性，校长、教师、学生及家长之间的关系复杂且动态变化，教师的绩效考核机制更严格，且晋升机会较多，激发了教师间的隐性竞争，减少了合作和资源共享。管理层对教师的管理更为严苛和激进，主要关注学校的短期财务表现和家长满意度，导致教师感受到高压和简单粗暴的管理风格。

第二，学校治理策略变化显著正向影响教师的组织政治感知。其中，学校经营战略调整以及课程和教学变化对教师组织政治感知的影响较为直接和显著，举办者变更对教师组织政治感知的影响相对间接和薄弱。

对案例学校教师的访谈为这一结果提供了深入的解释。以影响较为显著的课程和教学变化为例，案例学校的教师在改制之前可以自主选择教材，对于教师而言，这些教材不仅契合其个人的专业知识和教学体系，而且构成了教师独特的竞争优势，属于与教学质量直接相关的战略性资源。改制之后，学校采用了更规范化的教材策略，使用上级教育主管部门规定的教材，不再允许教师自主选择教材。同时，教育主管部门对使用统一教材采取强监管措施。这一教材调整与教师的自我利益产生了激烈冲突，教师感到自己的职业管辖权、职业自尊和教学自主权受到了挑战。

教材规定化不但直接影响教师在职业活动中的权威性和决策自由，还直接影响教师的职业权利和职业优势。同时，教师被迫使用特定的教材，并受到严格的监督和检查，职业自主性被显著削弱，也使得他们感到自己的专业能力、专业权威性受到质疑，从而影响他们的职业自尊。这些利益冲突激发了教师强烈且多元的组织政治感知，集中反映在他们对学校治理策略变化的组织政治感知上，他们深切感受到行政管理行为中监管的加强。

第三，教师的核心利益在学校治理策略对教师组织政治感知的影响中发挥着重要的中介作用。质性分析显示，学校治理策略的变化通过影响教师的核心利益——物质利益、组织利益、社会利益、文化-意识形态利益以及自我利益——影响教师的组织政治感知。

值得注意的是，这种影响并非简单线性的，而是一种复杂的交互过程。这种交互性体现在学校治理策略自身的三个维度是相互交织的，学校治理策略变化对教师核心利益的影响往往是多种利益交织在一起的，利益冲突对于组织政治感知的激发往往也是多方面的。

首先，学校治理策略的变化涉及举办者的变更、经营战略的调整以及课程和教学的改变。这三个方面并非孤立存在，而是相互交织、相互影响的。举办者的变更通常会引发一系列连锁反应。例如，案例学校原本由某大学教育集团主导学校的治理，可能因为外部因素（如宏观政策调整）而不得不进行股权变更，导致原大学教育集团退出，房地产公司增持资金，并引入第三方出资人。这种变更直接影响学校的经营战略，举办者通常带来不同的目标和管理关注点。在 A 校案例中，由于举办者结构的变更，学校经营战略从原本以提供双语国际化教育为主转变为双轨制教育的模式。这种转变导致了诸如招生范围局限、教学内容和教材选择权受限等实质性变化。经营战略的调整必然引发课程和教学方面的改变。例如，学校不得不放弃原先的国际化教育模式所需教材，转向符合双轨制教育模式要求的教学内容和教材。这种调整直接影响了教师的教学自主权和教学方法选择。这一复杂的因果网络也得出一条重要提示：虽然定量研究发现举办者变更对教师组织政治感知的影响是间接的并较为薄弱，但这种间接影响在教育机构中极为重要，举办者通过更换校长、改变政策，间接塑造了教师的日常经验和职业期望，决定了教师的工作条件和职业发展路径。

其次，五种核心利益——物质利益、组织利益、社会利益、文化-意识形态利益和自我利益——通常相互交织，同时激发，影响教师的行为和决策。理解这些利益的交织性对于准确把握教师在特定情况下的行为至关重要。表面上看似是关于物质资源的冲突实际上可能是更深层次的意识形态或哲学观点冲突的象征（Kelchtermans et al.，1996）。

例如在 A 校案例中，学校更新教材，由教师自选教材变为指定教材，虽然表面上看似是更新教学资源，属于教师的物质利益，但实际上可能涉及更深层次的争议，教师感到自我利益甚至文化-意识形态利益都受到了挑战。自我利益构成了一种更基本的背景，是所有政治行为和职业利益的基础。在教师的微观政治行为中，"作为教师的我"始终处于至关重要的位置，教师的身份感可能解释了为什么教师在讨论一些明显的技术或组织问题时往往非常情绪化和反应激烈。像教材变更这样的貌似执行层面的问题，可能会有更深刻和引人注目的意义，因为在象征意义上，它损害了教师的自尊（Kelchtermans et al.，1996）。在文化-意识形态利益方面，教师认为选择合适的教材是实现其教育理念和教学目标的关键部分。他们可能有特定的教育价值观和哲学承诺，认为教师自主选择教材是为了更好地适应学生的学习需求和促进教育的质量提升。因此，当学校使用规定统一教材时，教师感受到的不仅是教学资料的变化，而且是"个性"与"统一性"、"开放性"与"封闭性"、"创新性"与"保守性"的教育理念的冲突，从而感受到自己的文化-意识形态利益受到损害。在这种情况下，教师可能会通过各种方式表达不满，并寻求改变这一政策，或者寻找其他方式来适应或抵抗这种限制，以保护他们的文化-意识形态利益和自我利益。虽然表面上看冲突是关于物质资源的分配或新政策的实施的矛盾，但实际上它们可能象征着更深层次的关于教育哲学和方法的分歧。这种冲突的政治价值在于它揭示了组织内部不同群体之间基本信念和价值观的碰撞。

最后，教师的组织政治感知不是单一的，而是交织的。正如 Ball 和 Bowe（1991）所言，学校内部微观政治的紧张关系偶尔通过具有特殊意义的问题或事件全面显现，根本的利益差异会引发对基本假设和先前选择的行动路线的重新审视，并经常导致组织中社会关系的方向或性质发生变化。例如，薪资结构的调整可能会引发教师一系列感知反应。这种变化不仅影响教师对学校行政管理行为的看法，同时也触发了其对上级行为的评估以及对小团体行为的观察。教师在访谈中提到的新校长制定的不公平的薪资制度、新老员工因薪酬体系不同而形成两个小团体，使其清晰感知到学校的微观治理环境、领导者的行为、学校内部的人际关系变化等。

综上所述，本章的研究解释了学校治理策略变化通过教师的核心利益影响组织政治感知的路径，为后续量化分析奠定了基础。

第四章　民办学校教师离职意愿的
中介因素分析

　　本章结合微观政治理论和心理契约理论，主要探讨组织政治感知对组织承诺的影响，以及工作条件因素在其中发挥的中介效应。因此，本章将基于附录二"我国民办学校教师工作环境调查问卷——教师问卷"所获得的数据，继续采用定量研究的方法，通过建构结构方程模型和多元线性回归分析，进一步探讨组织政治感知对工作条件因素及组织承诺的影响机制。通过中介效应分析，探究各变量之间的路径关系。试图回答问题二"民办学校教师组织政治感知如何影响其对工作条件因素的评价及组织承诺"，并验证第 2 个至第 4 个研究假设。

第一节　组织政治感知、工作条件因素与教师组织承诺

　　组织政治感知用于衡量组织内成员对于组织政治的理解和反应，组织政治感知的模型框架用来分析组织政治感知对组织承诺、工作满意度和离职意愿的影响路径。Price 和 Mueller 确定了一般员工离职模型的最终版，评估了各个变量的相对重要性并给予模型一定的解释力，这使得这个模型成为之后相关研究的权威模型（Ferris et al., 1989）。

工作条件因素（结构化变量）指的是工作场所中工作环境的特征和社会交往的模式，被认为是最能全面展现工作内部组织特征的变量因素。组织承诺是美国社会学家Becker于20世纪60年代提出的一个概念，用于反映个体与组织之间的心理契约。进入20世纪70年代后，组织承诺在研究中表现出对离职和缺勤等个体行为良好的预测效力（张勉等，2003）。当学校内部的工作环境和社会交往因外部环境或内部利益冲突而发生改变时，教师与学校管理者之间的心理契约可能受到影响，从而改变教师的组织承诺。

在综合考虑各种可能的影响路径的基础上，本章构建了组织政治感知对工作条件因素和组织承诺的影响路径。采用结构方程模型来验证一个或多个自变量与一个或多个因变量之间的相互关系，它综合了因子分析（探索性因子分析和验证性因子分析）、回归分析和路径分析等方法的优点，克服了传统回归分析中自变量没有测量误差的强假设，通过处理测量误差并分析潜变量之间的结构关系来降低测量误差的影响（侯杰泰等，1999）。同时，结构方程模型充分考虑了模型中可能遇到的潜变量，即现实研究中不可直接观测的变量，模型通过考察表达潜变量的若干个显变量（可直接观测的变量）之间的协方差，估计出回归模型系数。此外，结构方程模型还对构建的模型进行严格的模型适配度判定，用于验证各变量（包括潜变量和显变量）之间的关系是否合理（周涛等，2006）。

回归分析是用以确定两种或两种以上变量之间相互关系的一种定量统计分析方法。在实际中，一个变量往往受到多个变量的影响，存在两个或两个以上自变量的回归分析，即为多元回归。当多个自变量与因变量之间是线性关系时，所进行的回归分析就是多元线性回归。

本章根据理论模型，以组织政治感知为自变量，以工作条件因素

为中介变量，以组织承诺为因变量，运用 AMOS 21.0 建立结构方程
模型并使用 Bootstrap 法检验中介效应，运用 SPSS.27 进行各变量间
的多元线性回归。

第二节　教师组织政治感知对工作条件因素和组织承诺的量化分析

本章继续使用从 7 个省份 11 所学校收回的 1938 份教师问卷进行
数据分析。

一　工作条件因素在组织政治感知对组织承诺影响中的中介效应结构方程模型

结合组织政治感知理论模型与 Price 和 Mueller 的一般员工离职模
型构建以教师组织政治感知为自变量、以工作条件因素为中介变量、
以教师组织承诺为因变量的结构方程模型（见图 4-1）。

运用 AMOS 21.0 进行模型分析，结果如表 4-1 所示，可知 χ^2/df
（1.960）小于 3，GFI（0.985）、AGFI（0.981）大于 0.8，NFI
（0.984）、TLI（0.991）、CFI（0.992）大于 0.9，RMSEA（0.022）
小于 0.08，这说明模型的拟合程度较好，模型可以接受。根据模型
拟合指标的标准，模型的拟合指标均达到要求，故对模型的路径进行
分析。

表 4-1　组织政治感知、工作条件因素和教师组织承诺模型拟合优度指标

指标	χ^2/df	GFI	AGFI	NFI	TLI	CFI	RMSEA
统计值	1.960	0.985	0.981	0.984	0.991	0.992	0.022
参考值	<3	>0.8	>0.8	>0.9	>0.9	>0.9	<0.08
达标情况	达标	达标	达标	达标	达标	达标	达标

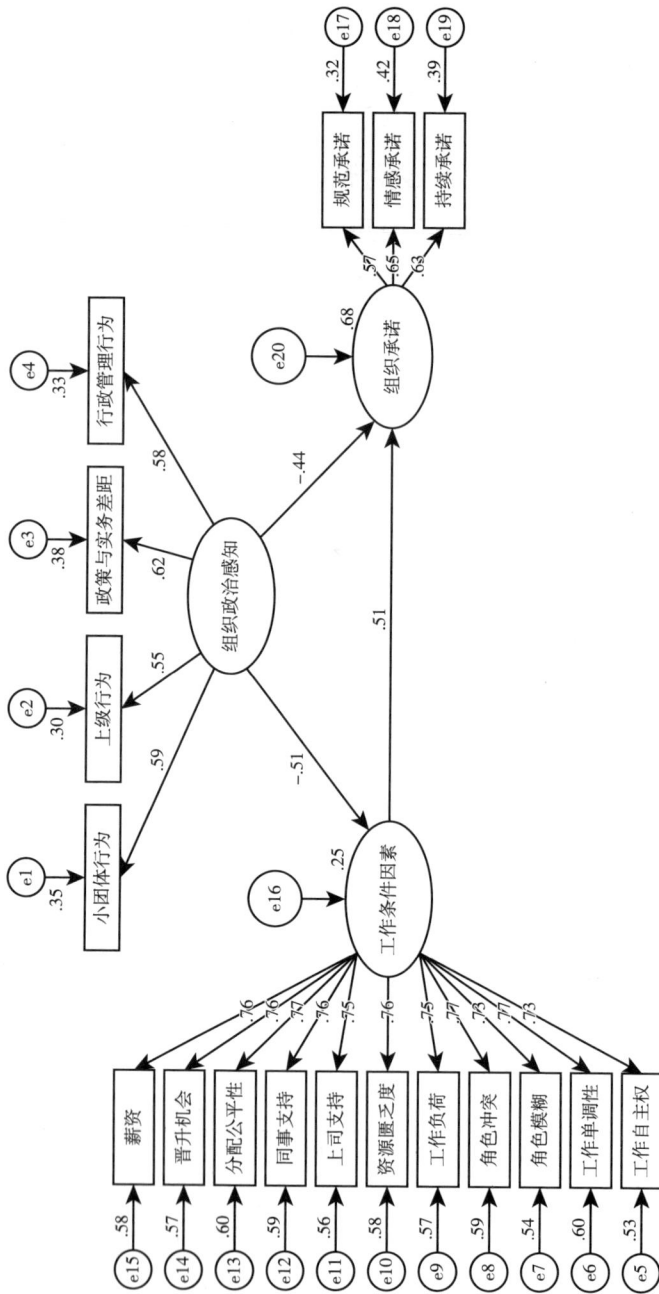

图 4-1 工作条件因素在组织政治感知对组织承诺影响中的中介效应模型

对模型进行路径分析后，组织政治感知、工作条件因素和组织承诺之间的路径系数如表4-2所示。

表4-2 组织政治感知、工作条件因素和组织承诺之间的路径系数

路径			Estimate	S. E.	C. R.	P
工作条件因素	←	组织政治感知	-0.505	0.049	-14.694	***
组织承诺	←	组织政治感知	-0.439	0.037	-10.870	***
组织承诺	←	工作条件因素	0.514	0.023	14.377	***

注：* 代表 $p<0.05$，** 代表 $p<0.01$，*** 代表 $p<0.001$。

组织政治感知到工作条件因素的标准化路径系数为 -0.505（t 值 $=-14.694$，$p=0.000<0.001$），说明组织政治感知对工作条件因素有显著的负向影响，故假设2成立；

组织政治感知到组织承诺的标准化路径系数为 -0.439（t 值 $=-10.870$，$p=0.000<0.001$），说明组织政治感知对组织承诺有显著的负向影响，故假设3成立；

工作条件因素到组织承诺的标准化路径系数为 0.514（t 值 $=14.377$，$p=0.000<0.001$），说明工作条件因素对组织承诺有显著的正向影响，故假设4成立。

由数据可见，教师的组织政治感知不仅显著负向影响工作条件因素，也显著负向影响其组织承诺。当教师对学校组织政治感知较强时，其对组织的态度会较消极、合作意愿较低。而在工作环境较好的情况下，例如工作丰富、压力适中、分配公平等情况下，教师对学校的组织承诺程度较高。

二 组织政治感知对组织承诺的影响

（一）组织承诺的描述性统计分析

本章定量研究继续使用上文所述教师问卷进行线性回归分析，研究组织政治感知对组织承诺的影响。刘杰（2021）指出组织承诺是组织成员对组织的态度与行为的总称。组织承诺包括情感承诺、持续承诺与规范承诺 3 个维度。问卷中关于教师对组织承诺的题目共 14 题，采用 Likert 5 级量表，其中 1 分表示对组织承诺最低，5 分表示对组织承诺最高。教师对组织承诺的描述性统计如表 4-3 所示。结果显示，教师的组织承诺平均值都在 3.5 以上，对组织的持续承诺平均值最高。

表 4-3　组织承诺及其子维度描述性统计（n = 1938）

变量	平均值	标准差
组织承诺	3.697	0.775
情感承诺	3.652	1.016
持续承诺	3.816	1.048
规范承诺	3.676	0.967

（二）教师的组织政治感知对组织承诺的回归分析

表 4-4 以教师组织政治感知的 4 个子维度为自变量，以教师组织承诺的 3 个子维度为因变量，并且为了提高模型的解释能力，引入人口统计学变量作为控制变量，以性别、年龄、婚姻状况、子女情况、家庭距离、学历、教龄、职称等级、职前工作、离职经历、学校品牌、学生成绩为自变量，建立多元回归模型。研究表明，控制变量中对组织承诺有显著影响的因子为：①教师年龄显著负向影响持续承诺，即年龄越大对组织的持续承诺越低。②教师子女情况显著负向影响教师的情感承诺，即教师子女越多，其对组织情感承诺越低。③教师的教龄显著正向影响教师的情感承诺和持续承诺，即教师教龄越长，则其对组织的情感和持续承诺越高。④教师的离职经历显著负向影响教师的持续承诺，即没有离过职的教师对组织的持续承诺反而越低。

表 4-4　组织政治感知各子维度对组织承诺各子维度的影响

变量	规范承诺	情感承诺	持续承诺
行政管理行为	-0.146***	-0.123***	-0.151***
政策与实务差距	-0.032	-0.117***	-0.167***
上级行为	-0.146***	-0.165***	-0.145***
小团体行为	-0.109***	-0.103***	-0.086***
性别	0.015	0.011	0.036
年龄	-0.052	-0.053	-0.081*
婚姻状况	0.022	-0.013	0.011
子女情况	-0.032	-0.072***	0.029
家庭距离	-0.041	-0.013	0.012
学历	-0.037	-0.029	0.018
教龄	0.052	0.096**	0.072*
职称等级	-0.013	-0.032	0.024
职前工作	-0.029	-0.017	0.023
离职经历	-0.012	0.005	-0.054*
学校品牌	0.036	0.014	0.011
学生成绩	0.013	-0.004	0.01
R^2	0.107	0.142	0.171
调整后 R^2	0.100	0.135	0.164
F	14.439***	19.871***	24.793***

注：*代表<0.05，**代表<0.01，***代表<0.001；n=1938。

此外，模型拟合优度的比较发现，组织政治感知各子维度对组织承诺各子维度的 R^2 值为 0.107~0.171，调整后 R^2 值为 0.100~0.164，说明模型解释力较高。所有子维度的 F 检验结果（14.439~24.793）均显著，表明组织政治感知各子维度对组织承诺各子维度具有统计显著性影响。

研究发现，除政策与实务差距感知对规范承诺没有显著影响外，教师组织政治感知的其他维度对组织承诺的 3 个维度均有显著负向影响，即教师对学校的组织政治感知越强烈，其组织承诺越低。

行政管理行为感知与上级行为感知均显著负向影响规范承诺，且影响程度相当（β=-0.146，$p<0.001$），即感知越强，对组织的规范承诺越低。虽然小团体行为感知亦显著负向影响规范承诺，但影响稍弱（β=-0.109，$p<0.001$）。

组织行政感知的4个子维度均显著负向影响教师对组织的情感承诺。上级行为感知的影响均较大（β=-0.165，$p<0.001$），其次是行政管理行为感知的影响（β=-0.123，$p<0.001$），再次是政策与实务差距感知的影响（β=-0.117，$p<0.001$），小团体行为感知对情感承诺的负向影响最弱（β=-0.103，$p<0.001$）。

相同的，组织行政感知的4个子维度均显著负向影响教师对组织的持续承诺。政策与实务差距感知的影响较大（β=-0.167，$p<0.001$），其次是行政管理行为感知的影响（β=-0.151，$p<0.001$），再次是上级行为感知的影响（β=-0.145，$p<0.001$），小团体行为感知对情感承诺的负向影响最弱（β=-0.086，$p<0.001$）。

三 组织政治感知通过工作条件因素的中介效应影响组织承诺

（一）教师的组织政治感知对工作条件因素的回归分析

如前文献综述，Hom（1995）认为Price和Mueller的一般员工离职模型为最有影响力的研究模型之一，包括内生变量和外生变量。外生变量包括外部环境因素、个人因素和结构化因素，结构化因素是影响员工工作满意度和组织承诺的决定性因素，主要指员工期望的工作条件，包括工作环境特征和社会交往模式。本书量表的工作条件因素包括工作自主权、分配公平性、资源匮乏度、角色模糊、角色冲突、工作负荷、薪资、晋升机会、工作单调性、上司支持和同事支持。

以教师的组织政治感知子维度为自变量、以工作条件因素子维度为因变量进行回归分析，结果如表4-5所示。通过模型拟合优度的比较发现，组织政治感知各子维度对工作条件因素各子维度的 R^2 值为 $0.080\sim0.133$，调整后 R^2 值为 $0.073\sim0.126$，说明模型解释力较高。所有子维度的 F 检验结果（$10.486\sim18.428$）均显著，表明组织政治感知各子维度对工作条件因素各子维度具有统计显著性影响。

经过回归分析表明，除行政管理行为感知对工作自主权与晋升机会没有显著影响外，组织政治感知其他子维度均显著负向影响工作条件因素各子维度。

行政管理行为感知对工作分配公平性的负向影响最大（$\beta = -0.134$，$p<0.001$），其次是对工作单调性的负向影响（$\beta=-0.116$，$p<0.001$），再次是对同事支持的负向影响（$\beta = -0.115$，$p < 0.001$）。

政策与实务差距感知对晋升机会的负向影响最大（$\beta=-0.127$，$p<0.001$），其次是对同事支持的负向影响（$\beta=-0.123$，$p<0.001$），再次是对工作负荷的负向影响（$\beta=-0.113$，$p<0.001$）。

上级行为感知对角色模糊的负向影响最大（$\beta = -0.210$，$p<0.001$），其次是对晋升机会的负向影响（$\beta=-0.207$，$p<0.001$），再次是对薪资的负向影响（$\beta=-0.187$，$p<0.001$）。

小团体行为感知对资源匮乏度的负向影响最大（$\beta=-0.124$，$p<0.001$），其次是对工作自主权的负向影响（$\beta=-0.093$，$p<0.001$），再次是对上司支持的负向影响（$\beta=-0.091$，$p<0.001$）。

由此可见，教师的组织政治感知对于学校营造优秀学校工作环境具有重要意义。学校组织政治行为越多，教师的政治感知越强烈，进而对工作负荷、上司支持和同事支持以及薪资和晋升机会等工作条件因素的影响越大。

（二）工作条件因素对教师的组织承诺的回归分析

以工作自主权、工作单调性、角色模糊、角色冲突、工作负荷、资源匮乏度、上司支持、同事支持、分配公平性、晋升机会、薪资为

表 4-5 组织政治感知各子维度对工作条件因素各子维度的影响

变量	工作自主权	工作单调性	角色模糊	角色冲突	工作负荷	资源匮乏度	上司支持	同事支持	分配公平性	晋升机会	薪资
行政管理行为	-0.044	-0.116***	-0.074**	-0.107***	-0.075**	-0.092***	-0.101***	-0.115***	-0.134***	-0.042	-0.100***
政策与实务差距	-0.068**	-0.105***	-0.055*	-0.060*	-0.113***	-0.084***	-0.075***	-0.123***	-0.079***	-0.127***	-0.085***
上级行为	-0.159***	-0.156***	-0.210***	-0.185***	-0.180***	-0.166***	-0.178***	-0.159***	-0.186***	-0.207***	-0.187***
小团体行为	-0.093***	-0.086***	-0.067***	-0.078***	-0.075***	-0.124***	-0.091***	-0.074***	-0.084***	-0.081***	-0.080***
性别	-0.021	-0.045*	-0.009	-0.006	-0.008	-0.031	-0.018	-0.034	-0.021	-0.008	0.017
年龄	0.009	-0.066	-0.022	0.002	-0.007	-0.011	-0.016	-0.051	0.017	-0.012	-0.022
婚姻状况	0.001	-0.030	-0.031	0.000	-0.010	-0.011	-0.018	-0.013	-0.021	0.002	-0.026
子女情况	-0.020	-0.007	-0.015	-0.016	-0.005	-0.060**	-0.034	-0.001	0.019	-0.010	0.003
家庭距离	-0.009	-0.012	-0.031	-0.047*	-0.021	-0.022	-0.042	-0.012	-0.009	-0.040	-0.037
学历	-0.003	0.011	-0.034	-0.016	-0.010	-0.017	-0.017	0.019	-0.014	-0.007	-0.001
教龄	0.067	0.101**	0.092**	0.087**	0.097**	0.048	0.092*	0.071	0.058	0.051	0.092*
职称等级	-0.039	-0.040	-0.034	-0.035	-0.041	-0.044	-0.041	-0.035	-0.026	-0.044	-0.059*
职前工作	-0.015	0.021	-0.015	0.019	0.024	0.003	-0.013	0.017	0.019	-0.004	0.021
离职经历	0.002	0.024	-0.021	0.009	-0.016	0.012	-0.001	-0.018	-0.007	0.000	-0.029
学校品牌	0.019	0.024	0.019	0.015	0.001	0.024	0.019	0.028	0.034	0.023	0.033
学生成绩	-0.003	-0.007	0.003	-0.031	0.020	0.023	-0.006	0.016	0.023	0.004	0.007
R^2	0.080	0.120	0.104	0.113	0.116	0.120	0.115	0.121	0.133	0.121	0.121
调整后 R^2	0.073	0.113	0.097	0.105	0.108	0.113	0.107	0.114	0.126	0.113	0.114
F	10.486***	16.407***	13.980***	15.238***	15.733***	16.406***	15.570***	16.560***	18.428***	16.477***	16.539***

注：* 代表<0.05，** 代表<0.01，*** 代表<0.001。

自变量，以组织承诺各子维度为因变量构建回归模型（见表4-6）。分析结果显示，模型 R^2 值为 0.181~0.229，调整后 R^2 值为 0.171~0.220，说明模型拟合优度较好，能够在一定程度上解释组织承诺各子维度的变化情况。F 检验结果（18.426~24.749）均显著，模型有效。工作条件因素各子维度对教师的组织承诺各子维度具有统计显著性影响。

回归分析表明仅上司支持对规范承诺（$\beta = 0.085$，$p < 0.01$）、情感承诺（$\beta = 0.065$，$p < 0.05$）和持续承诺（$\beta = 0.096$，$p < 0.001$）均产生显著正向影响；工作单调性对情感承诺（$\beta = 0.114$，$p < 0.001$）、持续承诺（$\beta = 0.108$，$p < 0.001$）产生显著正向影响；资源匮乏度对规范承诺（$\beta = 0.079$，$p < 0.05$）、情感承诺（$\beta = 0.092$，$p < 0.01$）产生显著正向影响；同事支持对规范承诺（$\beta = 0.069$，$p < 0.05$）、持续承诺（$\beta = 0.104$，$p < 0.001$）产生显著正向影响；分配公平性对情感承诺（$\beta = 0.091$，$p < 0.01$）、持续承诺（$\beta = 0.068$，$p < 0.05$）产生显著正向影响；薪资对情感承诺（$\beta = 0.076$，$p < 0.05$）、持续承诺（$\beta = 0.080$，$p < 0.01$）产生显著正向影响；角色模糊仅对规范承诺（$\beta = 0.110$，$p < 0.001$）产生显著正向影响；性别仅对持续承诺（$\beta = 0.052$，$p < 0.05$）产生显著正向影响；教龄仅对情感承诺（$\beta = 0.071$，$p < 0.05$）产生显著正向影响。而子女情况对情感承诺（$\beta = -0.060$，$p < 0.05$）产生显著负向影响；离职经历对持续承诺（$\beta = -0.059$，$p < 0.01$）产生显著负向影响。

综上所述，工作条件因素各子维度对于组织承诺各子维度的影响相对比较分散。角色模糊、资源匮乏度、上司支持、同事支持对规范承诺有显著的正向影响。规范承诺是教师对于学校的责任感，在学校工作岗位较为清晰、教学资源供给充足、学校人际关系较好的情况下，教师对于学校的责任感较强，即教师的规范承诺较强。

工作单调性、资源匮乏度、上司支持、分配公平性以及薪资对情感承诺有显著的正向影响，子女情况对情感承诺有显著负向影响。情感承诺是教师对于学校的情感依赖程度，上司支持、薪资、工作公平和工作丰富度等情况对于教师的情感归属影响较大，尤其是工作丰富度，其与教师这一特定职业的属性有关，教师更倾向于获得职业成就感。

工作单调性、上司支持、同事支持、分配公平性以及薪资对持续承诺有显著的正向影响，离职经历对持续承诺有显著负向影响。

表 4-6　工作条件因素各子维度对组织承诺各子维度的影响

变量	规范承诺	情感承诺	持续承诺
工作自主权	-0.024	-0.015	-0.046
工作单调性	0.061	0.114 ***	0.108 ***
角色模糊	0.110 ***	0.035	0.024
角色冲突	-0.017	0.021	0.017
工作负荷	0.053	0.018	0.033
资源匮乏度	0.079 *	0.092 **	0.039
上司支持	0.085 **	0.065 *	0.096 ***
同事支持	0.069 *	0.038	0.104 ***
分配公平性	0.030	0.091 **	0.068 *
晋升机会	0.036	0.052	0.034
薪资	0.042	0.076 *	0.080 **
性别	0.027	0.026	0.052 *
年龄	-0.046	-0.044	-0.066
婚姻状况	0.035	0.000	0.023
子女情况	-0.023	-0.060 *	0.042
家庭距离	-0.024	0.008	0.035
学历	-0.029	-0.021	0.026
教龄	0.030	0.071 *	0.048
职称等级	0.002	-0.014	0.038
职前工作	-0.034	-0.024	0.015
离职经历	-0.011	0.000	-0.059 **
学校品牌	0.027	0.002	0.000
学生成绩	0.004	-0.012	0.002
R^2	0.181	0.229	0.217
调整后 R^2	0.171	0.220	0.207
F	18.426 ***	24.749 ***	22.997 ***

注：* 代表 $p<0.05$，** 代表 $p<0.01$，*** 代表 $p<0.001$。

（三）工作条件因素的中介效应检验

用 Bootstrap 法可以直接检验中介效应的存在性。直接检验的假设条件为 H0：ab＝0。如果检验结果得出的置信区间包含 0，表示不存在中介效应。

根据路径分析的结果，假设检验成立，为了探究这些显著的路径里是否具有中介效应，本书在 AMOS 21.0 运行 Bootstrap 法，选择重复 5000 次，置信区间标准为 95％，采取偏差校正法进行检验。且本次模型是多重中介模型，单独地分析只能得到总的中介效应结果，并不能得到具体的中介效应，故本书采用 AMOS 21.0 软件自带的语法将相关路径全部赋值，分别计算非标准化和标准化的特定中介效应。

以 Bootstrap 法进行中介效应检验，重复 5000 次样本，计算 95％ 的可信区间，根据模型的 3 条中介路径，如果中介路径上下区间不包含 0，P 值小于显著水平 0.05，则假设成立，存在中介效应。如果中介路径上下区间包含 0，P 值大于显著水平 0.05，则假设不成立，不存在中介效应。

表 4-7 结果显示，组织政治感知—工作条件因素—组织承诺中介路径上下区间均不包含 0，P 值小于显著水平 0.05，故假设成立，存在中介效应。

表 4-7 工作条件因素的中介效应检验

Parameter	中介效应	Lower	Upper	P
组织政治感知—工作条件因素—组织承诺	−0.227	−0.258	−0.196	0.000

由此得知，工作条件因素在组织政治感知对组织承诺的影响中起到中介作用。

第三节 本章小结

本章通过对回收的 1938 份有效教师问卷数据的量化分析，对假设 2 至假设 4 进行了讨论，并验证了组织政治感知在工作条件因素对组织承诺的影响中起中介作用，具体步骤如下。

首先，通过结构方程模型验证了组织政治感知对工作条件因素的直接影响。其次，通过回归分析研究组织政治感知各子维度对工作条件因素各子维度的影响路径。这两步验证了本书假设 2，即民办中小学教师的组织政治感知显著影响工作条件因素。

进而，通过结构方程验证工作条件因素在组织政治感知对组织承诺的影响中起中介作用，梳理了这三个变量之间的关系。同时，采用回归分析验证教师的组织政治感知各子维度对组织承诺各子维度的影响。通过这两步验证了本书假设 3，即民办中小学教师的组织政治感知显著影响组织承诺，以及本书假设 4，即民办中小学教师的工作条件因素显著影响组织承诺。

通过本章量化研究分析结果有如下发现。

第一，教师的组织政治感知及其子维度显著负向影响组织承诺及其子维度。刘杰（2021）指出组织承诺是组织成员对组织的态度与行为的总称。Allen 和 Meye（1997）将组织承诺分为情感承诺（个体对组织的情感依赖、认同和参与程度）、持续承诺（个体留在组织中的成本和利益考虑）与规范承诺（个体由于责任感和义务感而留在组织中的承诺）。研究结果显示：

首先，政策与实务差距感知对规范承诺无显著影响。这是因为教师的规范承诺更多地依赖个人的道德、价值观和责任感，而非外部政策执行的具体情况。除此以外，行政管理行为感知、上级行为感知以及小团体行为感知均显著负向影响教师的规范承诺。在心理契约模型中，组织承诺是衡量心理契约违背的重要变量，同时，组织政治感知与心理契约模型一样，都建立在员工对组织内部环境的主观认知上。因此，如果教师主观感知到行政管理行为上的不公平、不透明，认为上司行为不支持、不公正，感知到学校存在的小团体导致资源分配不公，其会降低对组织的规范承诺。因而，学校在日常工作中，不仅需要更多关注对教师道德和责任感的培养，同时还需要通过改进行政管理行为、加强上级与教师的互动以及消除小团体行为的负面影响提升教师的规范承诺。

其次，组织政治感知的 4 个子维度（上级行为感知、行政管理行为感知、政策与实务差距感知、小团体行为感知）均显著负向影响教师的情感承诺。上级行为感知的影响最大，教师感受到上级对其不支持或不公平对待时，会降低对组织的情感依赖和认同感。

最后，组织政治感知的 4 个子维度均显著负向影响教师的持续承诺。政策与实务差距感知影响最大，根据公平理论（Adams，1965），当个体感知到不公平时，会调整其态度和行为以恢复平衡，因此，在政策执行与实际操作不一致时，教师会感到组织不公平，认为组织没有兑现其承诺，进而降低其对组织的持续承诺。

综上所述，学校管理层应积极改善上级与教师的关系（如提升校长的领导力）、改进行政管理行为（如加强沟通，听取教师意见等）、缩小政策与实务的差距以及促进教师之间的公平与团结，进而提升教师对组织的情感承诺。

第二，组织政治感知通过工作条件因素的中介效应显著影响组织承诺。

组织政治感知显著负向影响工作条件因素。首先，工作单调性、角色模糊、角色冲突、工作负荷、资源匮乏度、上司支持、同事支持、分配公平性和薪资都受到组织政治感知 4 个子维度的显著负向影响。这些工作条件因素子维度均为影响教师工作满意度和工作体验的关键因素，决定了教师在学校工作环境中的感受。因而，教师的组织政治感知会直接投影到其对工作环境的感受上，从而对工作条件因素产生不满情绪。

其次，工作自主权和晋升机会受到政策与实务差距感知、上级行为感知和小团体行为感知的显著负向影响。行政管理行为感知对工作自主权和晋升机会没有显著影响。根据心理契约模型，当教师感知到政策与实务差距、上级行为与小团体行为时，会破坏其对组织的心理契约，从而认为其晋升的机会或工作自主权受到削减。相对而言，因为行政管理行为更多地涉及组织的宏观管理和政策制定，而不是直接影响教师的个人工作体验和职业发展路径。教师可能不会将行政管理行为感知与其心理契约直接联系起来，因此其对工作自主权和晋升机会的影响较小。

工作条件因素对教师的组织承诺的影响相对比较分散。首先，上司支持对教师组织承诺的3个子维度（情感承诺、持续承诺和规范承诺）具有显著正向影响。因此，学校管理层应积极支持和关心教师的工作与发展，建立良好的上下级关系，加强沟通和反馈。

其次，工作单调性、资源匮乏度、同事支持、分配公平性和薪资等工作条件因素子维度对教师组织承诺的不同子维度也有显著的正向影响。学校应关注这些因素，采取相应措施改善教师的工作环境。例如，增强工作内容的多样性；确保教学资源的充足供给，降低资源匮乏度；促进同事之间的合作与互助，增大同事支持力度；确保薪资和资源分配的透明度和公平性。

最后，角色模糊显著正向影响规范承诺。因而，学校应明确教师的职责和角色，通过清晰的岗位说明和定期的工作评估，降低教师角色模糊感，从而增强教师对学校的责任感和规范承诺。

本书通过中介模型，发现组织政治感知对工作条件因素有显著负向影响，工作条件因素对组织承诺有显著正向影响，因此工作条件因素在组织政治感知与组织承诺间发挥中介作用。

本章重点使用了代表微观政治理论存在的组织政治感知和心理契约理论的核心变量组织承诺，分析了两者之间的关联性。相当于把学校层面的组织变化与个体层面的组织承诺衔接起来，并以教师的组织政治感知为自变量、以工作条件因素为中介变量、以组织承诺为因变量构建了结构方程模型。回答了本书的第二个研究问题"民办学校教师的组织政治感知如何影响其对工作条件因素的评价及组织承诺"，并验证了假设 2 至假设 4。

第五章 民办学校教师离职意愿的 多种路径分析

本章旨在把一般离职模型从工作条件因素到工作满意度直至离职与心理契约、组织政治感知结合起来。因此，本章基于附录二"我国民办学校教师工作环境调查问卷——教师问卷"获得的数据，通过建构结构方程模型、线性回归分析和中介效应检验，分析教师的组织承诺及工作满意度对离职意愿的影响，最终验证组织政治感知如何通过工作条件因素、组织承诺、工作满意度对离职意愿产生影响。进而回答本书的第三个问题，即民办学校教师的组织政治感知如何通过工作条件因素、组织承诺和工作满意度等多重中介因素影响教师的离职意愿。同时，对本书假设5至假设8进行最终验证。

第一节 教师离职意愿的链式中介因素分析

前文指出，组织承诺是组织内的成员对组织的态度以及行为的总称（刘杰，2021）。工作满意度指工作目标的实现或实现工作价值给个人带来的愉快的情绪状态。本书定义的离职意愿为教师自身或受到环境等多重影响，主动试图离开组织的意愿（Mitchel，2001）。组织承诺是心理契约的结果，即员工对于双方权责的不同理解方式会导致他们表现出不同的承诺方法和承诺水平。结合心理契约模型与 Price 和 Muller 的一般员工离职模型，组织中的个体与组织间达成非正式且不成文的承诺与期望后，如果员工心理契约未得到履行，即其组织承诺遭到破坏，教师会对工作感到不满，进而产生离职意愿。在组织行为学的研究中工作满意度、组织承诺和离职意愿是三个重要的个体效能变量。

结合前文的综述，组织承诺可直接影响工作满意度以及离职意愿，同时，工作满意度在其对组织承诺受到违背与产生离职意愿之间发挥中介效应。

本章回答问题三：民办学校教师的组织政治感知如何通过多重中介因素影响教师的离职意愿？

并验证以下研究假设：

假设 5：民办中小学教师的组织承诺显著影响工作满意度。

假设 6：民办中小学教师的组织承诺显著影响离职意愿。

假设 7：民办中小学教师的工作满意度显著影响离职意愿。

结合前文结论中教师的组织政治感知对工作条件因素和组织承诺的影响，根据组织政治感知模型、Price 和 Mueller 的一般员工离职模型以及心理契约模型，本章提出本书的第八个研究假设：

假设 8：工作条件因素、组织承诺、工作满意度在组织政治感知和离职意愿之间发挥中介作用。

本章使用 AMOS 21.0 构建了以组织政治感知为自变量，以工作条件因素、组织承诺以及工作满意度为中介变量，以离职意愿为因变量的模型，并使用 Bootstrap 法检验中介效应。

同时，通过多元线性回归检验组织承诺对工作满意度、工作满意度对离职意愿、组织承诺对离职意愿的影响。

第二节　教师组织承诺对工作满意度
和离职意愿的影响

本章针对来源于从 7 个省份 11 所学校回收的 1938 份教师问卷，对这些数据进行多元线性回归分析。

一　结构方程模型

结合心理契约模型与 Price 和 Mueller 的一般员工离职模型，建构以组织承诺为自变量、以工作满意度为中介变量、以教师的离职意愿为因变量的结构方程模型（见图 5-1）。

运用 AMOS 21.0 进行模型分析，结果如表 5-1 所示，可知 χ^2/df（1.889）小于 3，GFI（0.990）、AGFI（0.985）大于 0.8，NFI（0.993）、TLI（0.996）、CFI（0.997）大于 0.9，RMSEA（0.021）小于 0.08，这说明模型的拟合程度较高，模型可以接受。根据模型拟合指标的标准，模型的拟合指标均达到要求，故对模型的路径进行分析。

表 5-1　组织承诺、工作满意度和离职意愿模型拟合优度指标

指标	χ^2/df	GFI	AGFI	NFI	TLI	CFI	RMSEA
统计值	1.889	0.990	0.985	0.993	0.996	0.997	0.021
参考值	<3	>0.8	>0.8	>0.9	>0.9	>0.9	<0.08
达标情况	达标	达标	达标	达标	达标	达标	达标

对模型进行路径分析后，组织承诺、工作满意度和离职意愿之间的路径系数如表 5-2 所示。

组织承诺到工作满意度的标准化路径系数为 0.564（t 值 = 15.855，$p = 0.000 < 0.001$），说明组织承诺对工作满意度有显著的正

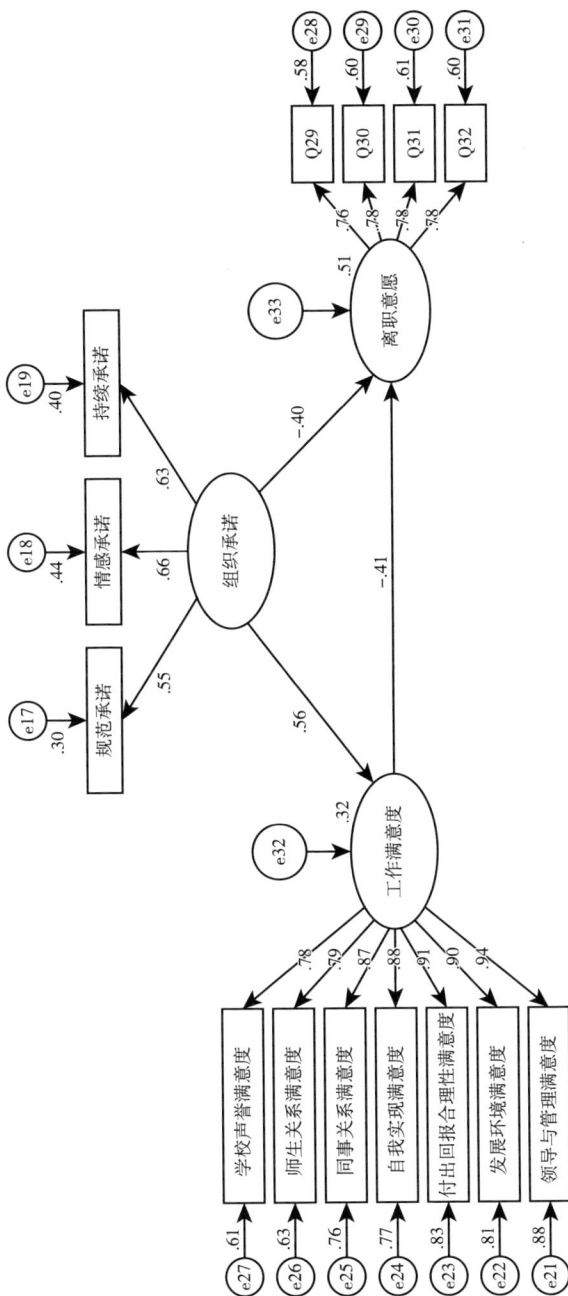

图5-1　工作满意度在组织承诺与离职意愿之间的中介模型

向影响，故假设 5 成立。

组织承诺到离职意愿的标准化路径系数为 - 0.398（t 值 = -10.661，$p = 0.000 < 0.001$），说明组织承诺对离职意愿有显著的负向影响，故假设 6 成立。

工作满意度到离职意愿的标准化路径系数为 - 0.409（t 值 = -14.111，$p = 0.000 < 0.001$），说明工作满意度对离职意愿有显著的负向影响，故假设 7 成立。

表 5-2　组织承诺、工作满意度和离职意愿之间的路径系数

路径			Estimate	S. E.	C. R.	P
工作满意度	←	组织承诺	0.564	0.063	15.855	***
离职意愿	←	组织承诺	-0.398	0.061	-10.661	***
离职意愿	←	工作满意度	-0.409	0.026	-14.111	***

注：* 代表<0.05，** 代表<0.01，*** 代表<0.001。

由以上数据可知，教师的组织承诺正向影响其工作满意度，即教师对组织承诺越强，其对工作越满意。但工作满意度与组织承诺均显著负向影响教师的离职意愿，即教师对工作越不满意、组织承诺越低，教师的离职意愿越强。因此，学校管理层应多了解教师对组织的心理契约，增强其组织承诺，提升教师工作满意度，进而降低教师的离职意愿。

二　多元线性回归分析

（一）描述性统计分析

本章定量研究继续使用上文所述教师问卷进行线性回归分析，研究组织承诺对离职意愿的影响。本书结合北京师范大学胡咏梅（2007）关于教师对工作满意度评价的结构因素以及冯伯麟、陈云英、张忠山等人的研究成果，自编了教师工作满意度量表。经过信效

度分析后，总结出 7 个公因素：领导与管理满意度、发展环境满意度、付出回报合理性满意度、自我实现满意度、同事关系满意度、师生关系满意度和学校声誉满意度。问卷中关于教师对工作满意度的题目共 17 题，采用 Likert 5 级量表，其中 1 分表示对工作非常不满意，5 分表示对工作非常满意。教师对工作满意度的描述性统计如表 5-3 所示。结果显示，教师工作满意度及其子维度的平均值均高于 3.700，其中教师对付出回报合理性的满意度最高。

表 5-3　工作满意度及其子维度以及离职意愿的描述性统计 （n=1938）

变量	平均值	标准差
工作满意度	3.769	0.956
领导与管理满意度	3.769	1.005
发展环境满意度	3.752	1.026
付出回报合理性满意度	3.794	1.034
自我实现满意度	3.788	1.081
同事关系满意度	3.752	1.075
师生关系满意度	3.776	1.202
学校声誉满意度	3.743	1.187
离职意愿	2.220	0.938

本书采用 Hom 等修正 Mobley （1977） 的离职倾向量表，经过信效度分析后，保留量表的 4 道题，其中第 1、2 题采用反向计分。题目同样采取 Likert 5 级量表，其中 1 分表示离职意愿非常低，5 分表示离职意愿非常强烈。结果显示，教师的离职意愿平均值为 2.220，表示教师离职意愿不高。

（二）教师的组织承诺对工作满意度和离职意愿的回归分析

1. 组织承诺子维度对教师工作满意度子维度的回归分析

表 5-4 以规范承诺、情感承诺、持续承诺为自变量，以工作满

意度各子维度为因变量构建回归模型，同时，引入人口统计学变量作为控制变量。模型以性别、年龄、婚姻状况、子女情况、家庭距离、学历、教龄、职称等级、职前工作、离职经历、学校品牌、学生成绩为自变量，以工作满意度各子维度为因变量建立多元回归模型。结果表明，控制变量中对工作满意度各子维度有显著影响的变量有：家庭距离对发展环境满意度、付出回报合理性满意度、自我实现满意度有显著正向影响；职称等级对领导与管理满意度、自我实现满意度、学校声誉满意度有显著负向影响；学校品牌对自我实现满意度有显著负向影响。

表 5-4　组织承诺各子维度对工作满意度各子维度的影响

变量	领导与管理满意度	发展环境满意度	付出回报合理性满意度	自我实现满意度	同事关系满意度	师生关系满意度	学校声誉满意度
规范承诺	0.073 ***	0.042	0.078 ***	0.073 **	0.097 ***	0.053 *	0.084 ***
情感承诺	0.215 ***	0.209 ***	0.193 ***	0.179 ***	0.168 ***	0.164 ***	0.153 ***
持续承诺	0.261 ***	0.265 ***	0.266 ***	0.248 ***	0.261 ***	0.209 ***	0.219 ***
性别	-0.013	-0.021	-0.009	-0.019	-0.012	-0.010	-0.024
年龄	0.021	0.030	0.002	0.058	0.047	-0.033	0.032
婚姻状况	0.003	0.005	0.009	0.003	0.005	0.037	0.023
子女情况	0.021	-0.001	0.001	0.030	0.002	0.009	0.013
家庭距离	0.035	0.047 *	0.053 *	0.050 *	0.022	0.022	0.004
学历	0.020	0.002	-0.008	0.028	0.021	-0.011	0.002
教龄	0.028	0.010	0.041	0.013	0.020	0.040	0.023
职称等级	-0.048 *	-0.039	-0.030	-0.062 *	-0.042	-0.048	-0.049 *
职前工作	0.040	0.038	0.031	0.032	0.018	0.027	0.014
离职经历	-0.003	-0.020	-0.031	-0.027	-0.018	-0.020	-0.018
学校品牌	-0.017	-0.028	-0.036	-0.042 *	-0.038	-0.029	-0.007
学生成绩	-0.017	-0.014	-0.026	-0.007	-0.016	-0.008	-0.041
R^2	0.200	0.183	0.194	0.174	0.180	0.125	0.138
调整后 R^2	0.194	0.177	0.188	0.167	0.173	0.119	0.131
F	32.026 ***	28.778 ***	30.879 ***	26.971 ***	28.070 ***	18.377 ***	20.497 ***

注：* 代表 $p<0.05$，** 代表 $p<0.01$，*** 代表 $p<0.001$；$n=1938$。

通过对模型拟合优度的比较发现，组织政治感知各子维度对工作满意度各子维度的 R^2 值为 0.125～0.200，调整后 R^2 值为 0.119～0.194，说明模型解释力较高。所有子维度的 F 检验结果（18.377～32.026）均显著，表明组织承诺各子维度对工作满意度各子维度具有统计显著性影响。

通过 SPSS.27 对各变量进行多元回归分析后有如下发现。

第一，规范承诺对发展环境满意度没有显著影响，对工作满意度的其他 6 个子维度均有显著正向影响。规范承诺对同事关系满意度的正向影响最大（β=0.097，$p<0.001$），其次是对学校声誉满意度的正向影响（β=0.084，$p<0.001$），再次是对付出回报合理性满意度的正向影响（β=0.078，$p<0.001$）。

第二，情感承诺对工作满意度各子维度均有显著正向影响。情感承诺对领导与管理满意度的正向影响最大（β=0.215，$p<0.001$），其次是对发展环境满意度的正向影响（β=0.209，$p<0.001$），再次是对付出回报合理性满意度的正向影响（β=0.193，$p<0.001$）。

第三，持续承诺对工作满意度各子维度均有显著正向影响。持续承诺对付出回报合理性满意度的正向影响最大（β=0.266，$p<0.001$），其次是对发展环境满意度的正向影响（β=0.265，$p<0.001$），再次是对领导与管理满意度和同事关系满意度的正向影响（β=0.261，$p<0.001$）。

由此可见，学校教师对于组织的归属感和责任感与学校的硬件环境没有相关性。教师的组织承诺就是教师对学校的一种态度，是对组织归属感的表现，这种归属感对于教师的各方面工作满意度起到积极作用。

2. 组织承诺子维度对离职意愿的回归分析

表 5-5 以规范承诺、情感承诺、持续承诺为自变量，以离职意愿为因变量，同时，引入人口统计学变量作为控制变量，构建

回归模型。结果表明，控制变量中教师的教龄显著负向影响其离职意愿，即教师的教龄越短，其离职意愿越强；教师的职称等级显著正向影响其离职意愿，即教师的职称越高，其离职意愿也越强；教师的职前工作显著负向影响其离职意愿，即教师入职前在越不稳定的机构（如培训机构）工作，其离职意愿越强；学生成绩显著正向影响教师的离职意愿，即学生成绩越好，教师的离职意愿越强。

通过对模型拟合优度的比较发现，组织承诺的 3 个子维度对教师离职意愿的 R^2 值为 0.263，调整后 R^2 值为 0.257，说明模型解释力较高。F 检验结果（45.763，$p < 0.001$）显著，表明组织承诺各子维度对教师的离职意愿具有统计显著性影响。

通过 SPSS.27 对各变量进行多元回归分析后发现，教师的规范承诺（$\beta = -0.152$，$p < 0.001$）、情感承诺（$\beta = -0.230$，$p < 0.001$）、持续承诺（$\beta = -0.210$，$p < 0.001$）均显著负向影响教师的离职意愿。研究结果表明，假设 6 成立，说明教师对学校归属感越高，对组织承诺越高，教师的离职意愿越低。

表 5-5 组织承诺各子维度对离职意愿的影响

变量	离职意愿	变量	离职意愿
规范承诺	-0.152 ***	教龄	-0.214 ***
情感承诺	-0.230 ***	职称等级	0.047 *
持续承诺	-0.210 ***	职前工作	-0.049 *
性别	0.033	离职经历	0.015
年龄	0.023	学校品牌	0.015
婚姻状况	-0.007	学生成绩	0.055 **
子女情况	-0.004	R^2	0.263
家庭距离	-0.012	调整后 R^2	0.257
学历	0.002	F	45.763 ***

注：* 代表 $p < 0.05$，** 代表 $p < 0.01$，*** 代表 $p < 0.001$；n=1938。

3. 工作满意度各子维度对离职意愿的回归分析

以领导与管理满意度、发展环境满意度、付出回报合理性满意度、自我实现满意度、同事关系满意度、师生关系满意度、学校声誉满意度为自变量，以离职意愿为因变量构建回归模型。同时，引入人口统计学变量作为控制变量。回归分析结果如表5-6所示，控制变量中教师的教龄显著负向影响教师的离职意愿，即教师的教龄越长，其离职意愿越低；学生成绩同样显著正向影响教师的离职意愿，即学生成绩越差，则教师的离职意愿反而越低。

表5-6 工作满意度各子维度对离职意愿的影响

变量	离职意愿	变量	离职意愿
领导与管理满意度	-0.109*	家庭距离	0.011
发展环境满意度	-0.040	学历	0.011
付出回报合理性满意度	-0.115**	教龄	-0.229***
自我实现满意度	-0.086*	职称等级	0.025
同事关系满意度	-0.089*	职前工作	-0.027
师生关系满意度	-0.124***	离职经历	0.009
学校声誉满意度	-0.071*	学校品牌	-0.011
性别	0.018	学生成绩	0.044*
年龄	0.053	R^2	0.370
婚姻状况	-0.001	调整后 R^2	0.364
子女情况	0.012	F	59.314***

注：*代表 $p<0.05$，**代表 $p<0.01$，***代表 $p<0.001$；n=1938。

对模型拟合优度的比较发现，工作满意度各子维度对教师离职意愿的 R^2 值为0.370，调整后 R^2 值为0.364，说明模型解释力较高。F检验结果（59.314，$p<0.001$）显著，表明工作满意度各子维度对教师离职意愿具有统计显著性影响。

模型回归分析的结果显示，教师的发展环境满意度（β = -0.040，$p>0.05$）对其离职意愿没有显著影响，即教师对学校硬件环境满意度并不会影响其离职意愿。除此以外，教师工作满意度的其他 6 个子维度均显著负向影响其离职意愿，影响从大到小依次是师生关系满意度（$\beta = -0.124$, $p<0.001$）、付出回报合理性满意度（$\beta = -0.115$, $p<0.01$）、领导与管理满意度（$\beta = -0.109$, $p<0.05$）、同事关系满意度（$\beta = -0.089$, $p<0.05$）、自我实现满意度（$\beta = -0.086$, $p<0.05$）以及学校声誉满意度（$\beta = -0.071$, $p<0.05$）。研究结果表明，假设 7 成立。

综上分析，教师对于学校的硬件关注度并不高，其更看重学校的领导与管理、付出回报合理性、自我实现、同事关系、师生关系和学校声誉。

（三）工作满意度在组织承诺和离职意愿之间的中介效应检验

用 Bootstrap 法可以直接检验中介效应的存在性。直接检验的假设条件为 H0：ab = 0。如果检验结果得出的置信区间包含 0，表示不存在中介效应。

根据路径分析的结果，假设检验成立，为了探究这些显著的路径里是否具有中介效应，本书在 AMOS 21.0 运行 Bootstrap 法，选择重复 5000 次，置信区间标准为 95%，采用偏差校正法进行检验。本次模型为多重中介模型，单独的分析只能得到总的中介效应结果，并不能得到具体的中介效应，故本书采用 AMOS 21.0 软件自带的语法将相关路径全部赋值，分别计算非标准化和标准化的特定中介效应。

以 Bootstrap 法进行中介效应检验，重复 5000 次样本，计算 95% 的置信区间，结果如表 4-7 所示，组织承诺—工作满意度—离职意愿中介路径上下区间均不包含 0，P 值小于显著水平 0.05，故假设成立，存在中介效应。研究结果证明工作满意度在组织承诺和离职意愿之间发挥中介效应。

表 4-7　工作满意度的中介效应检验

Parameter	中介效应	Lower	Upper	P
组织承诺—工作满意度—离职意愿	-0.223	-0.260	-0.184	0.000

第三节　组织政治感知通过中介因素对离职意愿的影响

一　链式中介模型

基于组织政治模型，组织成员的组织政治感知可以影响工作条件因素和组织承诺，且工作条件因素起到中介效应。结合 Price 和 Mueller 的一般员工离职模型和心理契约模型表明，组织承诺和工作满意度影响员工的离职意愿，张勉等（2006）指出，组织承诺和工作满意度作为中介变量，影响个体的离职意愿。基于以上理论模型和前文结论，构建了图 5-2 的链式中介模型，模型显示组织政治感知通过工作条件因素、组织承诺以及工作满意度的中介效应影响员工的离职意愿。

通常主要通过对一些拟合指标的测算来判断结构方程模型是否成立，包括 χ^2/df 要求小于 3；GFI（适配度指数）、AGFI（调整的适配度指数）、NFI（规准适配指数）、TLI（增值适配指数）、CFI（比较适配指数）大于 0.8 表示模型可以接受，大于 0.9 则表示模型适配能力较好；RMSEA 小于 0.08 表示适配能力较好，模型拟合程度较高。

运用 AMOS 21.0 进行模型分析，结果如表 5-8 所示，χ^2/df（1.681）小于 3，GFI（0.978）、AGFI（0.974）、NFI（0.982）、TLI（0.992）、CFI（0.993）均大于 0.9，RMSEA（0.019）小于 0.08，这说明模型的拟合程度较高，模型可以接受。根据模型拟合指标的标准，模型的拟合指标均达到要求，故对模型的路径进行分析。

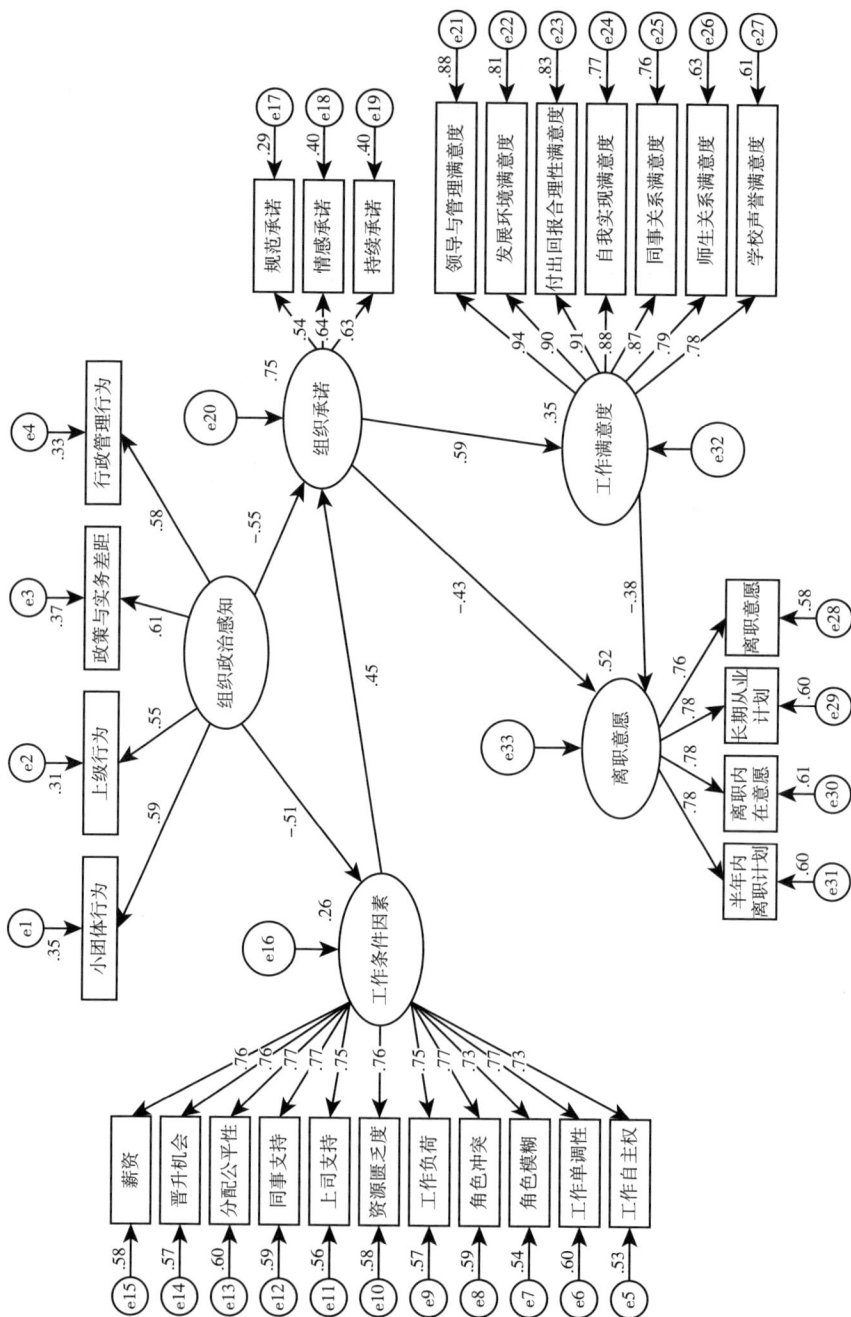

图 5-2 各变量结构方程模型标准化路径

表 5-8　**各变量模型拟合优度指标**

指标	χ^2/df	GFI	AGFI	NFI	TLI	CFI	RMSEA
统计值	1.681	0.978	0.974	0.982	0.992	0.993	0.019
参考值	<3	>0.8	>0.8	>0.9	>0.9	>0.9	<0.08
达标情况	达标	达标	达标	达标	达标	达标	达标

　　对模型进行路径分析后，组织政治感知、工作条件因素、组织承诺、工作满意度与离职意愿之间的路径系数如表 5-9 所示。

表 5-9　**各变量之间的路径系数**

路径			Estimate	S. E.	C. R.	P
工作条件因素	←	组织政治感知	-0.505	0.048	-14.802	***
组织承诺	←	组织政治感知	-0.546	0.037	-13.005	***
组织承诺	←	工作条件因素	0.449	0.020	13.652	***
工作满意度	←	组织承诺	0.593	0.059	18.249	***
离职意愿	←	组织承诺	-0.434	0.056	-12.664	***
离职意愿	←	工作满意度	-0.375	0.025	-13.695	***

注：* 代表<0.05，** 代表<0.01，*** 代表<0.001。

　　组织政治感知到工作条件因素的标准化路径系数为 -0.505（t 值 =-14.802，$p<0.001$），说明组织政治感知显著负向影响工作条件因素，故假设 2 成立。

　　组织政治感知到组织承诺的标准化路径系数为 -0.546（t 值 =-13.005，$p<0.001$），说明组织政治感知显著负向影响组织承诺，故假设 3 成立。

　　工作条件因素到组织承诺的标准化路径系数为 0.449（t 值 =13.652，$p<0.001$），说明工作条件因素显著正向影响组织承诺，故假设 4 成立。

　　组织承诺到工作满意度的标准化路径系数为 0.593（t 值 =

18.249，$p<0.001$），说明组织承诺显著正向影响工作满意度，故假设 5 成立。

组织承诺到离职意愿的标准化路径系数为 -0.434（t 值 $=-12.664$，$p<0.001$），说明组织承诺显著负向影响离职意愿，故假设 6 成立。

工作满意度到离职意愿的标准化路径系数为 -0.375（t 值 $=-13.695$，$p<0.001$），说明工作满意度显著负向影响离职意愿，故假设 7 成立。

综上所述，组织政治感知通过工作条件因素、组织承诺、工作满意度的中介作用显著影响教师离职意愿。其中，组织政治感知显著负向影响教师的工作环境因素和组织承诺，而工作条件因素显著正向影响组织承诺。

另外，组织承诺显著负向影响离职意愿，但为显著正向影响工作满意度。同时，工作满意度显著负向影响教师离职意愿，即教师对工作越满意，其离职意愿越低。

二 中介效应检验

用 Bootstrap 法可以直接检验中介效应的存在。直接检验的假设条件为 H0：$ab=0$。如果检验结果得出的置信区间包含 0，表示不存在中介效应。

根据路径分析的结果，假设检验成立，为探究这些显著的路径里是否具有中介效应，本书在 AMOS 21.0 运行 Bootstrap 法，选择重复5000 次，置信区间标准为 95%，采用偏差校正法进行检验。且本次模型是多重中介模型，单独的分析只能得到总的中介效应结果，并不能得到具体的中介效应，故本书采用 AMOS 21.0 软件自带的语法将相关路径全部赋值，分别计算非标准化和标准化的特定中介效应。

结果如表 5-10 所示，组织政治感知—工作条件因素—组织承诺—工作满意度—离职意愿链式中介路径上下区间均不包含 0，P 值小于显著水平 0.05，故假设成立，存在中介效应。

综上，工作条件因素、组织承诺和工作满意度在组织政治感知和离职意愿之间发挥中介效应，故假设 8 成立。

表 5-10　工作条件因素、组织承诺和工作满意度的中介效应检验

Parameter	中介效应	Lower	Upper	P
组织政治感知—工作条件因素—组织承诺—工作满意度—离职意愿	0.051	0.039	0.063	0.000

第四节　本章小结

本章继续利用回收的 1938 份教师问卷的数据，采用多元线性回归和结构方程模型，对假设 5 至假设 8 进行了讨论，结合前文结论验证了教师离职意愿的多重影响路径，即教师组织承诺和工作满意度对教师离职意愿的直接影响，教师组织政治感知通过工作条件因素、组织承诺和工作满意度的中介效应对教师离职意愿的影响。具体步骤如下。

首先，通过结构方程模型验证了组织承诺对工作满意度的直接影响、组织承诺对离职意愿的直接影响以及工作满意度对离职意愿的直接影响。

其次，通过回归分析对组织承诺各子维度对工作满意度各子维度的影响进行分析，对组织承诺各子维度对离职意愿的影响进行分析，对工作满意度各子维度对离职意愿的影响进行分析。这两步验证了假设 5 民办中小学教师的组织承诺显著影响工作满意度；假设 6 民办中小学教师的组织承诺显著影响离职意愿，假设 7 民办中小学教师的工

作满意度显著影响离职意愿。

最后，通过结构方程和 Bootstrap 法验证工作满意度在组织承诺和离职意愿间的中介效应以及工作条件因素、组织承诺、工作满意度在组织政治感知和离职意愿间的中介效应。这两步验证了假设 8 工作条件因素、组织承诺、工作满意度在组织政治感知和离职意愿之间发挥中介作用。

通过本章量化研究分析有如下发现。

第一，教师的组织承诺及其子维度显著负向影响其离职意愿。

组织承诺包括情感承诺、持续承诺以及规范承诺三大维度。情感承诺通常指员工对组织的情感依附、认同和参与程度，员工的情感承诺越高，其对组织归属感越强，越愿意在组织内长期发展。规范承诺则指员工基于自身的责任感和道德义务选择留在组织的承诺，规范承诺越高，员工在受到外界环境影响下（如面临更好机会时）留在组织的意愿越高。持续承诺指的是员工基于离开组织所带来的损失或计算离开成本后，选择留在组织的承诺。本书沿用 Mitchel（2001）等学者对离职意愿的定义，即教师在受到自身或者外在环境等多重影响下，主动试图离开组织的愿望。

通过回归分析发现，组织承诺各子维度均显著负向影响教师的离职意愿。其中，情感承诺对离职意愿的负向影响最为显著，其次是持续承诺对离职意愿的负向影响，最后是规范承诺对离职意愿的负向影响。因此，学校管理层应优先提升教师的情感承诺，增强教师的参与感，促进形成良好的团队氛围以加强教师对组织的归属感。此外，应提供有竞争力的薪酬和福利体系以提升教师的持续承诺，同时，应加强教师的职业道德和教育责任培训。

第二，组织承诺通过工作满意度的中介作用影响教师的离职意愿。

通常来讲，员工在工作中的实际收获（包括情感与物质）大于期望值时，会产生工作满意感。本书的工作满意度是指个人的工作目标实现或帮助他人或组织实现工作目标和价值而产生的愉快情绪。通过回归分析发现，持续承诺对工作满意度各子维度的正向影响较大（β值均大于0.200，且 $p<0.001$），其次是情感承诺对工作满意度各子维度的正向影响，最后是规范承诺对工作满意度各子维度的正向影响，但规范承诺对发展环境满意度的影响不显著。

回归结果显示，除发展环境满意度对离职意愿没有显著影响以外，教师工作满意度其他子维度均显著负向影响其离职意愿。其中师生关系满意度对离职意愿的负向影响最大，其次是付出回报合理性满意度对离职意愿的负向影响，再次是领导与管理满意度对离职意愿的负向影响。通过中介效应检验，验证了教师工作满意度在组织承诺对离职意愿的影响中起到了中介作用。

综上所述，首先，学校管理者应提升师生互动质量和沟通技巧，在给教师提供沟通技巧培训的同时，也应多关注学生诉求与情绪疏导。其次，学校应建立公平透明的薪酬体系和绩效评估标准，提升教师付出回报合理性满意度。最后，改善教师间的同事关系满意度对降低教师离职意愿也有重要意义，因此学校应通过团队合作项目、跨学科交流活动和定期团队建设等活动，增强教师之间的合作与理解。

此外，虽然发展环境满意度对离职意愿没有显著影响，但学校也应为教师提供足够的资源和发展机会，确保教学资源的充足供应，以及为教师提供不断学习和发展的机会，进而间接提高教师的工作满意度。

第三，组织政治感知通过工作条件因素、组织承诺、工作满意度的中介作用影响教师的离职意愿。

通过链式中介分析发现，工作条件因素、组织承诺、工作满意度在组织政治感知对离职意愿的影响中起到中介作用。结合第三章教师组织政治感知对于工作条件因素和组织承诺的影响以及本章回归分析的结论，即组织承诺和工作满意度显著负向影响离职意愿，构建了链式中介模型。

传统员工离职模型偏重员工与组织之间的显性或正式关系，而组织政治感知涉及对组织内非正式权力结构和资源分配公平性的感知。通过将组织政治感知纳入模型，揭示影响员工离职意愿的隐性因素，丰富了 Price 和 Mueller 的一般员工离职模型，增强了对复杂组织政治行为的解释力。

整体来说，本章通过多元线性回归分析，验证了组织承诺、工作满意度与离职意愿的关系，并通过构建结构方程模型，阐述工作满意度在组织承诺对离职意愿影响中的中介作用。同时，结合第三章的结论，最终构建了以组织政治感知为自变量，以工作条件因素、组织承诺以及工作满意度为中介变量，以离职意愿为因变量的结构方程模型。回答了本书的第三个研究问题，即民办学校教师的组织政治感知如何通过工作条件因素、组织承诺和工作满意度等多重中介因素影响教师的离职意愿。

第六章　结论和展望

第一节　研究发现和结论

20世纪80年代，我国在对公办学校进行大力改革的同时，也开始推动民办学校的发展以加快培养高素质人才的速度。民办教育经过40余年的发展，如今已成为中国基础教育的重要组成部分。发展高质量的民办教育是教育强国建设的重要内容之一，其重要保障是拥有一支稳定的教师队伍，然而当下民办学校教师离职问题仍较为突出。教师群体是学校运营的中坚力量，其离职不仅破坏学校的稳定性，影响学生的学习进度，还会对学校造成实际性的损失。这些损失源于新教师招聘和培训所需的高昂的时间成本和资源投入、对学生教学连贯性的影响以及对在职教师信念的影响。由于民办学校独特的组织结构和运行机制，教师流动性问题尤为突出，因此，识别影响教师离职意愿的外在推动力和内在原因具有重要的实践意义。这有可能降低民办学校教师的离职率，确保教学质量和学校的稳定运营。

为探明民办学校教师离职原因，本书从组织微观政治的视角出发，力图在更为动态的组织环境中探讨民办学校教师离职意愿背后的动机及其形成过程。围绕核心研究问题，本书在梳理一般员工离职模型、微观政治理论、教师离职影响因素及学校治理策略等相关研究文献的基础上，构建了分析框架。

本书采用基于解释性时序设计的混合研究方法。修订了民办中小学教师离职相关因素量表，并通过探索性因子分析、验证性因子分析、信度分析和效标关联效度的检验等，验证了相关量表的科学性和有效性，确保其可用于后续的研究分析。在预调查基础上，基于全国7个省份11所学校的1938份教师问卷和11份学校问卷数据，本书综合采用描述性统计、探索性因子分析和验证性因子分析、相关分析、多元线性回归以及结构方程模型和中介效应检验等方法进行研究。

一 研究发现

第一，民办学校内部存在微观政治环境，且受到学校治理策略的影响。

质性分析表明，在微观政治环境中，当以举办者变更、经营战略调整以及课程和教学变化来衡量学校治理策略变化时，学校治理策略变化会通过影响教师的核心利益影响教师的组织政治感知。量化分析显示，民办学校治理策略对教师的组织政治感知和离职意愿均具有显著的正向影响，同时显著负向影响教师的工作条件因素、组织承诺和工作满意度。

首先，在微观政治环境下，学校治理策略显著正向影响教师的组织政治感知。学校治理策略包含举办者、经营战略及课程和教学3个维度，组织政治感知包含行政管理行为感知、政策与实务差距感知、上级行为感知和小团体行为感知4个维度。回归分析表明，学校治理策略3个子维度的变化显著正向影响组织政治感知。其中，课程和教学变化以及经营战略调整对教师的组织政治感知的影响更为显著，相比之下，举办者变更的影响较小。学校治理策略3个子维度的变化也显著影响组织政治感知的子维度。综合来看，学校治理策略变化对教师行政管理行为感知的影响最大。

其次，学校治理策略的变化可以通过影响教师的核心利益影响教师的组织政治感知。在质性分析中，本书通过对教师的深度访谈确认学校存在微观政治环境，微观政治环境的四个构成要素为权力、目的、意识形态以及冲突与合作。当学校治理策略发生变化时，校长权力的实施会挑战或加强现有的利益结构（可拆分为物质利益、组织利益、社会利益、文化-意识形态利益、自我利益），进而激发教师对组织政治的感知。

第二，民办学校教师的组织政治感知通过工作条件因素影响组织承诺。

相比于传统的一般员工离职模型，本书增加了组织政治感知这一维度。中介效应模型表明，组织政治感知对工作条件因素和组织承诺均有显著负向影响，且工作条件因素对组织承诺有显著正向影响。因此，工作条件因素在教师的组织政治感知与组织承诺间发挥中介作用。

首先，通过结构方程模型，本书发现组织政治感知显著负向影响组织承诺。即教师感受到的组织政治感知越强，他们的组织承诺越低。组织政治感知的 4 个子维度中，政策与实务差距感知对规范承诺影响不显著。除此以外，组织政治感知的 4 个子维度（行政管理行为感知、政策与实务差距感知、上级行为感知以及小团体行为感知）均显著负向影响组织承诺的 3 个子维度（规范承诺、情感承诺、持续承诺）。

其次，组织政治感知显著负向影响工作条件因素。组织政治感知的 4 个子维度中，行政管理行为感知对工作自主权和晋升机会均没有显著影响。除此之外，组织政治感知各子维度均显著负向影响工作条件因素各子维度（工作自主权、工作单调性、角色模糊、角色冲突、工作负荷、资源匮乏度、上司支持、同事支持、分配公平性、晋升机会和薪资）。

再次，工作条件因素显著正向影响组织承诺。在工作条件因素各子维度中，教师的工作自主权、角色冲突、工作负荷、晋升机会对其组织承诺没有显著影响。组织政治感知通过工作条件因素的中介效应显著影响组织承诺。

第三，民办学校教师的组织政治感知通过多重中介因素影响教师的离职意愿。

结构方程模型和中介效应检验表明，民办学校教师的组织承诺对工作满意度具有显著正向影响；组织承诺对离职意愿具有显著负向影响；工作满意度对离职意愿具有显著负向影响。因此，组织政治感知—工作条件因素—组织承诺—工作满意度—离职意愿存在链式中介效应。

二 研究结论

基于本书研究的发现，结合相关文献，得出以下主要结论。

第一，组织政治感知在员工离职模型中起到核心作用。这一分析性概念将中观层面的学校治理和微观层面的组织政治感知有机衔接起来。传统的一般员工离职模型多基于工作条件的变化来解释教师的离职意愿与行为，但忽略了工作条件中存在的主观因素（组织政治感知）以及影响员工主观感受的微观政治环境变化。本书研究发现，教师对组织政治的感知显著影响其对工作条件的认知，进而调整个体的离职决策。因此，本书提出一般员工离职模型应将组织政治感知作为一个重要的预测变量纳入其中。

第二，心理契约中的组织承诺破坏是教师离职的重要因素之一。本书研究表明，心理契约的破坏是解释工作条件感受变化后，工作满意度随之变化的关键机制。笔者认为组织承诺在教师的工作条件因素与工作满意度之间发挥了中介作用，因此也将心理契约理论与一般员工离职模型衔接起来。

第三，学校治理策略的变化是离职行为的外部因素，而组织政治感知是内部因素，只有将外部因素和内部因素结合起来，才能更好地理解民办学校教师的离职问题。通过质性分析，笔者发现微观政治在民办教师离职决策中发挥了关键作用。

教师离职不仅是经济决策，更是政治决策。当学校微观政治环境发生变化时，教师的核心利益冲突促使其组织政治感知发生变化，从而影响其对工作条件的判断，这是本书的重要发现之一，而传统的一般员工离职模型忽视了这一点。通过混合研究方法，本书验证了学校治理策略对组织政治感知的影响及其作用路径，进而构建了一个以组织政治感知为核心的教师离职模型。这一模型弥补了现有离职理论和模型对学校微观政治环境关注的不足，将学校治理策略与组织政治感知纳入教师离职决策的链条。

第四，民办学校教师离职是一个逐步累积的链式反应，而非一时冲动的决定，是一个从量变到质变的过程。本书揭示了教师离职决策的复杂性，表明个人与环境的互动在其中发挥了关键作用。学校治理环境的变化通过影响个人的组织政治感知影响离职决策。教师离职意愿并非简单的经济理性决策，而是经济理性和政治性因素的综合考量的结果。

第二节　研究创新和贡献

本书研究基于微观政治视角，采用定量研究与定性研究相结合的方法，以典型学校的教师和校长为对象进行量化分析，同时对教师、董事长和家长进行了深度访谈。研究探讨了学校治理策略对教师组织政治感知的影响及作用路径，揭示了教师的组织政治感知通过工作条件因素、组织承诺和工作满意度的中介作用影响其离职意愿的机制。本书的主要贡献体现在理论创新和实践创新两个方面。

一 理论创新

在理论层面，本书创新性地将微观政治理论应用于民办学校教师离职意愿的研究中，并结合传统的一般员工离职模型与心理契约理论，在更具动态和现实的组织环境中探讨了教师离职意愿的外部驱动力。基于组织微观政治的视角，本书分析了教师对学校组织政治感知的影响机制，及其通过工作条件因素、组织承诺和工作满意度的中介效应对离职意愿的影响，拓宽了教师离职研究的理论视野，凸显了教师离职的过程性特点。微观政治环境是本书的核心分析性概念之一，体现在第二章的分析中。第一，第二章采用混合研究方法，通过质性访谈揭示学校内部治理策略变化对教师核心利益和组织政治感知的影响。一方面说明民办学校内部存在微观政治环境，另一方面说明微观政治环境的变化会影响教师的感受和行为。第二，第三章和第四章分析了教师组织政治感知通过链式中介效应对工作条件因素、组织承诺、工作满意度乃至离职意愿的影响。教师组织政治感知刻画了教师对组织内部微观政治环境的感受，量化分析表明这种感受是教师离职意愿的前因变量。本书的质性分析和量化分析都充分纳入了微观政治视角，深化了教师离职意愿研究的层次。

本书的理论创新体现在两个方面。首先，有机地结合了传统的一般员工离职模型、心理契约理论与微观政治理论，形成了理解教师离职意愿的新分析框架。其次，综合一般员工离职模型、心理契约理论与微观政治理论，采用混合研究方法，探讨了作为教师离职外部驱动力的学校治理策略变化如何影响教师的核心利益，进而使其产生组织政治感知。

本书在分析框架中整合了上述理论，拓展了教师离职意愿的影响路径，构建了以组织政治感知为核心的全面的教师离职模型。微观政治理论揭示了学校治理策略变化如何动态影响教师的组织政治感知；

传统的一般员工离职模型为教师离职意愿提供了解释路径；心理契约
理论阐述了教师与学校之间的心理契约如何在这一过程中发挥作用，
整合了中观层面的学校治理策略与微观层面的组织政治感知，丰富了
教师离职的分析内容。本书从理论上将教师离职模型进行了拓展，将
中观层次和微观层次分析结合，这种理论结合扩展了微观政治理论和
心理契约理论的使用范围，为教育管理领域提供了新的研究视角和方
法，形成了对教师离职意愿更全面的理解。

　　本书将组织政治感知作为核心分析性概念引入对教师离职问题的
研究。组织政治感知反映了组织成员对组织内部政治行为的主观认知
与评估。在本书中，组织政治感知作为组织内微观政治的体现，分析
了其对工作条件因素和组织承诺的影响。这一研究不仅拓展了组织政
治感知的应用范围，为教师行为研究提供了新的视角，还揭示了教师
在应对学校治理策略变化时的心理与行为反应机制。本书通过对教师
组织政治感知的定量分析，进一步加深了对教师离职意愿的理解，丰
富了教育管理理论。此外，本书还表明组织政治感知在教师的职业发
展和心理契约履行中发挥了关键作用，凸显了微观政治环境在教师工
作环境中的重要性，进一步完善了教师离职意愿研究的理论框架。

二　实践创新

　　本书关注民办教师离职意愿而非离职行为有两个原因。第一，当
前民办教育政策变动频繁，在民办学校中存在大量有离职意愿但尚未
采取离职行为的教师。有效降低民办学校教师的离职意愿才能减少未
来离职行为，因此本书旨在揭示民办中小学教师离职意愿产生的原因，
为稳定民办学校教师队伍提供意见和建议。第二，本书采用微观政治
理论，将教师离职行为作为对微观政治环境感知变化的结果。已有文
献提出教师的组织政治感知主要影响个体离职意愿，尚未发现其对离
职行为有直接影响。综上，本书根据分析目标和文献综述选择分析民

办教师离职意愿而非离职行为。

本书将中观层面的学校环境变化与微观层面的教师感知相结合，揭示出教师对这些变化的感知及其链式反应的过程，强调了学校教育生态对于教师发展的影响，展现出教师自身与学校组织之间的相互影响。学校管理者在做出决策时，必须充分考虑教师对学校政治环境的感知及其可能产生的影响。本书的研究结论即教师的组织政治感知通过影响工作条件因素、组织承诺和工作满意度，进一步对离职意愿产生显著影响，为降低民办中小学教师离职率提供了思路，强调了加强组织建设对稳定教师队伍的重要性。

在实践层面，本书对于解决教师离职问题和民办学校发展问题都具有一定的价值。

首先，本书丰富和发展了传统的教师离职研究。一般员工离职模型通常认为教师离职是经济决策，该理论认为只要外部机构提供的薪资和福利足够优厚，教师就会做出有利于自身的经济选择，即选择离职。然而，本书研究发现教师离职不仅是经济决策，还是一种政治决策。组织政治感知直接影响教师对学校工作环境的评价。当教师认为工作环境无法满足其需求时，组织政治感知就会发生变化，进而影响工作满意度和离职意愿。在实践中，学校管理者应充分考虑教师的综合感受，加强沟通，提升教师的参与感，以此影响他们的组织政治感知，从而降低其离职意愿。测度教师的组织政治感知对于学校管理者发现组织政治问题至关重要，同时这也为其改进管理模式和了解教师诉求提供了参考依据。

其次，本书为民办学校教师队伍建设的举措提供了循证证据。民办学校作为社会性和营利性相结合的机构，其常常存在内部利益和外部利益冲突，员工目标差异较大，这使得民办学校教师离职问题具有一定的特殊性。为了规范民办教育发展，国家相继出台了多项政策和制度。民办学校的治理策略相应发生了重大变化，包括举办者变更、经营战略调整以及课程和教学改革。根据本书的分析，这些举措对民办学校内部生态环境产生了巨大的影响，进而影响了民办学校教师发展的微观政治环境和组织政治感知。本书通过进一步研究发现，教师离职模型中的各项因素均受到学校治理策略变化的显著影响。由此可见，民办学校外部政策环境与学校治理策略变化容易激发学校微观政治环境中的利益冲突，并通过链式反应导致教师离职意愿的提升。因此，为了稳定学校内部环境、降低教师的组织政治感知并稳定学校的优质师资，民办学校在执行政策和调整治理策略时应特别关注教师的感受。

第三节　研究启示与政策建议

民办学校教师离职不仅会带来高昂的招聘成本，还会引发家长和学生的不满，进而导致学生流失，给学校的长期发展带来不利影响。因此，教师队伍的稳定性对于民办学校而言至关重要。当民办学校不得不调整治理策略时，如何有效保持教师队伍的稳定性就成为理论界和实务界关注的核心议题。

基于本书的发现和结论，在当前我国民办教育政策调整的背景下，民办学校治理策略的变化可能进一步加剧教师流动这一问题。因此，需采取针对性措施以维持民办学校教师队伍的稳定性。为此，社会、政府和民办学校需要共同推动学校高质量可持续发展。基于本书研究的发现，为了保持我国民办中小学教师队伍的稳定性和促进民办学校高质量发展，应考虑以下几个方面的建议。

一　民办学校应以教师为本，重视民办教师的组织政治感知，力求在民办教育政策调整时期实现平稳发展

教师队伍的稳定性是民办学校最核心的竞争力之一。由于我国民办学校兼具营利性和公益性，学校的利益相关者（校长、教师、学

生和家长）之间的关系较为复杂。本书研究表明，学校治理策略变化可以通过影响教师的核心利益来影响教师的组织政治感知，这些核心利益相互交叠影响教师的离职决策。由此可见，民办学校管理者在调整内部治理策略时，应充分评估其潜在后果，尤其是对教师队伍稳定性的影响。当民办学校必须调整治理策略时，不应单纯追求成本最小化或利润最大化，而应注重维护良好的校内微观政治环境。

校内微观政治环境的稳定性是评估民办学校管理能力的重要指标之一。涉及一线教师的学校治理策略调整往往会在校内引发较大波动。因此，民办学校的举办者在调整经营战略时，应充分考虑多方利益，尽量减少对教师群体的负面影响。例如，在调整课程和教学方法之前，应确保教师的广泛参与，充分听取其意见与建议，确保调整方案的可行性及教师对教学调整的适应性。为了降低校内微观政治环境中的冲突，学校应提供必要的培训与资源支持，帮助教师尽快适应新课程与教学方法。此外，学校还可以建立有效的监管机制，邀请教师等利益相关者参与，以确保经营战略调整不会对教师的薪资待遇及职业发展机会产生不利影响。同样，学校还可以组织多样化的活动（如团队建设等），帮助教师更好地理解并认同由经营战略调整带来的新的办学理念与组织文化。

总之，在民办学校治理策略变化的过程中，学校应确保信息传递的及时性，如通过定期发布通报及召开公开会议，让教师充分了解治理策略变化的背景、过程及预期影响，以减少不必要的猜疑与焦虑等组织政治感知。如果举办者发生变更，学校还应确保学校管理和教学工作的顺利过渡，保持管理层与教师之间的有效沟通与合作，避免因变更而引发的工作中断与混乱。

作为我国教育体系中的重要组成部分，民办教育具有促进教育特色化发展的积极作用。因此，国家和政府主管部门在民办教育政策发布与实施过程中，应进行充分的前期调研，了解政策对民办学校和民办教师行为的潜在影响。在政策制定过程中，应充分考虑民办学校与公办学校的差异，并在政策发布和实施过程中重视民办学校教师的感受，将稳定民办教师队伍作为政策目标之一。

二 构建良好的民办学校组织环境和工作环境，提升教师的组织承诺

民办学校的举办者及管理层应充分认识到教师群体与其他行业从业人员的差异。与一般认知不同，尽管薪酬是影响教师留职的重要因素，但并非决定性因素。教师的职业选择不仅是经济利益的决策，还包含政治性因素。本书研究表明，教师对微观政治环境的感知与薪酬一样会影响个体的离职意愿。因此，从教师的长期职业发展来看，民办学校不应仅依赖财务激励来稳定教师队伍，还需注重培养教师对其组织承诺。本书提出，教师组织承诺的建立源自校内良好的微观政治环境，故良好的微观政治环境应成为管理层稳定教师队伍的关键考量之一。

笔者还发现，工作条件因素对教师离职的影响并非立竿见影，组织承诺在其中起到了关键的中介作用。组织承诺在教师离职过程中的重要性不容忽视，而其建立过程则深受工作条件因素的影响。这意味着，民办学校应着力增强教师对学校的组织承诺，避免因管理不当而破坏这一承诺。教师的心理契约对其行为和态度有积极作用。

维护组织承诺是长期的动态的过程，组织承诺的破坏也并非一蹴而就。因此，维护学校的良好微观政治环境，不仅需要举办者或者校长的关注，也要求将组织承诺细化、量化，形成人力资源部门、各年级、各教研组环形的沟通、监控模式。通过多种形式、多种维度、多种口径的相互作用，形成高频次、长时间的沟通和反馈机制，进而影响学校的组织文化氛围。民办学校管理者需要认识到教师个体的差异，通过培养教师对学校的情感依附和认同感，加强师生互动，营造积极的工作氛围，从而有效降低教师的离职意愿。

三　以提高教师工作满意度为导向，建立稳定的民办教师队伍

员工离职的核心驱动力来源于对其目前工作的不满意。民办学校要稳定教师队伍，提高教师的组织承诺，主要应提高教师的工作满意度，降低教师的离职意愿。

不同于传统观点认为员工满意度会直接导致离职的看法，本书研究表明，教师离职过程远比想象的复杂。民办学校在处理教师离职问题时，需要认识到教师离职是一个渐进的、过程性的决策，而非一时的冲动。该过程通常源于教师对工作满意度的下降或组织承诺的弱化，特别是教师对工作环境和学校微观政治的感知变化。这一过程是持续性的，教师的感知经过时间的积累，最终导致做出离职决定。因此，学校管理者应密切关注教师在此过程中情感和行为的变化，及时进行干预和引导。民办学校应该建立常态化的教师发展监测机制，关注教师在校内业务和管理领域的发展情况，及时进行反馈和沟通，提升教师的组织承诺，从而稳定教师队伍。

第四节　研究不足及未来研究方向

尽管本书研究取得了一定成果，但仍然存在局限性，未来研究可进一步深化和完善。

第一，数据分析的局限性。教师离职意愿的研究是一个长期且复杂的过程，因此，应在大量、多元化和多层次的数据收集基础上深入探索我国民办中小学教师离职意愿产生的原因、过程及机制。真正有价值的研究应该关注国家民办教育政策发布前后，民办中小学的微观政治环境、教师组织政治感知及离职意愿的变化，特别是政策发布后民办学校治理策略的调整及其对微观政治环境的影响。鉴于本书研究开展时，民办中小学经历了较大的内部治理变动，笔者未能获取相关

政策发布前后的对比数据，缺乏对照分析。简言之，本书以截面数据为基础进行分析，难以呈现民办学校教师离职的动态过程。未来研究可以考虑对民办学校教师进行追踪调查，考察学校治理策略变化对教师离职意愿的中长期影响。

本书研究过程中收集的数据来自民办学校的在职教师，与已离职教师相比，这部分教师的离职意愿较低。如果能够选取已离职教师进行对比分析，将为研究提供更为多维的视角。鉴于寻找已离职教师的难度较大，本书仅限于对在职教师的离职意愿分析，而非对离职行为本身的分析。本书在质性分析中对已离职教师进行了访谈，在一定程度上弥补了这一局限性，但样本量不足，分析不够深入。未来研究可以考虑对已离职教师开展问卷调查，并与在职教师数据进行对比分析。

第二，研究设计的局限性。微观政治环境对教师工作条件因素、组织承诺和工作满意度的影响具有复杂性。本书使用了结构方程模型，看似因果关系清楚，但可能存在互为因果的情况。本书仅添加了两个变量，即将教师组织政治感知作为工作条件因素的前因变量，以及将组织承诺作为工作满意度的前因变量，这两个变量的处理均有文献支持。本书的重点不是分析因果关系，而是通过结构方程模型验证理论推导出的分析框架。但是，在实际情况中，教师工作条件的变化可以影响个体的组织政治感知；反过来，教师的组织承诺、工作满意度甚至离职意愿也会影响学校的微观政治环境，组织政治感知也许会直接影响离职意愿。这一过程应是动态、多元、具有交互性的。然而，由于实际测量难度较大，且受篇幅限制，本书未能进行更为复杂的交互效应研究设计。未来研究可以考虑学校撤并等外部不可抗力造成的教师工作条件变化对组织政治感知的影响，识别组织政治感知对教师离职意愿的因果性影响。

第三，研究效度问题。本书以典型省份部分民办中小学为研究对象进行抽样，在校内采用整体抽样方法。虽然这些样本在这些学校内具有代表性，但是对民办学校整体的代表性不足，研究结论可能无法外推到其他民办学校。此外，本书数据来源于主观评价调查，多数中介变量来自心理测量量表，如组织承诺，可能存在文化适用性问题。在未来的研究中，可将样本进一步扩展至不同阶段、不同层次的教师群体，深化对不同地区、不同类型民办学校教师离职意愿的分析。

附　录

附录一　我国民办学校教师工作环境调查问卷——校长问卷

民办教育是我国教育事业的有机组成部分，民办教育的高质量发展有助于实现教育的高质量发展。

为研究促进民办中小学教师全面发展、提高教师满意度的可行方式，民办学校教师发展调查课题组特组织此次调查。课题组将严格遵守《中华人民共和国统计法》，不会以任何形式公开您和您所在单位的信息。

问卷填写需要 15~20 分钟，主要是了解您所在学校的整体情况。衷心感谢您的支持与合作！

民办学校教师发展调查课题组

2023 年 11 月

校领导姓名：_____

学　校　名：_____

学校所在地：_____省（自治区/直辖市）

　　　　　　_____市_____县（区）

A 部分：学校基本信息

A1. 贵校的性质属于 ［_____］

普通民办学校（自有土地）

普通民办学校（租赁土地）

国际学校（外籍人员子女学校）

民办流动儿童学校

其他（请注明_____）

A2. 贵校的上级行政主管部门是 ［_____］

地市级教育局

地市级其他政府机构

县区教育局

其他部门（请注明_____）

A3. 贵校的举办者为（请填写法人全称）［_____］

A4. 贵校举办者属于（可多选）［_____］

自然人

企业或投资机构（包括教育集团、教育管理公司、教育资产公司、其他投资机构或企业）

政府及事业单位（包括政府部门、事业单位，以及与政府相关的资产投资公司等企业）

公益组织（包括社团法人、民办非企业单位、基金会等）

A5. 贵校管理层与董事会或理事会的关系属于 ［_____］

管理层每年向董事会或理事会汇报一次

管理层每年向董事会或理事会汇报两次

管理层每年向董事会或理事会汇报多于两次

B 部分：学校治理

学校举办者问题

B1. 贵校举办者近五年是否发生过变化？［单选题］*

1. 是　　　　2. 否

如是，贵校的举办者属性发生了哪些变化［_____］［单选题］*

土地属性由划拨转变为自有土地

土地属性由租赁转变为购买

土地属性由自有转变为国有

自有土地股权发生变更

其他（请注明_____）

B2. 贵校举办者近五年是否发生过变化［单选题］*

1. 是　　　　2. 否

如是，贵校举办者发生了哪些变化［_____］［单选题］*

自然人变更（举办人变更）

由公办或公参民（包括国有教育集团、城投等）变更为纯民办

由民办或公参民办变更为政府直接举办

由公办或公参民转变为公益组织（包括社团法人、民办非企业单位、基金会等）

其他（请注明_____）

B3. 贵校的上级主管部门近五年是否发生过变化［单选题］*

1. 是　　　　2. 否

如是，贵校的上级行政主管部门发生了哪些变化 ［＿＿＿＿＿＿＿＿＿］
［单选题］*

由地市级教育局转变为区教育局

由省级教育局转变为地市或区教育局

由地市级其他政府机构转变为区教育局

其他（请注明＿＿＿＿＿）

经营战略

B4. 贵校重要事件的决策权是否发生了变化 ［单选题］*

1. 是　　　　2. 否

如是，决策人发生了哪些变化 ［＿＿＿＿＿＿＿＿＿＿＿］［多选题］*

由校长决策变更为董事会或理事会决策

由校长决策变更为书记决策

由董事会或理事会决策变更为书记决策

由董事长个人决策变更为书记领导下的集体决策

由董事长个人决策变更为教育主管部门决策

其他（请注明＿＿＿＿＿）

B5. 学校近三年战略定位是否发生过变化 ［单选题］*

1. 是　　　　2. 否

如是，学校的战略定位发生了哪些改变 ［＿＿＿＿＿＿］（多选题）

学校学段发生变化（关闭义务教育阶段）

其他学段变化（请注明＿＿＿＿＿）

学校升学目标发生变化（由出国教育转变为国内高考，或相反）

其他升学目标发生变化（请注明＿＿＿＿＿）

学校课程发生改变

教学课本发生改变

管理模式发生改变（请注明_____）

其他（请注明_____）

B6. 贵校的校长近五年是否发生过改变［单选题］*

1. 是　　　　2. 否

B7. 您认为哪些因素影响了学校的经营策略［_____］（多选题）

"双减"政策

民办教育政策

民办学校规制（公民同招）

民办学校规制（办学特色调整）

民办学校规制（学籍管理政策）

市场需求变化

竞争对手增多（民办学校）

竞争对手增多（公办学校）

其他（请注明_____）

B8. 贵校对学校未来发展的看法如何？

情况	非常担心	非常担心	不怎么担心	不怎么担心
学生增加				
招不到学生				
学生流失				
教师流失				
学校被撤/并				

续表

情况	非常担心	非常担心	不怎么担心	不怎么担心
政策变化				
举办者变动				
同区域公办学校增加				
办学自主权				

C 部分：课程教学及教师

C1. 贵校近三年来课程设置是否发生了改变 [单选题]*

1. 是　　　　2. 否

如是，课程设置发生了哪些改变 [_____]（多选题）

1. 由国际课程变为双轨（国际+国内）课程

2. 由英语特色教学变更为其他特色

3. 外教授课数量减少

4. 授课课时变化

5. 学生活动内容/形式变化

6. 其他（请注明_____）

C2. 上级主管部门对于学校课程和教学的检查或督导是否发生了变化 [单选题]*

1. 是　　　　2. 否

如是，学校接受上级主管部门对于课程和教学的检查督导频率 [_____] [单选题]

1. 每个月都会进校进行听课、课本教材、学生招生等检查

2. 每学期初都会进行检查督导

3. 每一年会递交相关资料给上级主管部门

4. 基本上学校没有接受过教育局在教学方面的督导

5. 其他（请注明_____）

C3. 贵校近三年的教材使用是否发生过变化［单选题］*

1. 是　　　　2. 否

如是，教材选择上发生了哪些变化［_____］（多选题）

1. 不允许使用任何国际教材

2. 由国际原版教材变更为国内课外教材

3. 由自由选择教材权变更为教育主管部门指定教材

4. 改变了教材形式（由书本变为打印形式或电子形式）

5. 其他（请注明_____）

贵校教材调整的原因属于［_____］（多选题）

1. 教育主管部门不允许使用原有教材

2. 学校战略发展需要调整教材

3. 教师自主决定

4. 其他（请注明_____）

C4. 贵校近三年来是否根据学校战略变化调整了教师队伍？
［_____］（单选题）

1. 是　　　　2. 否

如是，

贵校在哪些方面进行了调整？

	大幅度降低或缩减	小幅度降低或缩减	无变化	小幅度提升或扩大	大幅度提升或扩大
聘任教师规模					
招聘教师条件					
教师教授的科目和学段数量					
教师培训和发展机会					
教师薪酬					
教师待遇					
教师职称晋升机会					
教师参与学校治理机会					

贵校近三年来的教师队伍调整如何影响教师发展环境和教师行为？

	较大负向影响	较小负向影响	无影响	较小正向影响	较大正向影响
分配公平性					
工作自主权					
工作压力					
晋升机会					
薪酬待遇					
社会支持					
人际关系					
工作满意度					
组织承诺					
离职意愿					

附录二　我国民办学校教师工作环境调查问卷——教师问卷

亲爱的老师：

　　您好！

　　民办教育作为我国教育的重要组成部分，承担着满足社会个性化教育需求的重任。民办教师的工作满意度影响着民办教育的持续良性发展。

　　为研究促进民办中小学教师全面发展、提高教师满意度的可行方式，民办学校教师发展调查课题组特组织此次调查。课题组将严格遵守《中华人民共和国统计法》，不会以任何形式公开您和您所在单位的信息。

　　问卷填写需要 20~30 分钟，主要是了解您对于民办学校工作的整体感受。如您愿意接受问卷后的访谈，请留下宝贵的联系方式，课题组愿意和您做进一步交流和沟通。

　　衷心感谢您的支持与合作！

民办学校教师发展调查课题组

2023 年 11 月

一、个人基本信息

1. 您的性别是［单选题］

○男　　　　　　　○女

2. 您的年龄是［单选题］

○20~30 岁　　　　○31~50 岁　　　　○51 岁及以上

3. 您的民族是［单选题］

○汉族　　　　　　○其他民族　　　　○外籍　　　　○港澳台籍

4. 您的婚姻状况［单选题］

○已婚　　　　　○未婚　　　　　○离异

5. 您的子女情况［单选题］

○两个及以上子女　○一个子女　　　○未有子女

如选择前两个选项，则继续填写

5.1 子女年龄［单选题］

○均已成年　　　○有 6~18 岁子女　○有学龄前子女

5.2 子女就读情况［单选题］

○本校就读　　　○未在本校就读　　○曾经就读本校

6. 您的家乡（主要成长地区）是［单选题］

○本省（不含本市）　　　　　　○本市

○相邻省份　　　　　　　　　　○一线城市或外籍

○其他

7. 是否全职教师？［单选题］

○是　　　　　　○否

8. 您的最高学历是［单选题］

○大专　　　　　○本科　　　　　○硕士

○博士　　　　　○其他

9. 您的教龄［单选题］

○1 年以内　　　○1~5 年　　　　○5~10 年

○10~20 年　　　○20 年以上

10. 您是否具有教师资格证？［单选题］

○是　　　　　　○否

11. 您的职称等级是［单选题］

○无　　　　　　○初级　　　　　○中级

○高级　　　　　○特级

12. 您教学的科目是［多选题］

○社会学科　　　○数学　　　　○自然科学　　○外语

○语文　　　　○音体美　　　○教辅　　　　○其他

13. 您所教的学段［多选题］

○小学　　　　○初中

14. 您进入本校前的工作或学习经历［单选题］

○读书　　　　○政府部门　　○民办学校

○公办学校　　○培训机构　　○其他

15. 您在近五年内是否在不同学校间进行过岗位流动？［单选题］

○是　　　　　○否

16. 您是否拥有教师事业编制？［单选题］

○是　　　　　○否　　　　　○已经放弃

二、单位基本情况

17. 您目前所在学校的规模是［单选题］

○超过 2000 名学生　○1000~2000 名学生　○500~1000 名学生

○200~500 名学生　○200 名学生以下　　○少于 10 名学生

18. 您认为学校品牌情况是［单选题］

○本地名校　　　○普通学校　　　○口碑较差

19. 所在学校每个班级平均学生人数［单选题］

○50 人以上　　　○30~50 人　　　○15~30 人

○15 人以下　　　○少于 10 人

20. 您所在学校的学生学习成绩如何？［单选题］

○大多数学生成绩优秀　　　　○有个别成绩突出的学生

○很少有成绩特别好的学生　　○普遍成绩较差

21. 您所在学校的学生家庭收入情况如何？［单选题］

○大部分在全市前 30% 的水平

○大部分在全市 50% 的水平

○大部分在全市后 50% 的水平

三、学校工作环境感受

指导语：下列题目是想了解您对于学校工作环境的感受，无所谓对错，烦请仔细阅读后，在您认为最合适的选项上打"√"。

22. 您对学校的管理怎么看：

	非常不同意	不同意	不确定	同意	非常同意
我们学校紧跟领导的人提拔快					
我们学校谁会吹捧领导谁得势					
我们学校的情况是"会哭的孩子有奶吃"					
我们学校里投机取巧的人受重用					
我们学校有权的人可以随心所欲					
我们学校有些人可以随心所欲，没人敢得罪					
我们学校顺从有实力的人最受重用					
我们学校"好好先生"可以获得更多好处					
我们学校做事要看领导的脸色，制度只是摆设					
我们学校制度的执行经常因人而异					
同事间互助主要是出于利益的考虑					
我们学校明哲保身是最好的选择					
我的上级任人唯亲					

23. 您对学校的制度怎么看：

	非常不同意	不同意	不确定	同意	非常同意
我们学校制度的执行从来都是无人例外					
我们学校认真工作的人受重用					
我们学校各项制度的解释是一致的					
我们学校有权的人为民办事					
我们学校一切照章办事					
我们学校老师敢于向领导提意见					
我们从不怀疑学校的决定					

	非常不同意	不同意	不确定	同意	非常同意
我们学校没有人可以随心所欲					
我们学校敢作敢为的人受重用					
我们学校的情况是多劳多得					
我的上级任人唯贤					
我们学校仗义执言是最好的选择					

24. 您对您的领导怎么看：

	非常不同意	不同意	不确定	同意	非常同意
我的上级不讲空话					
我的上级以权谋私					
我的上级大公无私					
我的上级经常说话不算数					

25. 您对学校的团队怎么看：

	非常不同意	不同意	不确定	同意	非常同意
我们学校决策的制度只是为了少数人的利益					
我们学校厉害的人就是各项制度的解释者					
我们学校"刺儿头"可以获得更多的好处					
同事间能够真诚互助					

四、工作满意度

指导语：下列题目是想了解您对于学校工作的满意度情况，烦请仔细阅读后，在您认为最合适的选项上打"√"。

26. 您对学校的整体评价：

	非常不同意	不同意	不确定	同意	非常同意
我能够选择我完成工作的方式					
我的工作内容丰富					
我不清楚自己在工作中的职责					
不同的领导常常向我提出相互冲突的工作要求					
我不得不非常快节奏地工作					
我拥有足够的资源进行工作					
我的顶头上司非常关心我的工作					
我很少和同事谈论重要的个人问题					
就我承担的工作职责而言，我得到的回报是公平的					
在我们单位，员工有很好的晋升机会					
我能得到符合我工作付出的薪资					

27. 您对学校各方面的感受情况属于：

	非常不同意	不同意	不确定	同意	非常同意
这个学校值得我为之奉献忠诚					
我不觉得有义务继续为这个学校工作					
我不会立刻离开我的学校，因为我对学校有一种责任感					
即使对我有利，我也不认为现在离开这个学校是正确的选择					
如果现在离开这个学校，我会感到内疚					
目前为止我留在学校是我所希望的，也是必需的					
我将学校的问题视为我自己的问题					
我对学校没有强烈的归属感					
我没有感到和学校有感情上的依恋关系					
这个学校对我而言有着很多的个人意义					
我很高兴在这个学校中度过我余下的职业生涯					

续表

	非常不同意	不同意	不确定	同意	非常同意
一旦我决定离开现在的学校,我生活中的很多事情就会被打乱					
我的再就业机会太少以至于无法考虑离开学校这件事					
留下来工作的一个主要原因就是离职需要做出大量的个人牺牲——其他的学校也许效益不如现在的这个					

28. 您对学校各方面是否满意:

	非常不满意	不满意	不确定	满意	非常满意
您对学校领导的待人公平感到					
您对领导的亲和力和人格魅力感到					
您对与领导的交往相处感到					
您对学校的教师评价感到					
您对学校现有的规章制度感到					
您对学校教学设施的配置感到					
您对校园文化的氛围感到					
您对学校的发展前景感到					
您对您的工资收入感到					
您对目前的工作强度感到					
您对学校福利感到					
您对自己的工作成就感到					
您对学校提供的专业发展机会感到					
您对学校后勤人员的工作态度感到					
您对学校教师的相处感到					
您对自己与学生的关系感到					
您认为家长对学校					

29. 我基本上没有想过离开目前这个单位［单选题］

○非常不同意　　○不同意　　　○不确定

○同意　　　　　○非常同意

30. 我计划在这个单位有长期的职业发展［单选题］

○非常不同意　　　○不同意　　　　　○不确定

○同意　　　　　　○非常同意

31. 对目前的工作我时常觉得厌烦，想换个新的单位［单选题］

○非常不同意　　　○不同意　　　　　○不确定

○同意　　　　　　○非常同意

32. 在未来半年内，我很可能会离开目前这个单位［单选题］

○非常不同意　　　○不同意　　　　　○不确定

○同意　　　　　　○非常同意

33. 最近半年您和所在学校的上级领导是否因某些问题产生过观念不一致的情况？如果有，这种情况下是否发生了矛盾或冲突？您是如何处理的？（请举例说明）［填空题］

_____

34. 您是否愿意留下手机号，以便课题组对您进行回访，并为您提供专业的职业发展建议［填空题］

_____

问卷已经全部结束，感谢您耐心地填写！

附录三　问卷预调研信效度

（1）项目分析

本研究的项目分析主要采用独立样本 T 检验对总得分的极端组进行比较、相关性检验两种统计方法。

一是用独立样本 T 检验对总得分的极端组（高分组的 27% 和低分组的 27%）进行比较来观察和判断每个量表题项之间的差异是否显著（显著性<0.05 有统计学差异，且绝对值≥3.000），如果差异

显著说明量表各题项之间区别明显。

二是用相关性检验来分析每个量表题项与总分的相关性，观察相关系数是否达到显著水平（相关系数绝对值≥0.400），如果相关性显著说明该题项可以测量出总量表需要测量的教师离职意愿内容，项目的区分度高。

表 1　各题项的项目分析

题项	极端组比较	相关性检验	题项	极端组比较	相关性检验
X1	-6.214	.553**	X27	-6.777	.614**
X2	-6.621	.598**	X28	-6.010	.556**
X3	-5.311	.595**	X29	-4.956	.515**
X4	-6.424	.588**	X30	-4.858	.485**
X5	-5.613	.604**	X31	-4.721	.447**
X6	-5.318	.583**	X32	-4.400	.454**
X7	-7.113	.556**	X33	-4.524	.455**
X8	-7.048	.568**	M1	-8.013	.601**
X9	-5.391	.525**	M2	-6.147	.538**
X10	-5.885	.537**	M3	-5.130	.482**
X11	-5.420	.501**	M4	-5.437	.511**
X12	-6.063	.544**	M5	-6.442	.543**
X13	-8.765	.625**	M6	-6.537	.436**
X14	-5.861	.606**	M7	-6.155	.642**
X15	-6.573	.628**	M8	-5.201	.552**
X16	-6.278	.615**	M9	-6.102	.504**
X17	-5.708	.602**	M10	-8.057	.568**
X18	-6.522	.580**	M11	-6.621	.557**
X19	-8.673	.636**	M12	-4.274	.489**
X20	-8.063	.675**	M13	-3.474	.458**
X21	-5.807	.582**	M14	-3.999	.521**
X22	-5.185	.518**	M15	-4.505	.569**
X23	-7.103	.654**	M16	-4.009	.436**
X24	-5.284	.580**	M17	-4.312	.518**
X25	-5.872	.576**	M18	-5.751	.570**
X26	-8.100	.639**	M19	-6.547	.550**

续表

题项	极端组比较	相关性检验	题项	极端组比较	相关性检验
M20	−5.988	.539**	M34	−4.448	.570**
M21	−5.312	.587**	M35	−3.820	.548**
M22	−6.281	.536**	M36	−4.883	.578**
M23	−3.611	.451**	M37	−4.811	.622**
M24	−3.306	.438**	M38	−3.676	.538**
M25	−3.619	.472**	M39	−4.243	.526**
M26	−3.362	.532**	M40	−4.867	.617**
M27	−4.474	.651**	M41	−3.627	.513**
M28	−3.971	.531**	M42	−3.647	.565**
M29	−5.606	.622**	Y1	9.966	.821**
M30	−4.234	.535**	Y2	9.767	.820**
M31	−3.562	.483**	Y3	9.776	.831**
M32	−5.048	.563**	Y4	5.427	.668**
M33	−4.372	.628**	判别标准	≥3.000	≥0.400

X1~X33 为组织政治感知各题项，M1~M42 为工作条件因素、组织承诺和工作满意度各题项，Y1~Y4 为离职意愿 4 个题项。

各变量极端组检验结果显示各题项绝对值均符合判别标准，相关性检验结果均符合判别标准，各个题项均都保留进行信度分析。

（2）信度分析

未经净化的项目在进行因子分析的时候容易出现多维度的情况，不利于对观测变量和潜变量的关系进行分析。因此在对问卷进行前测时，通过因子分析对初始问卷的测量题项进行筛选净化。一般利于校正的总计相关性系数，若校正的总计相关性（CITC）系数小于 0.5，就需要删除该题项。同时还需要根据信度系数 Cronbach's α 确定量表的信度，一般认为若 Cronbach's α 系数大于 0.7，该潜变量的信度符合要求；若为 0.5~0.7，则需要对该潜变量的量表进行修正；若小于 0.5，则需要重新设计问卷。同时，信度检验中若删除某一题项后该潜变量的信度系数 Cronbach's α 大于所有潜变量的 Cronbach's α 值，则需要删除该题项。

综上所述，本书对量表的净化和修正主要采用两个标准。若校正的总计相关性系数小于 0.5，则删除该题项；若删除该题项后 Cronbach's α 系数大于所有潜变量的 Cronbach's α 系数，则删除该题项。

表 2　自变量的信度检验

变量	题项	修正后的题项与总计相关性系数	删除题项后的 Cronbach's α	Cronbach's α
行政管理行为	X1	0.701	0.931	0.936
	X2	0.667	0.932	
	X3	0.715	0.930	
	X4	0.766	0.929	
	X5	0.670	0.932	
	X6	0.717	0.930	
	X7	0.704	0.931	
	X8	0.700	0.931	
	X9	0.655	0.932	
	X10	0.662	0.932	
	X11	0.693	0.931	
	X12	0.716	0.930	
	X13	0.755	0.929	
政策与实务差距	X14	0.727	0.934	0.939
	X15	0.781	0.932	
	X16	0.723	0.934	
	X17	0.770	0.933	
	X18	0.736	0.934	
	X19	0.733	0.934	
	X20	0.713	0.935	
	X21	0.696	0.935	
	X22	0.691	0.936	
	X23	0.671	0.936	
	X24	0.685	0.936	
	X25	0.789	0.932	

续表

变量	题项	修正后的题项与总计 相关性系数	删除题项后的 Cronbach's α	Cronbach's α
上级行为	X26	0.762	0.884	0.903
	X27	0.789	0.873	
	X28	0.793	0.871	
	X29	0.792	0.871	
小团体 行为	X30	0.714	0.825	0.864
	X31	0.734	0.818	
	X32	0.768	0.802	
	X33	0.639	0.856	

从表 2 可见，自变量维度共 4 个变量，行政管理行为每个题项的 CITC 系数均高于 0.5，删除题项后信度系数没有显著提高，且 Cronbach's α 系数为 0.936；政策与实务差距每个题项的 CITC 系数均高于 0.5，删除题项后信度系数没有显著提高，且 Cronbach's α 系数为 0.939；上级行为每个题项的 CITC 系数均高于 0.5，删除题项后信度系数没有显著提高，且 Cronbach's α 系数为 0.903；小团体行为每个题项的 CITC 系数均高于 0.5，删除题项后信度系数没有显著提高，且 Cronbach's α 系数为 0.864。Cronbach's α 系数均符合大于 0.7 的标准，故 33 个题项都被保留下来。

表 3　中介变量的信度检验

变量	题项	修正后的题项与总计 相关性系数	删除题项后的 Cronbach's α	Alpha
工作条件 因素	M1	0.726	0.921	0.928
	M2	0.663	0.923	
	M3	0.661	0.923	
	M4	0.690	0.922	
	M5	0.721	0.921	
	M6	0.691	0.922	
	M7	0.752	0.919	
	M8	0.648	0.924	

变量	题项	修正后的题项与总计 相关性系数	删除题项后的 Cronbach's α	Alpha
工作条件 因素	M9	0.696	0.922	
	M10	0.782	0.918	0.928
	M11	0.731	0.920	
规范承诺	M12	0.761	0.908	
	M13	0.783	0.905	
	M14	0.768	0.907	0.921
	M15	0.767	0.908	
	M16	0.749	0.910	
	M17	0.822	0.900	
情感承诺	M18	0.778	0.889	
	M19	0.752	0.894	
	M20	0.798	0.884	0.910
	M21	0.754	0.894	
	M22	0.780	0.888	
持续承诺	M23	0.786	0.786	
	M24	0.752	0.823	0.870
	M25	0.727	0.840	
工作 满意度	M26	0.744	0.950	
	M27	0.771	0.949	
	M28	0.696	0.951	
	M29	0.687	0.951	
	M30	0.750	0.950	
	M31	0.673	0.951	
	M32	0.803	0.949	
	M33	0.810	0.948	
	M34	0.656	0.951	0.953
	M35	0.682	0.951	
	M36	0.672	0.951	
	M37	0.777	0.949	
	M38	0.732	0.950	
	M39	0.681	0.951	
	M40	0.722	0.950	
	M41	0.694	0.951	
	M42	0.707	0.950	

从表3可见，中介变量维度共5个变量，工作条件因素每个题项的 CITC 系数均高于 0.5，删除题项后信度系数没有显著提高，且 Cronbach's α 系数为 0.928；规范承诺每个题项的 CITC 系数均高于 0.5，删除题项后信度系数没有显著提高，且 Cronbach's α 系数为 0.921；情感承诺每个题项的 CITC 系数均高于 0.5，删除题项后信度系数没有显著提高，且 Cronbach's α 系数为 0.910；持续承诺每个题项的 CITC 系数均高于 0.5，删除题项后信度系数没有显著提高，且 Cronbach's α 系数为 0.870；工作满意度每个题项的 CITC 系数均高于 0.5，删除题项后信度系数没有显著提高，且 Cronbach's α 系数为 0.953。Cronbach's α 系数均符合大于 0.7 的标准，故 42 个题项都被保留下来。

表 4 因变量的信度检验

变量	题项	修正后的事项与总计相关性	删除项后的 Cronbach's α	Alpha
离职意愿	Y1	0.613	0.789	0.821
	Y2	0.633	0.780	
	Y3	0.661	0.767	
	Y4	0.668	0.764	

从表4可见，因变量维度共 4 个题项的 CITC 系数均高于 0.5，删除题项后信度系数没有显著提高，且 Cronbach's α 系数为 0.821，符合大于 0.7 的标准，故 4 个题项都被保留下来。

（3）探索性因子分析

探索性因子分析是为了测量量表的结构效度、判断各个潜变量的测量变量是否具有稳定的一致性和结构以及评价量表效度最常用的指标，本书应用 SPSS.21 软件对各维度构成进行检验。使用因子分析进行效度评价时，首先要判断是否满足因子分析的条件，一般需要满足两个条件，一是 KMO 值大于 0.7，二是 Bartlett 球形度检验的显著性

小于 0.05。若满足这两个条件说明测量变量之间有较强的相关性，
适合做因子分析。

表 5　自变量的效度检验

变量	题项	1	2	3	4
行政管理行为	X1	0.737			
	X2	0.695			
	X3	0.748			
	X4	0.793			
	X5	0.701			
	X6	0.749			
	X7	0.743			
	X8	0.743			
	X9	0.702			
	X10	0.698			
	X11	0.756			
	X12	0.752			
	X13	0.776			
政策与实务差距	X14		0.769		
	X15		0.808		
	X16		0.723		
	X17		0.793		
	X18		0.785		
	X19		0.745		
	X20		0.719		
	X21		0.733		
	X22		0.735		
	X23		0.681		
	X24		0.721		
	X25		0.838		
上级行为	X26			0.763	
	X27			0.783	
	X28			0.830	
	X29			0.865	

续表

变量	题项	1	2	3	4
小团体行为	X30				0.802
	X31				0.835
	X32				0.857
	X33				0.748
KMO		0.886			
Bartlett 球形度检验		2519.779			
特征值		10.833	5.556	2.334	2.136
方差贡献率		22.698	22.393	9.251	8.870
累计贡献率		22.698	45.090	54.341	63.211

自变量量表的探索性因子分析结果如表 5 所示，KMO 值为 0.886，显著大于标准 0.7；Bartlett 球形度检验值为 2519.779，显著性 sig. 值为 0.000，因此适合做因子分析。采取主成分分析法，抽取特征值大于 1 的因子，结果共提取出 4 个公因子，旋转累计平方和为 63.211%，大于 60%。通过正交旋转法旋转后，可将 33 个题项归类为 4 类因子，每个项目的负荷均高于 0.5，说明提取的 4 个因子所包含的信息较全面，且未出现双重因子负荷均高的情况，各测量变量按照理论预设聚合到各维度下。

表 6　中介变量的效度检验

变量	题项	1	2	3	4	5
工作条件因素	M1		0.732			
	M2		0.700			
	M3		0.709			
	M4		0.724			
	M5		0.740			
	M6		0.746			

续表

变量	题项	1	2	3	4	5
工作条件因素	M7		0.753			
	M8		0.649			
	M9		0.767			
	M10		0.810			
	M11		0.761			
规范承诺	M12			0.805		
	M13			0.830		
	M14			0.808		
	M15			0.779		
	M16			0.815		
	M17			0.843		
情感承诺	M18				0.793	
	M19				0.770	
	M20				0.819	
	M21				0.765	
	M22				0.801	
持续承诺	M23					0.866
	M24					0.838
	M25					0.780
工作满意度	M26	0.782				
	M27	0.779				
	M28	0.728				
	M29	0.697				
	M30	0.796				
	M31	0.710				
	M32	0.835				
	M33	0.833				
	M34	0.684				
	M35	0.715				
	M36	0.685				
	M37	0.789				
	M38	0.762				
	M39	0.711				

续表

变量	题项	1	2	3	4	5
工作满意度	M40	0.726				
	M41	0.744				
	M42	0.732				
KMO				0.873		
Bartlett 球形度检验				3487.036		
特征值		12.478	7.032	3.373	2.406	1.999
方差贡献率		23.477	15.919	10.686	8.734	6.158
累计贡献率		23.477	39.396	50.081	58.815	64.973

中介变量量表的探索性因子分析结果如表 6 所示，KMO 值为 0.873，显著大于标准 0.7，Bartlett 球形度检验值为 3487.036，显著性 sig. 值为 0.000，因此适合做因子分析。采取主成分分析法，抽取特征值大于 1 的因子，结果共提取出 5 个公因子，旋转累计平方和为 64.973%，大于 60%。通过正交旋转法旋转后，可将 42 个题项归类为 5 类因子，每个题项的负荷均高于 0.5，说明提取的 5 个因子所包含的信息较全面，且未出现双重因子负荷均高的情况，各测量变量按照理论预设聚合到各维度下。

表 7　因变量的效度检验

变量	题项	1
离职意愿	Y1	0.783
	Y2	0.799
	Y3	0.820
	Y4	0.825
KMO		0.808
Bartlett 球形度检验		153.739
特征值		2.605
方差贡献率		65.123
累计贡献率		65.123

　　因变量量表的探索性因子分析结果如表 7 所示，KMO 值为 0.808，显著大于标准 0.7，Bartlett 球形度检验值为 153.739，显著性 sig. 值为 0.000，因此适合做因子分析。采取主成分分析法，抽取特征值大于 1 的因子，结果共提取出 1 个公因子，旋转累计平方和是 65.123%，大于 60%。通过正交旋转法旋转后，可将 4 个题项归类为 1 类因子，每个题项的负荷均高于 0.5，说明提取的 1 个因子所包含的信息较全面，且未出现双重因子负荷均高的情况，各观测变量按照理论预设聚合到各维度下。

参考文献

陈国庆.（2003）.为民办教育的发展创造良好的制度环境.江西教育科研，Z1.

陈加洲，凌文辁，方俐洛.（2001）.组织中的心理契约.管理科学学报，2.

陈萌.（2021）.民办小学教师离职体验研究（硕士论文，河南大学）.

陈添.（2021）.中职学校教学质量诊改实践的问题及对策——以广西银行学校为例.广西教育，26.

陈向明.（2000）.质的研究方法与社会科学研究.北京：教育科学出版社.

陈幸仁，余佳儒.（2011）.一所国小学校特色课程发展之微观政治分析.教育资料与研究，103.

陈幸仁.（2013）.微观政治及其在学校领导之应用.教育学报，41.

陈娟.（2022）.美国公立中小学教师流失治理研究（博士论文，东北师范大学）.

程晋宽.（2012）.学校组织微观政治研究的历史与前沿.中国人民大学教育学刊，0.

杜明峰，范勇，史自词.（2021）.学校治理的理论意图与实践进路.教育研究，8.

杜明峰，张猛猛.（2020）.学校治理的实践建构与制度安排.教育发展研究，20.

范国锋，王浩文，蓝雷宇．（2015）．中小学教师流动意愿及其影响因素研究——基于湖北、江西、河南 3 省 12 县的调查．教育与经济，2.

范国睿，托马斯．（2021）．变化世界中的教育政策与教育改革．现代教育论丛，3.

范国睿．（2016）．学校治理的制度与机制．中国民族教育，9.

奉美凤．（2007）．中小学教师的工作满意度与组织承诺对其离职倾向的影响研究（硕士论文，华南师范大学）．

高洪源．（2003）．欧美学校微观政治研究的进展．比较教育研究，24（6）．

顾秀林，毕瑞．（2021）．"离岸"与"上岸"：游走在体制边缘的民办教师——基于 S 民办学校的实地研究．教师教育研究，33（6）．

郭建如．（2003）．民办高校的组织管理特征——以陕西民办高等教育为例．高等教育研究，24（4）．

郭江滨，吴新颖．（2019）．老子柔性管理思想的架构智慧与驱动活力．江苏社会科学，4.

郭洁，李国强．（2022）．2005—2021 年间我国教师心理契约的发展研究．教育观察，11.

韩丹．（2020）．Y 民办学校员工流失原因与对策（硕士论文，南昌大学）．

韩明等．（2010）．高校教师心理契约问卷的编制．心理发展与教育，3.

郝德永．（2020）．教育治理的国家逻辑及其方法论原则．教育研究，12.

贺心悦，谢延龙．（2016）．教师流动机制的缺失与建构．教学与管理：中学版，1.

胡卫．（1999）．摆脱困境的成功尝试——公立学校"转制"个案调查．教育发展研究，4.

侯杰泰，成子娟．（1999）．结构方程模型的应用及分析策略．心理学探新，19（1）.

姜勇等.（2006）.教师工作满意度的影响因素结构模型研究.心理科
　　学，29（1）.

李春梅.（2018）.心理资本对公众参与认知、态度和行为的影响研
　　究.学术论坛，41（2）.

李丽.（2018）.伦理型领导和中小学教师教学效能感的关系：组织公
　　平和组织承诺的作用（硕士论文，湖南师范大学）.

李虔，郑磊.（2021）.公办和民办学校教师流动现象探析——基于全
　　国抽样调查的混合研究.华中师范大学学报（人文社会科学
　　版），60（4）.

李原，郭德俊.（2006）.员工心理契约的结构及其内部关系研究.社
　　会学研究，5.

林丽华，连榕.（2005）.教师心理契约、工作满意度与自尊的状况及
　　其关系研究（福建师范大学，硕士论文）.

林琦.（2021）.学校治理模式的国际经验及其启示——基于新公共治
　　理理论的比较分析.外国教育研究，4.

刘杰.（2021）.组织承诺对小学教师离职倾向的影响研究（硕士论
　　文，黑龙江大学）.

刘林.（2023）.弘扬教育家精神，引领民办教育高质量发展.中国教
　　育报.

刘明洁.（2020）.员工组织政治知觉、组织内信任与离职倾向关系的
　　实证研究（河南大学，硕士论文）.

刘琦艳.（2007）.社会学视角下民办中小学教师无序流动的原因分
　　析.教育发展研究，2.

罗燕.（2020）.中国民办教育协会会长刘林："教书育人"乃教育之
　　本.民生周刊，26.

马超，凌文辁，方俐洛.（2006）.企业员工组织政治认知量表的构

建．心理学报，1．

彭娟．（2022）．县域民办中学的教师流动问题研究（硕士论文，黑龙江大学）．

齐英程．（2019）．"分类管理"背景下营利性民办学校的治理结构设计．中国教育学刊，7．

瞿皎姣．（2014）．中国国有企业员工组织政治知觉对工作绩效的影响机制研究（博士论文，南开大学）．

曲正伟．（2023）．职业认同、组织认同对幼儿教师离职倾向的影响研究——基于三省份1248位教师的数据．教师发展研究，1．

尚果．（2022）．S学院专任教师心理契约与离职倾向关系研究（硕士论文，华中农业大学）．

尚伟伟，陈纯槿，孙迪．（2020）．幼儿园教师离职倾向的影响机理研究——基于有调节的中介模型．教育发展研究，24．

苏振兴．（2017）．消费者感知产品创新对品牌忠诚的影响研究（硕士论文，西安理工大学）．

孙汉银．（2003）．中学教师组织政治知觉、组织公平与工作满意度关系的研究（博士论文，北京师范大学）．

孙汉银．（2009）．组织公平对组织政治知觉与工作满意度之间关系的调节作用——以北京市中学教师为例．北京师范大学学报（社会科学版），1．

孙颖．（2021）．济宁市民办中小学发展对策研究（硕士论文，北京邮电大学）．

沙云玉．（2021）．关于新生代员工心理契约、组织承诺、员工满意度的文献综述．中国集体经济，23．

唐芳贵，彭艳．（2007）．工作满意度和社会支持与高校教师职业倦怠的关系．中国学校卫生，28（11）．

唐祎林．（2024）．民办中学90后教师离职问题及应对策略研究——

以 D 校为例（硕士论文，湖北师范大学）.

田宝军，李琪彦，徐爱新.（2007）.中学教师心理契约的内容与结构研究.教育理论与实践，12.

王涛等.（2022）.乡村振兴背景下农村幼儿教师离职倾向的影响机制研究——基于有调节的中介效应分析.华东师范大学学报（教育科学版），6.

王艳玲.（2023）.乡村教师离职意愿影响因素的变与不变——基于《云南省乡村教师支持计划（2015—2020 年）》实施前后的比较.华东师范大学学报（教育科学版），9.

王振洪.（2015）.论学校管理与教师组织承诺的关系.教育发展研究，1.

魏叶美，范国睿.（2021）.教师参与学校治理意愿影响因素的实证研究.华东师范大学学报（教育科学版），4.

温忠麟，叶宝娟.（2014）.中介效应分析：方法和模型发展.心理科学进展，22（5）.

翁清雄，席酉民.（2010）.职业成长与离职倾向：职业承诺与感知机会的调节作用.南开管理评论，13（2）.

邬大光.（2001a）.高等教育规模扩大与大学制度创新.现代大学教育，6.

邬大光.（2001b）.现代大学制度的根基.现代大学教育，3.

徐巧云，楼世洲.（2020）."应然"抑或"实然"：我国民办教育政策研究的主题分析与理性反思.教育与职业，3.

亚里士多德.（2003）.政治学（颜一，秦典华译）.北京：中国人民大学出版社.

闫凤桥.（2004）.从民办教育透视教育的分层与公平问题——对 S 省 TZ 市民办教育发展状况的调研.教育发展研究，24（1）.

杨颖东.（2015）.微观政治：西方学校变革研究的新视野.比较教育

研究，5.

姚辉．（2010）．企业档案管理在 ISO/TS16949 质量管理体系运行和认证中的作用．机电兵船档案，1.

尹奎，刘永仁．（2013）．职场排斥与员工离职倾向：组织认同与职业生涯韧性的作用．软科学，27（4）．

俞可平．（2001）．治理和善治：一种新的政治分析框架．南京社会科学，9.

原珂，赵天航，唐灿．（2022）．民办教育政策执行弹性度的影响因素探究——基于 1949—2019 年 191 件政策文本内容的分析．教育经济评论，7（6）．

约翰·W.克雷斯威尔．（2015）．混合方法研究导论．（李敏谊，译）．上海：格致出版社，上海人民出版社.

约翰·W.克雷斯威尔，薇姬·L.查克．（2017）．混合方法研究：设计与实施（原书第 2 版）．（游宇，陈福平译）．重庆：重庆大学出版社.

约翰·W.克雷斯威尔．（2007）．研究设计与写作指导：定性、定量与混合研究的路径．（崔延强主译）．重庆：重庆大学出版社.

曾微微．（2021）．邵阳市民办中学教师流失问题调查研究（硕士论文，湖南科技大学）．

张军成，凌文辁．（2011）．组织政治知觉影响离职倾向的多重中介效应比较分析，商业经济与管理，1.

张勉，张德．（2006）．Price-Mueller 离职模型中价值观变量调节作用的实证研究．管理评论，18（9）．

张勉，张德，李树茁．（2003）．IT 企业技术员工离职意图路径模型实证研究．南开管理评论，4.

张墨涵，胡云，赵琦琦．（2022）．党的十八大以来我国民办教育改革发展政策分析．中小学校长，10.

张晓宁，顾颖.（2010）. 知识型员工的工作满意度与组织承诺关系研究——以西安高新区科技型企业为例. 经济管理，1.

张凡迪，刘东莉.（2003）. 组织管理状况的指示器——工作满意度的研究. 理论界，6.

郑益乐等.（2022）. 工作嵌入对贫困地区普惠性民办园教师离职倾向的影响：一个条件过程模型. 教师教育研究，3.

智耀徵.（2019）. 改革开放以来我国民办基础教育制度研究（硕士论文，山西大学）.

周涛，鲁耀斌.（2006）. 结构方程模型及其在实证分析中的应用. 工业工程与管理，5.

朱学红，谭清华.（2011）. 心理契约测量的研究进展. 预测，6

朱雨.（2022）. Y民办职业学院教师流失问题研究（硕士论文，江苏大学）.

Aberth, W. H., Burlingame, A. L. (1988). Effect of Primary Beam Energy on the Secondary Ion Sputtering Efficiency of Liquid Secondary Ionization Mass Spectrometry in the 5-30-keV Range. *Analytical Chemistry*, 60 (14), 1426-1428.

Adams, E. (1965). The Logic of Conditionals. *Inquiry*, 8 (1-4), 166-197

Ahuja, N., et al. (2007). Regulation of Insulin Secretion by SIRT4, a Mitochondrial ADP-ribosyltransferase. *Journal of Biological Chemistry*, 282 (46), 33583-33592.

Ajzen, I. (1991). The Theory of Planned Behavior. *Organizational Behavior and Human Decision Process*, 50 (2), 179-211.

Albrow, M. C. (1973). The Study of Organisations—objectivity or Bias? In G. Slaman K. Thompson (Eds.), *People and Organisations* (pp. 23-45). London：Longman.

Allen, D. , Shanock, L. (2013). Perceived Organizational Support and Embeddedness as Key Mechanisms Connecting Socialization Tactics to Commitment and Turnover Among New Employees. *Journal of Organizational Behavior*, 34 (2), 286-302.

Altman, I. , Taylor, D. A. (1973). Social Penetration: The Development of Interpersonal Relationships. Holt, Rinehart, and Winston.

Anderson, B. (1991). Imagined Communities: Reflections on the Origins and Spread of Nationalism. London: Verso.

Argyris, C. (1960). Understanding Organizational Behavior. London: Tavistock Publications.

Argyris, C. (1973). Personality and Organization Theory Revisited. *Administrative Science Quarterly*, 18 (2), 141-167.

Bacharach, S. B. , et al. (1993). Status Inconsistency in Organizations: From Social Hierarchy to Stress. *Journal of Organizational Behavior*, 14 (1), 21-36.

Bacharach, S. B. , Lawler, E. J. (1981). *Bargaining : Press Power, Tactics, and Outcomes*. Englewood Cliffs, NJ: Prentice Hall.

Bagnall, D. M. , et al. (1997). Optically Pumped Lasing of ZnO at Room Temperature. *Applied Physics Letters*, 70 (17), 2230-2232.

Ball, R. , Jayaraman, S. , Shivakumar, M. (2012). Audited Financial Reporting and Voluntary Disclosure as Complements: A Test of the Confirmation Hypothesis. *Journal of Accounting and Economics*.

Ball, S. J. (1987). *The Micro-politics of the School: Towards a Theory of School Organization*. London: Methuen.

Ball, S. J. , Bowe, R. (1991). Micropolitics of Radical Change: Budgets, Management, and Control in British Schools.

Ball, S. J. , Olmedo, A. (2013). Care of the Self, Resistance, and

Subjectivity Under Neoliberal Governmentalities. *Critical Studies in Education*, 54 (1), 85-96.

Bandura, A., et al. (1980). Tests of the Generality of Self-efficacy Theory. *Cognitive Therapy and Research*, 4 (1), 39-66.

Bass, B. M., Riggio, R. E. (2006). *Transformational Leadership*. Mahwah, NJ: Erlbaum.

Becker, T. E., et al. (1996). Foci and Bases of Commitment: Implications for Performance. *Academy of Management Journal*, 39, 464-482.

Bell, L. A. (1980). The School as an Organization: A Re-Appraisal. *British Journal of Sociology of Education*, 1 (2), 183-192.

Bennett, S. C. (2001). The Osteology and Functional Morphology of the Late Cretaceous Pterosaur Pteranodon. *Palaeont Abt A*, 260, 1-153.

Blasé, J. (1987). Dimensions of Effective School Leadership: The Teacher's Perspective. *American Educational Research Journal*, 24, 589-610.

Blasé, J. (1991). *The Politics of Life in Schools : Power, Conflict, and Cooperation*. London: Newbury Park.

Blasé, J. (1993). The Micropolitics of Effective School-based Leadership: Teachers' Perspectives. *Educational Administration Quarterly*, 29 (2), 142-163.

Blasé, J. (2005). The Micropolitics of Educational Change. In A. Hargreaves (Ed.), *Extending Educational Change* (pp. 264-277). Dordrecht: Springer.

Blasé, J., Anderson, G. (1995). *The Micropolitics of Educational Leadership : From Control to Empowerment*. London: Cassell.

Blau, P. M. (1964). *Exchange and Power in Social Life.* New York, NY: Wiley.

Blomme, R., Van, R., Tromp, D., (2010). The Use of the Psychological Contract to Explain Self - perceived Employability. *Journal of Management Studies*, 47 (5), 835-861.

Blumberg, A., Greenfield, W. D. (1986). *The Effective Principal: Perspectives on School Leadership* (2nd ed.). Boston: Allyn Bacon.

Bolman, G. L., Deal, T. E. (1991). Leadership and Management Effectiveness: A Multi-frame, Multi-sector Analysis. *Journal of Management Studies*, 28 (3), 316-331.

Borman, G. D., Dowling, N. M. (2008). Teacher Attrition and Retention: A Meta-analytic and Narrative Review of the Research. *Review of Educational Research*, 78, 367-409.

Bouckenooghe, D., et al. (2009). Organizational Change Questionnaire—Climate of Change, Processes, and Readiness: Development of a New Instrument. *The Journal of Psychology*, 143, 559-599.

Boyar, L. S., et al. (2012). Linking Turnover Reasons to Family Profiles for IT/BPO Employees in India. *Journal of Indian Business Research*, 4 (1), 6-23.

Boyd, D., et al. (2005). The Draw of Home: How Teachers' Preferences for Proximity Disadvantage Urban Schools. *Journal of Policy Analysis and Management*, 24 (1), 113-132.

Boyd-Barrett, O. (1976). The Organization as Groups in Conflict. In *Management in Education* (*Unit 18*). Milton Keynes: Open University Press.

Brewer, D. J. (1996). Career Paths and Quit Decisions: Evidence from Teaching. *Journal of Labor Economics*, 14 (2), 313-339.

Bridges, E. M. (1967). A Model for Shared Decision Making in the School Principalship. *Educational Administration Quarterly*, 3 (1), 49-61.

Burgess, J. (1984). Dummett's Case for Intuitionism. *History and Philosophy of Logic*, 5 (2), 177-194.

Burns, T. (1961). Micropolitics: Mechanisms of Institutional Change. *Administrative Science Quarterly*, 6 (3), 257-281.

Carpenter, A., Greene, K. (2016). Social Penetration Theory. In J. D. Wright (Ed.), *International Encyclopedia of Social Behavioral Sciences* (2nd ed., Vol. 21, pp. 521-530). Elsevier.

Chemers, M. (1997). *An Integrative Theory of Leadership*. Mahwah, NJ: Lawrence Erlbaum.

Chih, Y. -Y., et al. (2016). Investigating Employee Turnover in the Construction Industry: A Psychological Contract Perspective. *Journal of Construction Engineering and Management*, 142 (8), 04016006.

Clinton, M., Guest, D. E. (2013). Testing Universalistic and Contingency HRM Assumptions Across Job Levels. *Personnel Review*, 42 (5), 529-551.

Cohen, A., et al. (2001). Analysis of the Mediating Effect of Personal-psychological Variables on the Relationship between Socioeconomic Status and Political Participation: A Structural Equations Framework. *Political Psychology*, 22 (4), 727-757.

Cole, P., et al. (2002). Cultural Differences in Children's Emotional Reactions to Difficult Situations. *Child Development*, 73, 983-996.

Collins, A., Loftus, E. (1975). A Spreading Activation Theory of

Semantic Processing. *Psychological Review*, 82, 407-428.

Collins, J. W. (1975). *My Seven Chess Prodigies: Bobby Fischer, Robert E. Byrne, William J. Lombardy, Donald Byrne, Raymond A. Weinstein, Salvatore J. Matera, Lewis H. Cohen*. Chess Review.

Colman, A. (2020). School Leadership, School Inspection and the Micropolitics of Compliance and Resistance: Examining the Hyper-Enactment of Policy in an Area of Deprivation. *Educational Management Administration Leadership*, 49 (2), 268-283.

Conley, M. W. (1989). Theories and Attitudes Towards Political Education. In K. A. McLeod (Ed.), *Canada and Citizenship Education* (pp. 137-156). Canadian Education Press.

Conley, S. C., et al. (1989). The School Work Environment and Teacher Career Dissatisfaction. *Educational Administration Quarterly*, 25 (1), 58-81.

Conway, N., Briner, R. B. (2005). *Understanding Psychological Contracts at Work: A Critical Evaluation of Theory and Research*. Oxford: Oxford University Press.

Cornoy, G. Y. (1957). The Personnel Turnover Concept: A Reappraisal. *Public Administration Review*, 17, 247-256.

Cotton, J. L., Tuttle, J. M. (1986). Employee Turnover: A Meta-Analysis and Review with Implications for Research. *Academy of Management Review*, 11, 55-70.

Crandall, D. P., Eiseman, J. W., Louis, K. S. (1986). Strategic Planning Issues that Bear on the Success of School Improvement Efforts. *Educational Administration Quarterly*, 22 (3), 21-53.

Cropanzano, R., Byrne, Z. S. (2000). Workplace Justice and the Dilemma of Organizational Citizenship. In M. van Vugt, T. Tyler,

A. Biel （ Eds. ）, *Collective Problems in Modern Society: Dilemmas and Solutions* （pp. 142−161）. London: Routledge.

Crow, G. M. , Weindling, D. (2010). Learning to Be Political: New English Headteachers' Roles. *Educational Policy: An Interdisciplinary Journal of Policy and Practice*, 24 （1）, 137−158.

Cunningham, G. B. , et al. (2005). Extensions and Further Examination of the Job Embeddedness Construct. *Journal of Sport Management*, 19 （3）, 319−335.

Currivan, D. B. (1999). The Causal Order of Job Satisfaction and Organizational Commitment in Models of Employee Turnover. *Human Resource Management Review*, 9, 495−524.

Cyert, R. March, G. R. (1963). *A Behavioral Theory of the Firm. Englewood Cliffs*, NJ: Prentice-Hall.

Dai, C. F. , Horng, S. (2009). *Scleractinia Fauna of Taiwan*. The Robust Group. National Taiwan University, Taipei.

Daniels, E. et al. (2019). A Review on Leadership and Leadership Development in Educational Settings. *Educational Research Review*, 27, 110−125.

Daniels, H. (1995). Whole Language: What's All the Fuss? An Interview with Harvey Daniels. In D. Levine, R. Lowe, B. Peterson, R. Tenorio （Eds. ）, *Rethinking Schools: An Agenda for Change* （pp. 115−127）. New York: New Press.

Daniël, E. , et al. (2019). A Review on Leadership and Leadership Development in Educational Settings. *Educational Research Review*, 27, 110−125.

De Neve, D. , et al. (2015). The Importance of Job Resources and Self-efficacy for Beginning Teachers' Professional Learning in

Differentiated Instruction. *Teaching and Teacher Education*, 47, 30-41.

Devaney, R. L., Goldberg, L. R. (1987). Uniformization of Attracting Basins for Exponential Maps. *Duke Mathematical Journal*, 55 (2), 253-266.

Elfers, A. M., et al. (2006). Teacher Mobility: Looking More Closely at "the Movers" within a State System. *Peabody Journal of Education*, 81 (3), 94-127.

Elias, P., White, M. (1991). *Recruitment in Local Labour Markets: Employer and Employee Perspectives.* London: Department of Employment.

Emerson, R. M. (1976). Social Exchange Theory. *Annual Review of Sociology*, 2, 335-362.

Ferris, G. R., Russ, G. S., Fandt, P. M. (1989). Politics in Organizations. In R. A. Giacalone P. Rosenfeld (Eds.), *Impression Management in the Organization* (pp. 143-170). Lawrence Erlbaum Associates, Inc.

Firestone, W. A., Wilson, B. L. (1985). Using Bureaucratic and Cultural Linkages to Improve Instruction: The Principal's Contribution. *Educational Administration Quarterly*, 21 (2), 7-30.

Firth, L., et al. (2004). How can Managers Reduce Employee Intention to Quit?. *Journal of Managerial Psychology*, 19 (1/2), 170-187.

Fishbein, M., Ajzen, I. (1975). *Belief, Attitude, Intention and Behavior: An Introduction to Theory and Research.* Reading, MA: Addison-Wesley.

Foucault, M. (1984). What is Enlightenment? In P. Rabinow (Ed.),

The Foucault Reader. New York: Pantheon.

Freeman, E. (2010). *Strategic Management*. Cambridge University Press.

Galbraith, J. K. (1983). *Anatomy of Power*. Houghton Mifflin, Boston.

Gates, S. M., et al. (2006). Mobility and Turnover Among School Principals. *Economics of Education Review*, 25 (3), 289-302.

Goldring, R., et al. (2014). *Teacher Attrition and Mobility: Results from the 2012 - 13 Teacher Follow-up Survey*. Washington, DC: National Center for Education Statistics. Retrieved June 24, 2015.

Gouldner, A. W. (1960). The Norm of Reciprocity: A Preliminary Statement. *American Sociological Review*, 25, 161-178.

Greene, A. (2016). Consent and Political Legitimacy. In D. Sobel, P. Vallentyne, S. Wall (Eds.), *Oxford Studies in Political Philosophy* (Vol. 2, pp. 71-97). Oxford University Press.

Greenfield, P. M. (1991). Language, Tools, and Brain: The Ontogeny and Phylogeny of Hierarchically Organized Sequential Behavior. *Behavioral Brain Sciences*, 14 (4), 531-551.

Gronn, P. (1983). Talk as Work: The Accomplishment of School Administration. *Administrative Science Quarterly*, 28, 1-21.

Gronn, P. (1986). Politics, Power, and the Management of schools. In E. Hoyle (Ed.), *The World Year Book of Education 1986: The Management of Schools* (pp. 45-54). Kogan Page.

Guarino, A. (2006). Psiconcologia Dell'età Evolutiva: La Psicologia Nelle Cure Dei Bambini Malati Di Cancro. Erickson.

Guarino, N., Welty, C. A. (2004). An Overview of OntoClean. In S. Staab R. Studer (Eds.), *The Handbook on Ontologies* (pp. 151-172). Springer-Verlag.

Gunn, T. M., McRae, P. A. (2021). Better Understanding the Professional and Personal Factors that Influence Beginning Teacher Retention in one Canadian Province. *International Journal of Educational Research Open.* Retrieved

Gunter, H. M. (2022). An Intellectual History of the Political in the Educational Management, Administration, and Leadership Field. *Educational Management Administration Leadership*, 50 (2), 252-268.

Guzzo, R. A., et al. (1994). Expatriate Managers and the Psychological Contract. *Journal of Applied Psychology*, 79, 617-626.

Hall, R. H. (1972). *Organisations: Structure and Process.* Prentice-Hall.

Hanberger, A. (2016). Evaluation in Local School Governance: A Framework for Analysis. *Education Inquiry*, 3.

Hanisch, K. A., Hulin, C. L. (1991). General Attitudes and Organizational Withdrawal: An Evaluation of a Causal Model. *Journal of Vocational Behavior*, 39, 110-128.

Hardy, C. (1987). The Contribution of Political Science to Organizational Behavior. In J. W. Lorsch (Ed.), *Handbook of Organizational Behavior* (pp. 96-108). Prentice-Hall.

Hart L., et al. (2009). An Examination of Research Methods in Mathematics Education (1995-2005). *Journal of Mixed Methods Research*, 3 (1), 26-41.

Heneman, H. G., Judge, T. A. (2000). Compensation attitudes: A review. In P. Singh N. Loncar (Eds.), *Pay Satisfaction, Job Satisfaction, and Turnover Intent.*

Herriot, P., et al. (1997). The Content of Psychological Contract. *British Journal of Management*, 8.

High, C. S. (2002). The Micropolitics of a Faculty-led School Reform (Doctoral dissertation). University of Texas at Austin. Retrieved from http://repositories.lib.utexas.edu/bitstream/handle/2152/644/highcs029.pdf?sequence=2.

Hom, P. W. , Griffeth, R. W. (1991). Structural Equations Modeling Test of a Turnover Theory: Cross-sectional and Longitudinal Analyses. *Journal of Applied Psychology*, 76, 350-366.

Hom, P. W. , Griffeth, R. W. (1995). *Employee Turnover.* South-Western Publishing.

Homans, G. C. (1961). *Social Behavior: Its Elementary Forms.* Harcourt, Brace World.

Hoy, W. K. , Miskel, C. G. (2013). *Educational Administration: Theory, Research, and Practice* (9th ed.). McGraw-Hill.

Hoyle, E. (1982). Micro-politics of Educational Organisations. *Educational Management and Administration*, 10, 87-98.

Hui, C. , Lee, C. , Rousseau, D. M. (2004). Psychological Contract and Organizational Citizenship Behavior in China: Investigating Generalizability and Instrumentality. *Journal of Applied Psychology*, 89 (2), 311-321.

Hulin, C. L. , et al. (1985). Alternative Opportunities and Withdrawal Decisions: Empirical and Theoretical Discrepancies and an Integration. *Psychological Bulletin*, 97, 233-250.

Hunter, C. (1979). Control in the Comprehensive System. In J. Eggleston (Ed.), *Teacher Decision Making in the Classroom: A Collection of Papers* (pp. 118-133). Routledge Kegan Paul.

Iannaccone, L. (1975). Education Policy Systems: A Study Guide for Educational Administrators.

Iannaccone, L. (1975). *Education Policy Systems: A Study Guide for Educational Administrators*. Fort Lauderdale, FL: Nova University Press.

Iannaccone, L. (1991). Micropolitics of Education: What and Why. *Education and Urban Society*, 23 (4), 465-471.

Ingersoll, R. M. (2001). Teacher Turnover and Teacher Shortages: An Organizational Analysis. *American Educational Research Journal*, 38 (3), 499-534.

Jackofsky, E., Peters, L. (1983). The Hypothesized Effects of Ability in the Turnover Process. *Academy of Management Review*, 8 (1), 46-49.

Jackson, P. W. (1968). Life in Classroom. Holt, Rinehart and Winston.

Kacmar, K. M., Ferris, G. R. (1991). Perceptions of Organizational Politics Scale (POPS): Development and Construct Validation. *Educational and Psychological Measurement*, 51 (1), 193-205.

Kacmar, M. K., Baron, A. R. (1999). Organizational Politics: The State of the Field, Links to Related Processes, and an Agenda for Future Research. *Research in Personnel and Human Resources Management*, 17, 1-39.

Keast, R., Mandell, M. P. (2013). Network Performance: A Complex Interplay of Form and Action. *International Review of Public Administration*, 18 (2), 27-45.

Kelchtermans, G. (2007). Teachers' Self-understanding in Times of Performativity. In L. F. Deretchin C. J. Craig (Eds.), *International Research on the Impact of Accountability Systems* (pp. 13 - 30). Rowman Littlefield Education.

Kelchtermans, G., Ballet, K. (2002). Micropolitical Literacy:

Reconstructing a Neglected Dimension in Teacher Development. *International Journal of Educational Research*, 37 (8), 755-767.

Kelchtermans, G., Vandenberghe, R. (1996). Becoming Political: A Dimension in Teachers' Professional Development. A Micropolitical Analysis of Teachers' Professional Biographies. *Careers*, 18, 12-21.

Kelly, D. H. (1974). Student Perceptions, Self-concept, and Curriculum Assignment. *Urban Education*, 9 (3), 257-269.

Kersaint, G., Lewis, J., Potter, R., Meisels, G. (2007). Why Teachers Leave: Factors that Influence Retention and Resignation. *Teaching and Teacher Education*, 23 (6), 775-794.

Kezar, A., Sean, G. (2004). *Grassroots Leadership: Responding to Declining Shared Governance in the Neoliberal World*. New Frontiers of Educational Research.

Kezar, A., Sean, G. (2015). *Communities of Transformation and Their Work Scaling STEM Reform*. Pullias Center for Higher Education, University of Southern California.

King, E. (1968). *Comparative Studies and Educational Decision* (1st ed.). Routledge.

Klassen, R. M., Anderson, J. K. C. (2009). How Times Change: Secondary Teachers' Job Satisfaction and Dissatisfaction in 1962 and 2007. *British Educational Research Journal*, 35 (5), 745-759.

Klassen, R. M., Ming, M. (2011). The Occupational Commitment and Intention to Quit of Practicing and Pre-service Teachers: Influence of Self-efficacy, Job Stress, and Teaching Context. *Contemporary Educational Psychology*, 36 (2), 114-129.

Kotter, J. P. (1973). The Psychological Contract: Managing the

Joining-up Process. *California Management Review*, 15 （3）, 91-99.

Kruger, R., et al. （1998）. Ala30Pro Mutation in the Gene Encoding Alpha-synuclein in Parkinson's Disease. *Nature Genetics*, 18, 106-108.

Krüger, M. L. （1995）. Schoolleiderschap en Schooleffectiviteit: Op weg naar een model vooronderzoek ［School leadership and school effectiveness: Towards a research model］. *Pedagogische Studiën*, 72, 404-442.

Labov, W. （1997）. Some Further Steps in Narrative Analysis. *Journal of Narrative and Life History*, 7, 395-415.

Lane, R. E. （1959）. *Political Life: Why People Get Involved in Politics*. The Free Press.

Lavelle, J., et al. （2007）. Taking a Multifoci Approach to the Study of Justice, Social Exchange, and Citizenship Behavior: The Target Similarity Model. *Journal of Management*, 33 （6）, 841-866.

Lawler, E. （1973）. *Motivation in Work Organizations*. Brooks/Cole Publishing Company.

Lawler, E. J. （2001）. An Affect Theory of Social Exchange. *American Journal of Sociology*, 107 （2）, 321-352.

Lawler, E. J., Thye, S. R. （1999）. Bringing Emotions into Social Exchange Theory. *American Review of Sociology*, 25, 217-244.

Lawler, E. L. （1973）. Optimal Sequencing of a Single Machine Subject to Precedence Constraints. *Management Science*, 19 （5）, 544-546.

Lawler, P. A., Smith, B. A. （1980）. *A Political Companion to Walker Percy*. University Press of Kentucky.

Lee, T. W. （1988）. How Job Dissatisfaction Leads to Employee

Turnover. *Journal of Business and Psychology*, 2 (3), 263-271.

Lee, T. W., Mitchell, T. R. (1994). An Alternative Approach: The Unfolding Model of Voluntary Employee Turnover. *Academy of Management Review*, 19 (1), 51-89.

Lee, T. W., Mowday, R. T. (1987). Voluntarily Leaving an Organization: An Empirical Investigation of Steers and Mowday's Model of Turnover. *Academy of Management Journal*, 30 (4), 721-743.

Levinson, H. (1965). Reciprocation: The Relationship between Man and Organization. *Administrative Science Quarterly*, 9 (4), 370-390.

Levinson, H., et al. (1962). *Men, Management, and Mental Health*. Harvard University Press.

Levy, A., et al. (2012). Estimating Teacher Turnover Costs: A Case Study. *Education Policy Analysis Archives*, 38, 102-129.

Li, Feng. (2009). Opportunity Wages, Classroom Characteristics, and Teacher Mobility. *Southern Economic Journal*, 75 (4), 1165-1190.

Li, Y., Yao, M. (2022). What Promotes Teachers' Turnover Intention? Evidence from a Meta-analysis. *Educational Research Review*, 37, 100477.

Liddicoat, A. J. (2017). Interpretation and Critical Reflection in Intercultural Language Learning: Consequences of a Critical Perspective for the Teaching and Learning of Pragmatics. In M. Dasli A. Díaz (Eds.), *The Critical Turn in Language and Intercultural Communication Pedagogy: Theory, Research, and Practice* (pp. 22-39). Routledge.

Lieberman, D. A., et al. (1988). Computers, Mass-media, and Schooling: Functional Equivalence in Uses of New Media. *Social Science*

Computer Review, 6 (3), 224-241.

Lindle, J., Mawhinney, H. (2003). Introduction: School Leadership and the Politics of Education. *Educational Administration Quarterly*, 39 (1), 3-9.

Lindle, J. C. (1999). What can the Study of Micropolitics Contribute to the Practice of Leadership in Reforming Schools? . *School Leadership and Management*, 19 (2), 171-178.

Little, J. W., Bird, T. (1987). Instructional Leadership Close to the Classrooms in Secondary Schools. In W. Greenfield (Ed.), *Instructional leadership: Concepts, Issues, and Controversies* (pp. 118-138). Allyn Bacon.

Liu, X., Meyer, J. (2005). Teachers' Perceptions of Their Jobs: A Multilevel Analysis of the Teacher Follow-Up Survey for 1994 - 95. *Teachers College Record*, 107 (4), 985-1003.

Liu, Y., et al. (2017). *Evolutionary Enhancement of Zika Virus Infectivity in Aedes Aegypti Mosquitoes*. Nature, in Press.

Long, Y., et al. (2012). To Believe or Not to Believe: Trust Choice Modulates Brain Responses in Outcome Evaluation. *Neuroscience*, 200, 50-58.

Lowe, K. B., et al. (1996). Effectiveness Correlates of Transformational and Transactional Leadership: A Meta-analytic Review. *The Leadership Quarterly*, 7 (3), 385-425.

Luo R. (2010). Operational Risk, Fund Performance and Investors Protection: Evidence from China. European Financial Management Association Conference. Aarhus, Denmark.

Maertz, C. P., et al. (2007). The Effects of Perceived Organizational Support and Perceived Supervisory Support on Employee Turnover.

Journal of Organizational Behavior, 28（8），59-75.

Maguire, M., et al.（2015）. "Where You Stand Depends on Where You Sit": The Social Construction of Policy Enactments in the （English）Secondary School. *Discourse：Studies in the Cultural Politics of Education*, 36（4），485-499.

Malen, B., Ogawa, R. T.（1988）. Profession-patron Influence on Site-based Governance Councils：A Confounding Case Study. *Educational Evaluation and Policy Analysis*, 10（3），251-279.

March, J. G., Simon, H. A.（1958）. *Organizations*. Wiley.

Marshall, C.（1991）. The Chasm between Administrator and Teacher Cultures：A Micropolitical Puzzle. In J. Blasé（Ed.）, *The Politics of Life in Schools：Power, Conflict, and Cooperation*（pp. 139-160）. Sage.

Marshall, C.（1993）. The New Politics of Race and Gender. Yearbook of the Politics of Education Association. Fainter Press.

Marshall, D. E.（1990）. *The Education of Exceptional Children in the Public Schools of Ontario：A Historical Analysis, 1910－1982*（Unpublished Doctoral Dissertation）. University of Toronto.

Martin, T. N.（1977）. *A Structural Analysis of the Determinants of Voluntary Turnover*（Unpublished Ph. D. dissertation）. University of Iowa.

May, T.（2003）. *Social Research：Issues, Methods and Process*（3rd ed.）. Open University Press/McGraw-Hill.

Mayes, B. T., Allen, R. W.（1977）. Toward a Definition of Organizational Politics. *Academy of Management Review*, 2（4），672-678.

McNeal, H. F., et al.（1971）. Agronomic and Quality Characteristics of

Some White-and Brown-glumed Spring Wheat Populations. *Canadian Journal of Plant Science*, 51 (1), 27-31.

McNeil, L. (1986). *Contradictions of Control: School Structure and School Knowledge.* Routledge Kegan Paul.

Messersmith, M. J. (2007). Assessing the Hydrology and Pollutant Removal Efficiencies of Wet Detention Ponds in South Carolina (Master's thesis). College of Charleston, Charleston, SC, United States.

Meyer, J. P., Allen, N. J. (1991). A Three-component Conceptualization of Organizational Commitment. *Human Resource Management Review*, 1 (1), 61-89.

Meyer, W. J., Rowan, B. (1977). Institutionalized Organizations: Formal Structure as Myth and Ceremony. *The American Journal of Sociology*, 83 (2), 340-363.

Millward, L., Hopkin, J. L. (1998). Psychological Contracts, Organizational and Job Commitment. *Journal of Applied Social Psychology*, 28 (16), 1530-1556.

Mitchel, E. (2001). The Safety of Inactivated Influenza Vaccine in Adults and Children with Asthma. *The New England Journal of Medicine*, 345 (14), 1425-1429.

Mitchell, R., et al. (2001). Crop Residues can Affect N Leaching Over at Least Two Winters. *European Journal of Agronomy*, 15 (1), 17-29.

Mitchell, T. R., Lee, T. W. (2001). The Unfolding Model of Voluntary Turnover and Job Embeddedness: Foundations for a Comprehensive Theory of Attachment. *Research in Organizational Behavior*, 23 (2), 189-246.

Mitra, G. (1992). Deformation of Granitic Basement Rocks Along Fault Zones at Shallow to Intermediate Crustal Levels. In S. Mitra G. W. Fisher (Eds.), *Structural Geology of Fold and Thrust Belts* (pp. 123-144).

Mobley, W. H. (1977). Intermediate Linkages in the Relationship Between job Satisfaction and Employee Turnover. *Journal of Applied Psychology*, 62 (2), 237-240.

Moe. gov. cn. (2022). Retrieved from http://www. moe. gov. cn/srcsite/A06/s3321/201712/t20171211_321026. html.

Mont, D., Rees, D. I. (1996). The Influence of Classroom Characteristics on High School Teacher Turnover. *Economic Inquiry*, 34 (1), 152-167.

Moquin, A, et al. (2019). PEG-conjugated Pyrrole-based Polymers: One-pot Multicomponent Synthesis and Self-assembly into Soft Nanoparticles for Drug Delivery. *Chemical Communications*, 55 (9), 9829-9832.

Morgan, G. (1986). *Images of Organizations*. Sage.

Morrell, K., et al. (2001). *Unweaving Leaving: The Use of Models in the Management of Employee Turnover*. Business School Research Series.

Morrison, E. W., Robinson, S. L. (1997). When Employees Feel Betrayed: A Model of How Psychological Contract Violation Develops. *Academy of Management Review*, 22 (1), 226-256.

Morse, B., Townsend, R. D. (1990). Modeling Channel Bed Transients Using Explicit F-D Schemes. *Journal of Hydraulic Engineering*, 116 (11), 1345-1356.

Mowday, T. R. (1981). Viewing Turnover From the Perspective of

Those Who Remain: The Relationship of Job Attitudes to Attributions of the Causes of Turnover. *Journal of Applied Psychology*, 66 (1), 120-123.

Mowday, T. R., Viewing Turnover From the Perspective of Those Who Remain: The Relationship of Job Attitudes to Attributions of the Causes of Turnover. *Journal of Applied Psychology*, 66 (1), 120-123.

Muchinsky, P. M. (1990). *Psychological Applied to Work: An Introduction to Industrial and Organizational Psychology* (3rd ed.). Brooks/Cole.

Murnane, R. J., Olsen, R. (1990). The Effects of Salaries and Opportunity Costs on Length of Stay in Teaching: Evidence from North Carolina. *Journal of Human Resources*, 25 (1), 106-124.

Nguyen, C. T., Nguyen, D. T. (2021). Building a Vietnamese Dataset for Natural Language Inference Models. In *Future Data and Security Engineering* (pp. 185-199). Springer.

Nguyen, D. T., et al. (2020). The Correlates of Teacher Turnover: An Updated and Expanded Meta-analysis of the Literature. *Educational Research Review*, 31, 100355.

Oakeshott, M. (1951). *Political Education.* Cambridge University Press.

Odland, A., Munkejord, H. K. (2008). Plants as Indicators of Snow Layer Duration in Southern Norwegian Mountains. *Ecological Indicators*, 8 (2), 57-68.

OECD. (2013). PISA 2012 Results: What Makes Schools Successful? Resources, Policies and Practices (Volume Ⅳ). OECD Publishing.

Olubiyi, O., et al. (2019). A Qualitative Case Study of Employee

Turnover in Retail Business. Heliyon, 5 （e01796）, 1-8. https：// doi. org/10. 1016/j. heliyon. 2019. e01796

Ozga, J. （2000）. *Policy Research in Educational Settings.* Open University Press.

Palma-Vasquez, C. , et al. （2022）. Teacher Mobility：What Is It, How Is It Measured, and What Factors Determine It? A Scoping Review. *International Journal of Environmental Research and Public Health*, 19 （4）, 1-22.

Pfeffer, J. （1981）. Power in Organizations. Ballinger.

Pfeffer, J. , Salancik, G. R. （1978）. Organization Design：The Case for a Coalitional Model of Organizations. *Organizational Dynamics*, 6 （1）, 15-29.

Porter, L. W. , Steers, R. M. （1973）. Organizational, Work, and Personal Factors in Employee Turnover and Absenteeism. *Journal of Applied Psychology*, 80 （2）, 151-176.

Price, J. L. （1977）. *The Study of Turnover.* Iowa State University Press.

Price, J. L. （2001）. Reflections on the Determinants of Voluntary Turnover. Journal of International Manpower, Forthcoming.

Price, J. L. , Mueller, C. （1981）. A Causal Model of Turnover for nurses. *Academy of Management Journal*, 34 （3）, 543-565.

Price, J. L. , Mueller, C. W. （1986）. *Absenteeism and Turnover of Hospital Employees.* JAI Press.

Radnor, H. （1991）. Complexities and Compromises：The New Era at Parkview School. *Urban Review*, 23 （1）, 59-82.

Raja, U. , et al. （2004）. The Impact of Personality on Psychological Contracts. *Academy of Management Journal*, 47 （3）, 350

Rallis, S. , Crisco, J. （1993）. School Boards and School Restructuring: A Contradiction in Terms. Paper Presented at the Annual Convention of the American Educational Research Association.

Reichers, A. E. (1985). A Review and Reconceptualization of Organizational Commitment. *Academy of Management Review*, 10 (3), 465–476.

Robert, M., Klassen, R. M., Anderson, J. K. C. (2009). How Times Change: Secondary Teachers' Job Satisfaction and Dissatisfaction in 1962 and 2007. *British Educational Research Journal*, 35 (5), 745–759.

Robinson, M. B. (1996). The Theoretical Development of CPTED: 25 Years of Responses to C. Ray Jeffery. In W. S. Laufer F. Adler (Eds.), *The Criminology of Criminal Law* (8, 427 – 462). Transaction Publishers.

Robinson, S. L., Morrison, E. W. (1995). Organizational Citizenship Behavior: A Psychological Contract Perspective. *Journal of Organizational Behavior*, 16 (3), 289–298.

Robinson, S. L., Rousseau, D. M. (1994). Violating the Psychological Contract: Not the Exception but the Norm. *Journal of Organizational Behavior*, 15 (3), 245–259.

Rousseau, D. M. (1989). Psychological and Implied Contracts in Organizations. *Employee Responsibilities and Rights Journal*, 2 (2), 121–139.

Rousseau, D. M. (1990). New Hire Perceptions of Their Own and Their Employer's Obligations: A Study of Psychological Contracts. *Journal of Organizational Behavior*, 11 (5), 389–400.

Rousseau, D. M. (1995). Psychological Contracts in Organizations: Understanding Written and unwritten Agreements. Sage Publications.

Rousseau, D. M. , Tijoriwala, S. A. (1998). Assessing Psychological Contracts: Issues, Alternatives, and Measures. *Journal of Organizational Behavior*, 19 (6), 679-695.

Ryan, R. M. , Deci, E. L. (2000). Self-determination Theory and the Facilitation of Intrinsic Motivation, Social Development, and Well-being. *American Psychologist*, 55 (1), 68-78.

Sahito, Z. , Vaisanen, P. (2019). A Literature Review on Teachers' Job Satisfaction in Developing Countries: Recommendations and Solutions for the Enhancement of the Job. *Review of Education*, 8 (1), 3-34.

Sarason, S. B. (1990). The Predictable Failure of Education Reform: Can We Change Course Before It's too Late?

Schein, E. H. (1965). Organizational Psychology. Prentice-Hall.

Schervish, P. G. (1983). *The Structural Determinants of Unemployment, Vulnerability, and Power in Market Relations*. Academic Press.

Shaw, J. , et al. (2005). The Tortoise and the Hare Ⅱ: Relative Utility of 21 Noncoding Chloroplast DNA Sequences for Phylogenetic Analysis. *American Journal of Botany*, 92 (1), 142-158.

Shen Z. , Dong B. (1997). An Experimental-based Cumulative Damage Mechanics Model of Steel Under Cyclic Loading. *Advances in Structural Engineering*, 1 (1), 39-46.

Sheridan, J. E. , Abelson, M. A. (1983). Cusp Catastrophe Model of Employee Turnover. *Academy of Management Journal*, 26 (3), 418-436.

Silverman, D. (1970). The Theory of Organizations. Heinemann.

Sims, S. (2020). Modelling the Relationships between Teacher Working Conditions, Job Satisfaction, and Workplace Mobility. *British*

Educational Research Journal, 46 (2), 301-320.

Singh, J, et al. (2015). Bilateral Malrotation and a Congenital Pelvic Kidney with Varied Vasculature and Altered Hilar Anatomy. *Case Reports in Medicine*, 2015, Article ID 848949.

Smircich, L., Morgan, G. (1982). Leadership: The Management of Meaning. *Journal of Applied Behavioral Science*, 18 (3), 257-273.

Smith, T. M., Ingersoll, R. M. (2004). What Are the Effects of Induction and Mentoring on Beginning Teacher Turnover?, *American Educational Research Journal*, 41 (3), 681-714.

Smylie, M., et al. (1996). Instructional Outcomes of School-based Participative Decision Making. *Educational Evaluation and Policy Analysis*, 18 (3), 181-198.

Smylie, M. A., Denny, J. W. (1990). Teacher Leadership: Tensions and Ambiguities in Organizational Perspective. *Educational Administration Quarterly*, 26 (3), 235-259.

Spielberger, C. D. (2004). *Encyclopedia of Applied Psychology*. Elsevier Academic Press.

Steers, M. R., Mowday, T. R. (1981). *Employee Turnover and Post-decision Accommodation Processes*. Research in Organizational Behavior, Greenwich, CT. : JAI Press.

Steers, R. M., Mowday, R. T. (1981). Employee Turnover and Post-decision Accommodation Process. In L. L. Cummings B. M. Staw (Eds.), *Research in Organizational Behavior* (pp. 235 - 281). JAI Press.

Stinebrickner, T. R. (1998). An Empirical Investigation of Teacher attrition. *Economics of Education Review*, 17 (2), 127-136.

Strauss, A. (1978). *Negotiations: Varieties, Contexts, Processes, and Social Order*. Jossey-Bass.

Stuit, D., Smith, T. (2012). Explaining the Gap in Charter and Traditional Public School Teacher Turnover Rates. *Economics of Education Review*, 31 (2), 268–279.

Sullivan, A., et al. (2019). *Attracting and Keeping the Best Teachers*. Professional Learning and Development in Schools and Higher Education. Springer Nature Singapore Pte Ltd.

Sun, J., Wang, H. (2016). Soil Nitrogen and Carbon Determine the Trade-off of the Above-and Below-ground Biomass Across Alpine Grasslands, Tibetan Plateau. *Ecological Indicators*, 60 (2), 1070–1076

Tao, Y. (2021). Towards Network Governance: Educational Reforms and Governance Changes in China (1985 – 2020). Education Research Institute, Seoul National University.

Theobald, N. D. (1990). An Examination of the Influence of Personal, Professional, and School District Characteristics on Public School Teacher Retention. *Economics of Education Review*, 9 (3), 241–250.

Thompson, J. D. (1967). *Organizations in Action*. Transaction Publishers.

Tong, R., Cheng, J. (2012). Zinc Complex Mediated Regioselective O-acylation of Therapeutic Agents. *Chemical Science*, 3 (8), 2234–2239.

Trevor, H., et al. (2001). *The Elements of Statistical Learning*. Springer-Verlag.

Tse, H., Huang, X. (2013). Why Does Transformational Leadership Matter for Employee Turnover? A Multi-foci Social Exchange

Perspective. The Leadership Quarterly, 24 (5), 763-776.

Tse, P., et al. (2011). Voluntary Attention Modulates Motion-induced Mislocalization. *Journal of Vision*, 11 (12), 1-16.

Tumley, W., et al. (1999). The Discrepancy Model of Psychological Contract Violations. *Human Resource Management Review*, 9 (3), 367-386.

Tumley, W. H., Feldman, D. C. (2000). Re-examining the Effects of Psychological Contract Violations: Unmet Expectations and Job Dissatisfaction as Mediators. *Journal of Organizational Behavior*, 21 (1), 25-42.

Vagi, L. R., Pivovarova, M. (2016). Theorizing Teacher Mobility: A Critical Review of Literature. *Educational Research Review*, 17, 135-147.

Wagstaff, C. (1983). *Italianist*. University of Reading.

Waller, W. (1932). *The Sociology of Teaching*. Russell Russell.

Walster, E., et al. (1978). *Equity: Theory and Research*. Allyn Bacon.

Wang, G., et al. (2011). Transformational Leadership and Performance Across Criteria and Levels: A Meta-analytic Review of 25 Years of Research. *Group Organization Management*, 36 (2), 223-270.

Wang, L., et al. (2017). Interdecadal Variations of the Silk Road Pattern. *Journal of Climate*, 30 (24), 9915-9932.

Wanous, J. P., et al. (1997). Overall Job Satisfaction: How Good Are Single-item Measures?. *Journal of Applied Psychology*, 82 (2), 247-252.

Wasley, P. A. (1989, March). Lead Teachers and Teachers Who

Lead: Reform Rhetoric and Real Practice. Paper Presented at the Annual Meeting of the American Educational Research Association, San Francisco, CA.

Weber, M. (1909). The Agrarian Sociology of Ancient Civilizations (R. I. Frank, Trans.). NLB.

Weber, M. (1947). *The Theory of Social and Economic Organization*. New York: Free Press.

Weber, M. (1947). *The Theory of Social and Economic Organization*. New York: Free Press.

Weiner, B. (1985). An Attributional Theory of Achievement Motivation and Emotion. *Psychological Review*, 92 (4), 548-573.

Weiner, B. (1986). *An Attributional Theory of Motivation and Emotion.* Springer-Verlag.

Weissm, R., Smith, A. L. (1999). Quality of Youth Sports Friendships: Measurement Development and Validation. *Journal of Sport and Exercise Psychology*, 21 (2), 145-166.

West, R. L., Turner, L. H. (2007). *Introducing Communication Theory: Analysis and Application* (3rd ed.). McGraw-Hill.

Winkler, I. (2009). *Micro-politics Approach to leadership: Contemporary Leadership Theories* (Contributions to Management Science). Springer.

Winton, S., Pollock, K. (2012). Preparing Politically Savvy Principals in Ontario, Canada. *Journal of Educational Administration*, 51 (1), 5-23.

Witziers, B., et al. (2003). Educational Leadership and Student Achievement: The Elusive Search for an Association. *Educational Administration Quarterly*, 39 (3), 398-425.

Wright, B. E., et al. (2012). Pulling the Levers: Transformational Leadership, Public Service Motivation, and Mission Valence. *Public Administration Review*, 72 (2), 206-215.

Xue, X., et al. (2017). Joint Source and Relay Precoding in Multiantenna Millimeter-wave Systems. *IEEE Transactions on Vehicular Technology*, 66 (6), 4924-4937.

Xue, Y., et al. (2012). Overexpression of *FoxM1* Is Associated with Tumor Progression in Patients with Clear Cell Renal Cell Carcinoma. *Journal of Translational Medicine*, 10 (1), 200.

Yan, M., et al. (2012). A Shape Enhancement Technique Based on Multi-channel Salience Measure. In S. M. Hu R. R. Martin (Eds.), *Lecture Notes in Computer Science* (7633, 115-121).

Yang, J., et al. (2011). Proactive Personality, Social Capital, Helping, and Turnover Intentions. *Journal of Managerial Psychology*, 26 (8), 739-760.

Yang, K. K. (1995). Chinese Social Orientation: An Integrative Analysis. In T. Y. Lin W. S. Tseng (Eds.), *Chinese Culture and Mental Health* (pp. 19-40). Academic Press.

Youngblood, S. A., et al. (1983). A Longitudinal Analysis of the Turnover Process. *Journal of Applied Psychology*, 68 (3), 507-516.

Zhang Y., et al. (2022). The Divergent Response of Vegetation Phenology to Urbanization: A Case Study of Beijing City, China. *Science of The Total Environment*, 803, 150079.

Zhao D., et al. (2007). Comparative Transport Efficiencies of Urea Analogues Through Urea Transporter UT-B. *Biochimica et Biophysica Acta*, 1768 (7), 1815-1821.

Zhao Y. , et al. , （2007）. New Data on the Wuliu-Zengjiayan Section （Balang， South China）, GSSP Candidate for the Base of Cambrian Series 3. *Memoirs of the Association of Australasian Palaeontology*, 33， 57-65.

后　记

——以教育之名，赴山海之约

感恩篇——高山仰止，景行行止

北大之光：未名湖畔的学术传承

"思想自由，兼容并包"，蔡元培先生百年前镌刻的治学精神，在燕园的晨曦暮霭中生生不息。漫步未名湖畔，总能在石舫的倒影里看见王瑶先生的风骨，从朗润园的书香中触摸费孝通先生的情怀。在这里，我学会了用教育的尺规丈量社会的肌理，懂得了以学术的温度消融现实的坚冰。感谢北京大学教育学院这片思想的沃土，让我在阎凤桥教授的课堂上领略制度分析的魅力，在陈向明教授的研讨会上体会质性研究的深邃，在文东茅教授的讲座中参悟教育公平的真谛，在丁小浩教授的分享中了解民办教育的发展历程，在哈巍教授的讲话中学习教育制度与创新，感谢诸位北大教授各具特色的教学方法和授课内容开阔了我的视野，使我受益匪浅。

师恩浩荡：春风化雨润无声

特别感谢我的导师杨钋教授。教育研究要扎根泥土，更要仰望星空，您总能用三言两语点破研究迷思，这份亦师亦友的情谊，恰似苏轼笔下"一蓑烟雨任平生"的豁达，又似陶渊明"归去来兮"的从容。感谢郭建如在综合考试、开题、预答辩的过程中对研究课题理论的不断升华。感谢参与指导的阎凤桥教授、陈晓宇教授、丁延庆教授、卢晓东教授、张冉教授、朱琼教授、魏建国教授、李锋亮教授、薛海平教授。感谢我的班主任尚俊杰老师，"内卷"了我们整个班级。感谢范皑皑老师和邢颖老师。

同窗情谊：此去经年，应是良辰好景虚设

感谢陈洁师姐在我迷茫时的解惑，屈静师姐在方法论上的点拨。特别致谢 EDD 互助组的伙伴们，你们用实际行动诠释了什么叫"嘤其鸣矣，求其友声"。还有永远精力充沛的于晶同学，每次看到你在群里分享信息，都能感受到知识传递的温度。感谢给予学术规范性指导的郭峰老师。

小家大爱：谁言寸草心，报得三春晖

父母的白发是我前行的动力，女儿的笑靥是我坚守的理由。"慈母手中线，游子身上衣"，四年来父母的默默支持胜过千言万语；每当夜深伏案，女儿的那句"妈妈真棒"鼓励着我，便觉人间值得；读博四年，女儿四岁，初为人母，更深知教育意义之重。

求索篇——千淘万漉虽辛苦，吹尽狂沙始到金

研究回眸：民办教育的时代镜像

本书以"组织微观政治"为棱镜，透视民办中小学教师的离职迷局。民办学校教师离职率高的背后，是举办者变更引发的治理策略震荡，是课程改革带来的身份认同危机，更是民办教育在政策嬗变中的集体阵痛。杜威曾言，"教育是社会进步及社会改革的基本方法"，民办教育的健康发展关乎教育生态的多样性。

理论突围：微观政治的学术探险

突破传统离职模型的窠臼，本书创造性地将微观政治理论引入教育场域。通过 1938 份教师问卷和 11 份校长问卷以及对 8 位受访者的深度访谈，揭示出"学校治理策略→组织政治感知→工作条件重构→组织承诺消长→离职意愿蔓延"的传导链条。这种负相关关系印证了福柯的微观权力观：权力不是自上而下的压制，而是渗透在日常实践的点点滴滴中。

现实观照：民办教育的破茧之路

站在"十四五"教育高质量发展的历史坐标上，民办教育正经历着从规模扩张到质量提升的战略转型。《中华人民共和国民办教育促进法实施条例》的落地，既是规范，更是机遇。正如叶圣陶先生所说，"教育是农业而不是工业"，民办学校需要摒弃流水线思维，在尊重教育规律的基础上构建现代治理体系。期待未来能看到更多有温度的教育治理，让教师在专业自主与制度约束间找到平衡点。

眺望篇——长风破浪会有时，直挂云帆济沧海

学术初心：吾生也有涯，而知也无涯

博士生涯结束后，将开启另一场学术远征。未来，我将继续深耕教育管理领域，重点关注数字化转型对教师发展的影响。期待能用大数据技术赋予教育史研究新的生命力。

教育理想：捧着一颗心来，不带半根草去

走出书斋，仍将继续践行教育者的使命与担当。我所在的民办双语学校正在经历一场面对未来、面向世界的重新建构，对于教育事业的不断探索，正是我一直以来的梦想和前进的动力。在学校即将开展"教师赋能计划"中，我运用本书发现的"组织承诺—工作满意度"双路径模型，设计针对性培训方案。正如陶行知先生倡导的"生活即教育"，期待通过行动研究探索出一条"教师发展—学校改进—教育革新"的共生之路。

人生况味：回首向来萧瑟处，归去，也无风雨也无晴

未来的日子，愿以苏东坡"一蓑烟雨任平生"的豁达面对挑

战，用顾炎武"天下兴亡，匹夫有责"的担当拥抱时代。正如费孝通先生所言，"各美其美，美人之美，美美与共，天下大同"，愿在教育这片星辰大海中，既做仰望星空的思想者，更当脚踏实地的躬耕人。

刘舒婧

2025 年 5 月

图书在版编目（CIP）数据

微观政治学视角下民办学校教师流动研究 / 刘舒婧
著 . --北京：社会科学文献出版社，2025.6. --（中
国民办教育研究丛书）. --ISBN 978-7-5228-5623-0

Ⅰ. G635.12

中国国家版本馆 CIP 数据核字第 2025V15J94 号

中国民办教育研究丛书

微观政治学视角下民办学校教师流动研究

著　　者 / 刘舒婧

出 版 人 / 冀祥德
组稿编辑 / 任文武
责任编辑 / 郭　峰
责任印制 / 岳　阳

出　　版 / 社会科学文献出版社·生态文明分社（010）59367143
　　　　　 地址：北京市北三环中路甲 29 号院华龙大厦　邮编：100029
　　　　　 网址：www.ssap.com.cn
发　　行 / 社会科学文献出版社（010）59367028
印　　装 / 三河市东方印刷有限公司

规　　格 / 开　本：787mm×1092mm　1/16
　　　　　 印　张：17.25　字　数：227 千字
版　　次 / 2025 年 6 月第 1 版　2025 年 6 月第 1 次印刷
书　　号 / ISBN 978-7-5228-5623-0
定　　价 / 88.00 元

读者服务电话：4008918866